## 질문하는 아이 대답하는 부모

모든 크리스천 가정의
양육 필독서

THE 21 TOUGHEST
QUESTIONS
YOUR KIDS
WILL ASK ABOUT
CHRISTIANITY

THE 21 TOUGHEST QUESTIONS YOUR KIDS WILL ASK ABOUT CHRISTIANITY
by Alex McFarland

Originally published in the U.S.A. under the title:
The 21 Toughest Questions Your Kids Will Ask about Christianity, by Alex McFarland

Copyright ⓒ 2013 by Alex McFarland
Korean edition ⓒ 2016 by Word of Life Press, Korea with permission of Focus on the Family.
Represented by Tyndale House Publishers, Inc.
All rights reserved.

Translated and published by permission.
Printed in Korea.

## 질문하는 아이 대답하는 부모

ⓒ 생명의말씀사 2016

2016년 9월 10일 1판 1쇄 발행

펴낸이 | 김재권
펴낸곳 | 생명의말씀사

등록 | 1962. 1. 10. No.300-1962-1
주소 | 서울시 종로구 경희궁1길 5-9(03176)
전화 | 02)738-6555(본사) · 02)3159-7979(영업)
팩스 | 02)739-3824(본사) · 080-022-8585(영업)

기획편집 | 유선영, 박혜주
디자인 | 김혜진
인쇄 | 영진문원
제본 | 정문바인텍

ISBN 978-89-04-12163-2 (03230)

저작권자의 허락없이 이 책의 일부 또는 전체를
무단 복제, 전재, 발췌하면 저작권법에 의해 처벌을 받습니다.

바쁜 어른들의 세계에서
잠시 멀어져
어린아이의 삶에 들어가
헌신하는 모든 경건한 어른들을 위해
이 책을 바칩니다.

## 추천사

"하나님은 왜 고난을 허용하실까?" "성경엔 모순이 있지 않은가?" 솔직히 이런 어려운 질문들은 우리 아이들만 하는 것이 아니라 때로 우리 스스로 던지는 질문이기도 하다. 알렉스 맥팔랜드는 믿음에 도전하는 이런 문제들을 명확히 설명해 주고 있다. 이 책은 탁월하며 우리 모두에게 유익이 될 것이다.
_ 짐 데일리, 포커스 온 더 패밀리(Focus on the Family) 회장

오늘날 젊은 세대는 기독교에 대해 단호하고 끈질긴 질문들을 가지고 있다. 내가 알렉스 맥팔랜드의 책에 큰 흥미를 갖는 이유가 여기에 있다. 알렉스는 아이들의 어렵고 불편한 질문들을 회피하기보다, 솔직한 열정으로 기쁘게 받아들인다. 그는 진심으로 청년들을 좋아하며, 그들의 언어를 이해하고, 무엇이 그들을 짜증스럽게 하는지 안다. 그리고 정직함과 진실함으로 그들의 열정에 다가간다. 이 책을 강력 추천한다!
_ 조니 에릭슨 타다, 조니와 친구들 국제 장애인 센터(Joni and Friends International Disability Center)

부모라면 자녀의 질문을 받고 생각할 시간이 필요했던 적이 있을 것이다. 머리가 멍해지고, 손바닥에 땀이 나며 "네 아빠(혹은 엄마)한테 가서 물어볼래?"라는 말밖에 떠오르지 않는다. 자녀들을 경건하게 키우고 싶은 그리스도인 부모라면 성경에 근거한 자료들로 무장해야 한다. 알렉스 맥팔랜드는 모든 부모의 책장에 반드시 꽂혀 있어야 할 책을 썼다.
_ 마이크 칼훈, 워드 오브 라이프 펠로우십(Word of Life Fellowship Inc.) 회장 보좌관, 『하나님은 어디 계셨습니까?(Where Was God When…?)』 저자

아이들은 질문이 많다. 질문을 던지고 답을 얻을 수 없다면 의심에 빠진다. 무관심하게 방치하면 의심하는 자들이 된다. 이것이 성경에서 우리에게 "너희 말을 항상 은혜 가운데서 소금으로 맛을 냄과 같이 하라 그리하면 각 사람에게 마땅히 대답할 것을 알리라"(골 4:6)고 명령하는 이유이다.
_ 엘머 타운스, 리버티 대학교(Liberty University) 공동 설립자

고등학교 때 선생님이 자기가 예뻐하는 학생을 불러 의기양양하게 연설을 읽게 했던 일이 지금도 기억난다. 논란이 된 그 연설은 예수님이 실제로 십자가 위에서 죽으신 것이 아니라 약에 취해 있다가 무덤 속에서 의식을 되찾으신 거라고 학생들을 설득시키려는 내용이었다. 당시 초신자였던 나는 이 연설 때문에 힘들었고 그 주장이 잘못되었다는 확신이 있었지만 변론을 할 준비가 되어 있지 않았다. 그때 내게 이 책이 있었다면 얼마나 좋았을까.
_ 밥 발리세프스키, 플러그드 인(Plugged In) 대표

모든 그리스도인의 가정에 이 책이 있는 것을 보고 싶다. 아이들은 자신의 믿음에 대해 어려운 질문을 한다. 알렉스는 어떻게 부모들이 신학적으로 정확하면서도 재미있게 대답해 줄 수 있을지 방법을 알려 준다.
_ 제프 마이어스 박사, 써밋 미니스트리(Summit Ministries) 회장

알렉스는 그의 책과 강의들을 통해 "너희 속에 있는 소망에 관한 이유를 묻는 자에게는 대답할 것을 항상 준비하라"(벧전 3:15)는 시몬 베드로의 권고에 순종했다. 부모들과 조부모들이 반드시 이 책을 읽고 사용하기를 권한다.
_ H. L. 윌밍턴 박사, 윌밍턴 성경학교(Willmington School of the Bible) 설립자

모든 청소년 담당 목회자와 부모들이 반드시 읽고 가르쳐야 할 책이다!
_ 마이클 R. 리코나, 휴스턴침례대학교(Houston Baptist University) 신학 부교수

## contents

THE 21 TOUGHEST
QUESTIONS
YOUR KIDS
WILL ASK ABOUT
CHRISTIANITY

추천사 • 04
저자 서문. 어려운 질문을 두려워할 필요가 없다 • 09
프롤로그. 아이의 평생 신앙을 결정하는 부모의 준비된 대답 • 13

### 01 아버지, 하나님에 대한 질문들

01  하나님은 왜 나쁜 사람들을 그냥 두세요? • 26
02  하나님은 왜 고통이 존재하게 하실까요? • 36
03  하나님은 왜 이렇게 불공평하세요? • 44
04  하나님이 나를 사랑하시는지 어떻게 알 수 있죠? • 56
05  하나님은 왜 내 삶을 더 나아지게 해주시지 않죠? • 66

### 02 하나님의 아들, 예수님에 대한 질문들

06  예수님이 정말 하나님이세요? • 80
07  예수님은 죄를 짓지 않으셨어요? • 92
08  예수님은 왜 십자가에서 죽으셔야 했어요? • 108
09  왜 예수님이 천국에 가는 유일한 길이에요? • 118
10  예수님은 언제 오세요? • 132

## 03 삼위일체와 성령에 대한 질문들

11 예수님도 계신데 어떻게 하나님이 유일한 하나님일 수 있어요? · 152
12 내가 기도할 때 듣고 계신 분은 누구세요? 하나님, 예수님, 아니면 성령님? · 162
13 내가 계속 죄를 지으면 구원을 잃게 되나요? · 174

## 04 성경에 대한 질문들

14 성경은 정말 하나님의 말씀이에요? · 188
15 성경에 나오는 기적들은 진짜 일어난 일이에요? · 200
16 성경을 어떻게 이해할 수 있어요? · 216
17 친구가 성경은 모순이 있대요. 그게 사실이에요? · 232

## 05 교회에 대한 질문들

18 왜 이렇게 위선자 같은 그리스도인들이 많죠? · 248
19 왜 그리스도인들은 다른 사람을 판단하는 거죠? · 262
20 교회는 너무 지루해요. 꼭 가야 해요? · 276
21 왜 대부분의 교회는 공해와 지구 온난화 같은 문제에 관심이 없나요? · 290

에필로그. 자녀에게 남길 영적 유산은 무엇이 될 것인가? · 302
부록. 부모들이 묻는 질문 · 314
주 · 322

저자 서문

# 어려운 질문을
# 두려워할 필요가 없다

아이들은 젖은 시멘트와 같다.
어떤 말이라도 그들 위에 떨어지면 영향을 미치게 되어 있다.
_ 하임 기너트 박사, 『부모와 아이 사이(Between Parent and Child)』

내 조카 앨리는 일곱 살 무렵 언제나 나에게 달려와 하나님에 관한 창의적인 질문들을 하곤 했다. 하루는 앨리가 몇몇 친구들을 모아 즉석에서 목회자와의 Q&A 시간을 마련했다. 앨리는 친구들에게 자신 있게 말했다.

"우리 삼촌은 설교자야. 천국에 어떤 종류의 아이스크림이 있는지도 너희한테 말해 줄 수 있어."

조사 위원회의 작은 얼굴들이 모두 내게로 향할 때 나는 간신히 웃음을 참아야 했다. 그들의 표정은 마치 이렇게 말하는 듯했다.

'말해 주면 우리는 그대로 믿을 거예요. 우리는 천국에서 어떤 종류의 아이스크림을 먹게 될까요?'

나는 마음이 아이스크림처럼 녹아 버렸고, 머릿속에선 열심히 답을 찾았다. 내 조카가 하나님이나 신학에 대해 질문이 있을 때마다 찾아오는 사람이 나라는 것을 정말 명예롭게 생각했다. 얼마 동안은 정말 그랬다.

### 오히려 질문하지 않는 것이 문제다

아이들이 던지는 질문은 종종 우리를 미소 짓거나 웃음을 터트리게 만든다. 하지만 생각해 보라. 당신이 자녀들의 기독교 백과사전이 된다는 것은 하나님이 정하신 특권이며 관계를 형성하는 중요한 요소이다. 이런 질문들을 받을 때 그것을 명심해야 한다.

"꼬마 사탄들은 천사예요, 사람이에요?"

"아기 예수님도 기저귀를 차야 했어요?"

"주일 학교에서 '내가 그들의 죄를 다시 기억하지 아니하리라'(히 8:12)는 히브리서 말씀을 읽었어요. 하나님은 모든 것을 아시는데 어떻게 이게 가능해요?"

꼬치꼬치 캐묻는 아이가 있는 것이 꼭 두려워할 일은 아니다. 오히려 당신의 자녀가 당신에게 지도를 받고 싶어 한다는 건 비상사태가 아니라 선물이다. 진짜 비상사태는 자녀가 답을 얻기 위해 당신을 찾아오지 않는 것이다.

### 내가 신학자야? 그렇다!

그리스도인 부모로서 당신은 자녀들이 묻는 어려운 신학적 질문들에 실제적인 답을 해줄 수 있다. 이 책의 주요 목적은 당신이 바로 그 일을 하도록 준비시키는 것이다. 이전에 성경을 많이 읽지 않았어도, 에스겔서가 구약성경인지 신약성경인지 헷갈려도 당신은 전문가가 될 수 있다. 당신의 자녀와 성경적 원리들에 대해 이야기할 뿐만 아니라 관계를 형성해 가며 그 안에서 성경적 원리들을 실천할 수 있다.

나는 몇 년 동안 수많은 가족들과 어린이들, 십대들, 대학생들과 소통하고 또 이 책을 만드는 동안 수십 번의 개인 인터뷰들을 거쳐 이 21가지 질문들을 엮어 냈다. 하나님과 기독교에 대해 당신이 직면할 어려운 질문들은 어떤 형태로든 모두 이 책 속에서 다루어질 거라고 확신한다.

자녀들이 던질 질문에 대비하기 위해 이 책을 사용하면서 하나님과 성경적 진리에 대한 당신의 이해 또한 깊어질 것이다. 어려운 질문을 들었을 때 당황하기보다, 성경에 대해 의미 있는 대화를 나눌 기회를 소중히 여기게 될 것이다. 이 책은 성경적일 뿐 아니라 아이들이 영적으로 이해하고 받아들일 수 있을 만큼 쉬운 답들을 제공해 주는 입문서이자 지침서이다.

잠언 1장은 부모의 경건한 가르침을 받는 아이들에게 분명한 유익이 있을 거라고 약속한다. "내 아들아 네 아비의 훈계를 들으며 네 어미의 법을 떠나지 말라 이는 네 머리의 아름다운 관이요 네 목의 금 사슬이니라"(잠 1:8-9).

이 말씀은 무슨 뜻인가? 솔로몬은 경건한 지혜를 왕의 옷과 장신구로 꾸미는 것에 비유했다. 부모들은 승자의 메달과 같은, 아니 그보다 훨씬 좋은 것을 자녀들에게 전해 주어야 한다. 그것은 바로 하나님의 진리다. 또한 스스로 질문에 답하고 진리의 본을 보일 준비를 하는 것이 그 자체로 가치 있는 일일 수 있다.

그리스도인 부모의 역할은 단순히 자녀들을 주일학교에 보내는 것만이 전부가 아니다. 나는 오랫동안 청소년 담당 목사로 내가 보살피는 학생들에게 마음을 쏟았다. 하지만 부모들이 자신의 귀한 자녀들에게 쏟는 헌신과 시간, 사랑에 비할 수 있는 것은 아무것도 없다. 물론 자녀들에겐 그리스도인 공동체가 필요하고 멘토들도 필요하지만, 그보다 더 필요한 건 바로 부모인 당신이다.

### 좋은 소식이 있다!

좋은 소식은 '당신이 이 일을 할 수 있다!'는 것이다. 당신은 성경의 깊은 사실들을 더 잘 이해하는 법을 배울 수 있고, 또 하나님의 말씀과 관련된 도전적인 질문들을 효율적으로 다루는 법을 배울 수 있다.

하나님은 모든 사람이 그분에 대해 알기를 원하시기 때문에 각 사람은 성령의 도움과 인도의 약속을 받는다. 성경은 "오직 그의 기름 부음이 모든 것을 너희에게 가르치며 또 참되고 거짓이 없으니"(요일 2:27)라고 말한다. 이 여정을 시작하라. 그러면 하나님이 당신과 함께하시는 것을 확실히 알게 될 것이다.

이것이 쉽다는 말은 아니다. 십 년 넘게 청취자가 전화로 참여하는 생방송 라디오 프로를 진행하다 보니, 가능한 질문은 다 들어본 것 같다. 하지만 영적인 주제들에 관한 새롭고, 독창적이고, 심지어 이상한 질문들은 끊이지 않는다.

최근에 한 젊은 여성이 라디오 프로에 전화를 걸어 사도행전의 두 본문에 관한 질문을 했다. 그녀는 성령이 베드로와 바울의 삶 속에 임재하심으로 사람들이 사도들의 몸이 닿은 물건들과 접촉하기만 해도 병이 낫는 것을 보았다. 사도행전 5장 15-16절에서는 베드로의 그림자가 어떤 사람의 병든 몸 위로 지나가기만 해도 병이 나았다. 전화를 건 사람은 "하나님이 지금도 이런 식으로 그리스도인들을 통해 일하실 수 있나요?"라고 물었다.

당신이라면 방송이 60초밖에 안 남은 상황에서 이 질문에 최대한 간결하게 어떻게 답하겠는가? 약 1분 후 라디오 프로그램의 엔딩곡이 시작될 때까지, 나는 하나님이 다음과 같은 방법으로 역사하신다는 것을 설명해 주었다.

1. 죄 없고 완전하신 하나님의 성품에 맞게.

2. 하나님의 나머지 말씀과 조화를 이루는 방식으로.
3. 합리적이고 논리적으로 의미 있게.

나는 청취자에게 사도행전은 초대 교회의 시작에 관한 말씀임을 설명해 주었다. 하나님은 복음을 세상에 전하며 그것이 진짜임을 입증하기 위해 필요한 일들을 하셨다. 그리고 그 계획에는 많은 기적들이 포함되었다. 베드로, 바울, 그리고 다른 사도들은 부활하신 예수님과 함께 있었으므로, 그들이 그 일을 하는 데 필요한 수준의 기름부음과 능력과 권위를 가졌을 거라고 추정할 수 있다.

그렇다면 성령님이 지금도 그런 일들을 다시 행하실 수 있을까? 물론이다. 하지만 그것이 꼭 필요한지, 언제 필요한지에 대한 결정은 그분께 맡겨야 한다.

내가 이 이야기를 하는 이유는 어려운 질문들을 두려워할 필요가 없다는 것을 알려 주기 위해서이다. 기본적인 도구들을 갖추고 하나님의 말씀에 대한 이해가 점점 자라가면 당신의 자녀들이 던지는 어떤 영적인 질문에도 대비할 수 있다.

당신의 자녀들에게 전달하고 싶은 메시지는 이것이다. "주의 말씀은 내 발에 등이요 내 길에 빛이니이다"(시 119:105). 이 책은 당신과 당신 가족이 성경적인 지혜에 이르는 하나님의 길을 발견하도록 도울 것이다.

**프롤로그**

## 아이의 평생 신앙을 결정하는
## 부모의 준비된 대답

**너희 중에 누구든지 지혜가 부족하거든
모든 사람에게 후히 주시고 꾸짖지 아니하시는 하나님께 구하라
그리하면 주시리라** (약 1:5).

레스터 모튼 박사는 남부의 작은 감리교 대학교의 구약학 교수였다. 그는 성경에 대해 자유주의적 관점을 갖고 있었고 그것을 강의실에서 공공연하게 드러냈다.

그의 제자들이 내게 이런 얘기를 해주었다. 모튼 교수는 구약개론 수업 첫날 학생들에게 "우리는 창세기 12장부터 구약성경 공부를 시작할 겁니다. 11장까지는 신화이기 때문입니다"라고 말했다. 그는 한 학기 내내 구약성경의 기적들에 대해 반박했다. 창조, 노아의 방주와 홍수, 홍해가 갈라진 사건에 대해. 그리고 창세기 자체의 진실성을 의심했다.

어느 날 모튼 교수는 학생들에게 자신의 십대 시절에 겪은 한 사건을 이야기해주었다. 나는 이 경험이 성경의 권위에 대한 그의 견해를 부식시켰다고 확신했다.

모튼은 십대 때 구약성경에서 다른 구절과 모순되는 것처럼 보이는 한 본문에 대해 의문을 품고 목사를 찾아갔다. 그러나 모튼이 목사에게 가 자신의 혼란을 설명하고 의심을 표명하자 목사는 이렇게 대답했다. "그런 질문은 하면 안 된다. 성경은 그냥 진리로 받아들여야 하는 거야."

몹시도 부적절했던 이 대답이 모튼의 신학적 관점을 형성해 버렸다. 모튼은 자신의 질문에 대해 만족스러운 답변을 듣는 대신, 합리적인 대답은 존재하지 않는다고 믿기 시작했다. 결국 이 사건은 모튼을 통해 젊은 대학생들의 마음속에도 비슷한 의심의 씨를 뿌리는 결과를 낳았다.

모튼이 들은 대답은 꼬치꼬치 캐묻는 어린아이의 마음을 돌리기 위해 흔히 사용하는 대답을 재현한 것이다. "성경이 그렇게 말하니까"라는 것은 아이들이 묻는 신학적인 질문에 대한 충분한 대답이 될 수 없다. 진정한 성경적 근거나 별 생각 없이 그런 즉흥적인 대답을 하는 건 그들에게 기독교가 우리의 시간과 노력과 지성을 들일 만한 가치가 없다고 말하는 것과 같다. 더 나쁘게 말하면, 기독교와 성경은 진지한 연구의 꼼꼼한 조사를 감당할 만큼 강하지 않다고 말하는 것이다. 모튼의 질문에 대한 대답 중 "그런 질문은 하면 안 돼"는 최악의 답이었다.

우리 자녀들이 기독교와 성경에 대해 어려운 질문을 할 때 움츠리거나 당황하지 말아야 한다. 그들은 기독교 세계관에 대해 공격적인 질문을 던지고 비난하는 문화에 젖어 있다. 부모가 자녀들에게 가장 큰 영향력을 갖고 있다고 생각하고 싶겠지만, 사실 부모는 그들의 관심을 끌기 위해 경쟁하는 수많은 목소리들 중 하나일 뿐이다. 자녀들이 성인이 될 때까지 서로 상충하는 수많은 지식과 메시지들이 그들에게 쏟아질 것이고, 하나님의 진리와 세상이 말하는 것을 분별하기가 어려울 수밖에 없다.

아이들이 믿음에 대해 질문할 때 우리의 대답이 만족스럽지 못하거나 무신론자들이나 다른 비기독교 그룹에 대한 경멸이 담겨 있다면, 우리 아이들은 다른 데서 답을 찾기 시작할 것이다. 그리고 우리가 원치 않는 잘못된 곳에서 답을 찾을 것이다.

### 이 책을 어떻게 사용할까

이 책은 신학의 특정 주제에 관해 찾으면 간결한 답이 제시된 신학 백과사전의 용도로 쓰인 책이 아니다. 대신 나는 당신에게 올바른 방향을 알려 주고, 당신이 자녀들의 질문에 대한 답을 찾아가는 기술과 기본 정보를 주고자 했다.

이 책의 내용이 어떤 질문이 나오더라도 대답해 줄 수 있는 기초를 제공해 주기를 기도한다. 이 책에서 일부 특정 주제들을 다루지 않는 것이 의아할 수도 있다. 인종 차별이나 성매매 같은 사회적 문제들은 포함시키지 않았다. 예수그리스도후기성도교회(몰몬교)나 여호와의 증인에서 가르치는 내용을 따지고 들지도 않았다. 다만 성경의 신뢰성과 권위, 그리고 하나님의 본성을 확립하는 데 충분한 시간을 보낼 것이며, 그것은 수많은 문제들에 관한 애매한 부분들을 해결해 줄 것이다.

예를 들어 당신의 자녀가 예수님의 신성과 십자가 사역의 중요성을 제대로 이해한다면, 사이비 종교 집단에 관한 문제들을 설명하기가 훨씬 더 쉬워질 것이다. 자녀들이 도덕성에 관한 성경의 가르침이 신뢰할 만하다고 확신한다면, 성, 결혼, 동성애에 관한 수많은 질문들은 훨씬 더 쉽게 다룰 수 있을 것이다.

하지만 자녀들이 질문을 할 때까지 기다렸다가 이 책의 목차를 훑어보아선 안 된다. 질문을 하기 전에 먼저 성경에 관한 기본 지식을 갖추어야 하며, 필요하면 더 깊이 들어갈 준비가 되어 있어야 한다.

이 책을 처음부터 끝까지 읽고 여기서 알려 주는 성경 공부 방법들을 익히길 바란다. 도움이 되는 참고 서적들을 모아 두면 성경을 이해하고 연구하는 데 도움이 될 것이다. 당신이 하나님의 말씀을 점점 더 잘 이해할수록 자녀들이 던지는 대부분의 질문에 답변할 준비가 될 것이고, 혹 그렇지 않더라도 어디서 답을 찾아야 할지 알게 될 것이다.

이 책 전반에 걸쳐 "당신의 자녀"라는 표현을 사용했지만, 이 책을 읽는 독자들 가운데 청소년 지도자, 교사, 목사, 친구, 또는 친척들도 있을 것이다. 우리의 친자녀이든 아니든 우리는 모두 하나님의 가족으로서 가족 안의 아이들을 가르치고 훈련시킬 책임이 있다.

### 질문 뒤에 있는 질문

어린이와 십대들이 하나님, 성경, 기독교 또는 영적인 문제와 관련된 질문을 할 때 우리는 아마 질문의 대답을 불쑥 내뱉었을 것이다. 그런 대응이 필요할 때도 있지만, 잠시 멈추고 이렇게 생각해 보는 것이 더 좋다.

'아이가 왜 이 질문을 할까? 이 아이의 머릿속에 있는 어떤 정보(어쩌면 잘못된 정보)가 이 아이에게 영향을 미치고 있는 걸까? 최근에 있었던 어떤 사건이나 환경이 이런 생각을 하도록 부추겼을까?'

아이들은 종종 복잡한 문제를 받아들이려고 애를 쓴다. 그리고 문제의 한 지점을 발견하고 질문을 던질 것이다. 그것은 조각난 퍼즐 맞추기와 비슷하다. 아이들은 한 조각만 쳐다보면서 전체 그림을 이해하려 한다.

우리가 할 일은 아이들의 질문에 귀를 기울이고, 질문과 그들의 삶에 대해 우리가 아는 것을 총동원해 전체 퍼즐을 이해하려 하는 것이다. 대개 질문 뒤에 질문이 있는 경우가 많다. 아이들은 더 깊고 더 개인적인 문제와 씨름하고 있는데 그것을 어떻게 표현해야 할지 모르는 것이다. 부모들은 그 문제의 진짜 핵심을 발견하기 위해 좀 더 깊이 파고 들어가야 한다.

당신의 자녀가 와서 이렇게 질문한다고 해보자.

"왜 하나님은 나쁜 일들이 일어나게 하시는 거예요?"

이 문제는 단순한 신학적 질문 같아 보인다. 그렇지만 만일 할머니가 병을 앓다가 얼마 전에 돌아가셨다면 어떨까? 당신의 아이가 던지는 진짜 질문은 아마 이것일 것이다.

"왜 하나님은 할머니를 죽게 하신 거예요? 난 할머니를 위해 기도했어요. 왜 내 기도를 들어주지 않으신 거죠?"

이것은 훨씬 개인적인 문제이다.

또 당신의 자녀가 당신에게 와서 이렇게 묻는다고 하자.

"하나님은 정말로 사람들을 지옥에 보내시나요?"

이것 또한 단순한 질문이다. 하지만 진짜 질문이 "하나님이 나를 지옥으로 보내실까요?"라고 한다면, 그 질문에 대한 부모의 접근법은 확연히 달라질 것이다. 왜냐하면 그 질문은 하나님이 당신의 자녀를 그리스도께 이끄시기 위해 마음속에 역사하고 계심을 나타내기 때문이다.

질문 뒤의 질문을 발견하는 가장 효과적인 방법 중 하나는 다음과 같은 말로 시작하는 것이다. "정말 좋은 질문이야. 넌 어떻게 생각하니?" 그렇게 질문했을 때 당신은 조용히 들어 주고 자녀가 자신의 생각을 분명히 표현하도록 해야 한다. 경청은 아이들에게만 좋은 기술이 아니라 어른들에게도 유익하다.

듣는 동안 자녀의 몸짓을 잘 관찰하라. 당신의 자녀가 혼란스럽거나, 두려워하거나, 양심의 가책을 느끼거나, 분노하거나, 실망한 것처럼 보이는가? 몸짓 언어는 그 질문의 긴급성을 나타낸다. 이 질문이 단순한 호기심인가, 아니면 정말 중요한 문제와 관련된 것인가? 이러한 비언어적 단서들은 당신이 자녀의 진짜 질문을 이해하도록 도와줄 수 있는 더 많은 퍼즐 조각들이다.

일단 자녀의 질문을 더 잘 파악했으면, "내가 이해한 대로 말해 볼게. 그러니까 네가 묻는 건 이런 거지?"라고 말하는 것이 좋다. 질문을 다시 말하는 것은 당신의 의문으로 아이의 질문을 해석하고 있지 않은지 확인하는 데 도움이 된다. 그것은 또한 자녀들이 진짜 자신의 근본적인 질문을 보도록 도와줄 수 있다. 아이 스스로도 자신이 진짜로 묻는 것이 무엇인지 이해하지 못할 때 더욱더 그렇다. 진짜 질문이 무엇인지를 이해하면 만족스러운 대답을 해줄 수 있는 더 좋은 위치에 있게 된다.

당신은 또 "무엇 때문에 이런 의문을 갖게 되었니?" 같은 진단용 질문들을 더 할 수도 있다. 당신의 자녀가 학교에서 들은 어떤 말 때문에 그런 질문을 하게 된 것일까? 아니면 텔레비전에서 들은 말 때문일까? 아이의 친구가 아이의 신앙에 의문을 제기하는 말을 한 걸까? 이것은 자녀의 의심이 어디서 왔는지 알 수 있는 추가적인 단서를 줄 것이고, 당신이 대답을 생각해 내는 데 도움이 될 것이다. 의사가 진단 질문을 함으로써 병을 진단하려 하듯이, 우리는 문제의 핵심을 파악하기 위해 영적 진단을 위한 질문들을 해야 한다.

뿐만 아니라 기독교에 관한 아이의 어려운 질문에 대답해 줄 때 당신이 취하는 접근 방식은 실제 대답만큼 중요하다. 당신의 목소리톤, 몸짓, 질문에 대한 반응은 실제 말만큼 많은 것을 전달하기 때문이다. 아이들은 어른들이 성경의 가르침을 정말로 믿는지 알고 싶어 한다. 질문하는 아이들에게 있어서 우리의 대답과 아이들과의 상호작용은 믿음과 회의, 확신과 의심, 또는 천국과 지옥의 차이를 의미할 수 있다.

## 대화를 이끌어 가기

영적 질문에 답할 때는 혼자서 말하는 것보다 자녀들과 대화를 나누는 것이 훨씬 더 좋다. 혼자서 말을 하면 그들은 잔소리로 여길 것이다. 당신의 자녀들'과' 대화를 해야지 그들'에게' 말하는 것이 되어선 안 된다. 아이들은 종종 질문을 하고 자기 의견을 말할 수 있을 때 배운 것을 훨씬 더 효율적으로 처리한다. 이렇게 하기 위한 가장 좋은 방법 하나는 소크라테스식 문답법을 사용하는 것이다.

소크라테스는 자기 학생들의 질문에 독특한 방식으로 대답하기로 유명했다. 그는 질문에 질문으로 대답했다. 이런 방식으로 소크라테스는 진실을 캐기 위한 질문을 함으로써 대화를 이끌어 갔고, 학생들이 스스로 답을 찾아가도록 도우려 했다.

예수님이 때때로 질문에 질문으로 대답하신 것을 생각해 보자.

어떤 율법교사가 일어나 예수를 시험하여 이르되 선생님 내가 무엇을 하여야 영생을 얻으리이까 예수께서 이르시되 율법에 무엇이라 기록되었으며 네가 어떻게 읽느냐(눅 10:25-26).

예수님은 율법교사의 질문에 대한 답을 찾을 때 그가 하나님에 대해 이미 알고 있는 바를 생각해 보도록 도전하셨다. 자녀들의 영적인 질문들에 답하기 위해 이 방법을 적용할 때 당신은 그들이 이미 하나님에 대해 알고 있는 지식을 질문에 적용할 수 있도록 격려하는 것이다.

당신의 자녀들과 대화를 나누는 동안 다음과 같은 질문들을 던질 수 있다.

- 그것이 사실이라는 걸 어떻게 아니?
- 네가 알고 있는 정보를 어디서 찾은 거니?
- 너의 질문을 더 잘 이해하도록 예를 들어 줄 수 있을까?
- 어떻게 그런 결론에 도달하게 되었니?

- 이것에 대해 네가 이미 알고 있는 건 뭐니?
- 이 상황이 네가 아는 성경 이야기들과 비슷하니?
- 이것을 어떻게 다른 식으로 볼 수 있을까?
- 하나님은 이것에 대해 뭐라고 말씀하시니?
- 만약 그렇다면 무슨 일이 벌어질 것 같니?

당신의 자녀들이 스스로 답을 생각해 낸다면 단순히 사실이나 지식의 축적이 아니라 강한 확신을 얻게 될 것이다. 또 그것이 자녀들의 믿음에 관한 문제일 때는 지식보다 확신이 훨씬 더 좋다. 확신은 흥분한 상태에서 쉽게 버리지 않기 때문이다.

### 너무 많은 정보를 주지 않아도 된다

여덟 살 루이스가 엄마한테 와서 이렇게 물었다. "엄마, 성(sex)이 뭐예요?"
엄마가 남자와 여자의 차이, 데이트, 사랑, 결혼, 그 후의 일들까지 쭉 이야기를 하자 루이스는 완전히 혼란에 빠진 표정이 됐다.
루이스의 엄마는 긴 이야기를 마치고 물었다. "자, 더 질문할 거 있니?"
아이는 대답했다. "네, 학교에서 이 문서를 채워 오라고 했는데 내 성이 뭔지 적으래요. 저는 남성이에요 여성이에요?"
자녀들에게 너무 많은 정보를 주지 않도록 주의하라. 자녀들이 예수님의 다시 오심에 관한 질문을 던졌을 때 종말 신학, 환난 전 휴거설과 환난 후 휴거설, 요한계시록과 데살로니가서를 비교하여 에스겔과 다니엘의 예언들에 대한 자세한 논의를 요구하지는 않을 것이다. "언제 오실지는 정확히 알 수 없지만 예수님이 오실 때를 대비할 수 있는 확실한 방법이 있단다"라고 말하는 것이 그 순간 자녀들에게 필요한 전부이다.

당신의 자녀들이 얼마나 이해할 것인지는 나이에 따라 다르다. 질문을 받았을 때는 그들의 호기심을 충족시켜 줄 만큼의 정보만 주면 된다. 반드시 그들의 이해력과 성숙도에 알맞은 언어를 사용하도록 하라.

어른들이 쉬운 언어로 하나님과 삶에 대해 자녀들과 이야기를 나눌 때 아이들은 진정으로 고마워할 것이다. 혹 주변 아이들이 대답을 듣기 위해 찾아가는 어른이라는 평판을 듣게 될 수도 있다. 하나님이 직계 가족의 테두리를 뛰어넘는 사역의 기회를 당신에게 맡기실지도 모를 일이다.

당신의 자녀들이 계속 질문을 한다면 그들이 당신의 대답에 만족할 때까지 그들과 함께 더 깊이 들어가라.

### 모른다고 말해도 괜찮다

성의 없는 말처럼 들릴지 모르지만 "잘 모르겠는걸"이라고 말하는 것도 괜찮은 대답이다. 단, 그 말 뒤에 "같이 답을 찾아보자"라는 말을 덧붙인다면 말이다.

너무나 많은 그리스도인들이 자신의 믿음에 대해 이야기하지 않는 이유가 다른 사람들, 특히 자녀들이 그들에게 대답할 수 없는 질문을 할까 봐 두려워서이다. 당신의 자녀가 그런 질문을 한다면 목사님이나 주일학교 교사에게 넘겨도 된다. 다만 그럴 경우 세 가지 문제가 있다.

하나, 불필요하게 대답을 지체하게 된다. 둘, '평범한' 그리스도인, 즉 평신도들은 성경을 잘 알 필요가 없거나 믿음을 변호할 수 없다는 메시지를 전달하게 된다.

셋, 당신의 자녀와 영적인 관계를 형성할 기회를 잃게 된다.

당신이 몇 시간이고 앉아서 성경을 공부하는 신학자가 아닌 이상, 자녀들의 질문은 당신을 쩔쩔매게 할 가능성이 크다. 그래도 괜찮다. 자녀들이나 다른 사람들이 기독교에 대해 던지는 모든 질문의 답을 당신이 알고 있을 수는 없다. 하지만 깊이 파고들어 답을 찾으려 하는 마음자세를 보여 줄 수 있고 또 보여 주어야만 한다.

당신의 배경이나 현재 성경 지식과 상관없이, 자녀들이 답을 찾도록 도와주기 위해 기꺼이 시간을 투자하려는 태도는 당신과 예수 그리스도의 개인적인 관계에 대해 많은 것을 말해 준다.

성경공부의 중요성을 강조하기 위해 자주 사용되는 대표적인 구절은 디모데후서 2장 15절이다. "너는 진리의 말씀을 옳게 분별하며 부끄러울 것이 없는 일꾼으로 인정된 자로 자신을 하나님 앞에 드리기를 힘쓰라."

여기서 "분별하라"는 단어는 "책과 씨름하라"거나 "정보를 암기하라"는 의미가 아니다. 좀 더 현대적인 번역으로 읽어 보면 그 의미가 "부지런히", "집중해서" 또는 "열성적으로"라는 뜻에 가깝다는 걸 알 수 있다. 그러나 중요한 원칙이 있다. 우리의 행위와 증거에 있어서, 하나님의 말씀에 대한 정확한 지식과 효력을 전달하도록 힘써야 한다는 것이다. 매일 성경 말씀으로 당신의 마음과 생각을 채우라. 그러면 당신 스스로 자녀들의 영적인 질문들에 대비하게 될 것이다!

이것이 어려운 임무처럼 보일 수 있지만 두려워하지 말라! 하나님은 구하는 자에게 지혜를 주겠다고 약속하신다(약 1:5). 깨달음을 얻기 위해 기도할 수 있고(시 119:73), 매일 말씀을 깊이 들여다볼 수 있다. 도전적인 질문들에 효과적으로 대답해 줄 준비를 갖추는 것에 관하여, 나는 진심으로 마태복음 7장 7절에 나오는 우리 주님의 초청을 적용할 수 있다고 믿는다.

"구하라 그리하면 너희에게 주실 것이요 찾으라 그리하면 찾아낼 것이요 문을 두드리라 그리하면 너희에게 열릴 것이니."

모든
크리스천 가정의
양육 필독서

질문하는 아이
대답하는 부모

THE 21 TOUGHEST
QUESTIONS
YOUR KIDS
WILL ASK ABOUT
CHRISTIANITY

Q & A

01

아버지,
하나님에 대한
질문들

# 하나님은 왜
# 나쁜 사람들을 그냥 두세요?

**왜 하나님은 마귀를 죽여서 더 이상 악한 일을 하지 못하게 만들지 않으실까?**
_ 다니엘 디포, 『로빈슨 크루소 (The Life and Surprising Adventures of Robinson Crusoe)』

많은 사람들이 저마다 다른 형태로 이 질문을 던진다. 흔한 질문은 "왜 하나님은 악한 사람들이 살아 있게 하실까?"이다. 또 다른 질문은 "하나님께서는 아담과 하와가 죄를 범할 것을 아셨으면서 왜 에덴동산에 그 나무를 두셨을까?" 하는 것이다.

회의론자들은 이렇게 질문을 던진다. "만일 하나님이 모두를 사랑하신다면, 왜 선한 사람들에게 나쁜 일들이 일어나게 하실까? 하나님이 전능하시다면, 왜 세상의 고통을 해결해 주시지 않는 걸까?"

대부분 한 번쯤 악에 관한 질문과 씨름해 보았을 것이다. 훌륭하고 똑똑한 많은 사상가들이 자신의 삶과 지성의 많은 부분을 투자하여 이 주제에 몰두했다.

명확한 설명을 위해 나는 악을 두 장으로 나누었다. 1장에선 도덕적인 악(죄)을 다룰 것이고, 2장에서는 자연적인 악과 고난(재난)에 대해 다룰 것이다.

믿기 어렵겠지만 악의 문제는 대부분의 사람들이 알고 있는 것만큼 어렵지 않다. 복잡해 보일 수 있지만 확실히 신학적으로 심각한 문제는 아니다. 약간의 성경 말씀과 논리를 섞으면 충분히 자녀들의 걱정거리를 다룰 수 있다. 그러나 당신의 자녀들이 성숙해서 질문들이 달라지면 당신이 관련 성경 구절들을 다시 찾아보고 악의 문제를 여러 번 다시 검토할 필요가 있을지도 모른다.

### 도덕적인 악 - 답은 창세기에서 시작된다

'악'이라는 단어는 성경의 창세기 2장 앞부분에 등장한다. 17절에 보면 하나님이 아담에게 한 가지를 지키라고 명하셨고, 나중에 아담이 그것을 하와에게 전달했을 것이다. "선악을 알게 하는 나무의 열매는 먹지 말라 네가 먹는 날에는 반드시 죽으리라 하시니라."

아담과 하와는 선악을 알게 하는 나무의 열매를 먹었을까? 그랬다. 그래서 창세기 3장으로 가면, 우리는 세상에 악이 존재하는 이유에 관한 질문의 답을 얻게 된다. 그 답은 아담과 하와가 하나님께 불순종함으로써 악을(죄를) 택했다는 것이다.

곧바로 이런 질문이 뒤따른다. 하나님이 창세기 2장 17절에서 동산 중앙에 있는 나무의 열매를 먹으면 반드시 죽으리라고 하셨는데 왜 아담과 하와를 살려 주셨을까?

그 답은 이렇다. 아담과 하와부터 시작해서 온 역사를 통틀어 모든 사람이 죄를 범하였고, 죄는 곧 '악'이다. 만약 하나님이 아담과 하와를 그 자리에서 멸하셨다면 남은 자가 하나도 없었을 것이다. 즉 인류 자체가 존재하지 않았을 것이다. 하지만 아담과 하와 그리고 그 뒤를 이은 모든 인류에게 부과된 형벌은 여전히 남아 있었다. 그것은 곧 육체의 노화와 죽음이다. 아담과 하와는 곧바로 죽지 않았지만 결국은 죽었다.

성경을 비평하는 사람들은 "너희가 결코 죽지 아니하리라"(창 3:4)는 뱀의 말이 옳았다고 주장한다. 그들의 추론은 이렇다. "하나님은 열매를 먹으면 죽게 될 거라고 말씀하셨다. 하지만 아담과 하와가 열매를 먹고도 쓰러지지 않았다. 그들은 죽지 않고 살았다."

그러나 창세기 2장 17절 말씀은 문자 그대로 "네가 그것을 먹으면 죽어 가다가 결국 죽을 것이라"는 뜻이다. 아담과 하와가 그 자리에서 바로 쓰러져 죽지는 않았지만, 육체적 죽음이 인간의 경험의 일부가 되었고 인간이 지은 죄의 결과가 된 것이다. 하지만 창세기 2장 17절의 미묘한 사실은 이것이다. 죄가 인간의 경험 속에 들어왔다는 것은 곧 육적인 죽음 뒤에 영적인 죽음이 따를 거라는 뜻이었다. "죽어 가다가, 결국 죽을 것이다." 생각해 보라. 모든 사람에게는 두 번의 죽음이 있다. 이것이 의미하는 바는 다 표현 못할 만큼 비극적이다.

### 악은 무엇일까?

당신의 자녀들이 조금 컸거나 철학적으로 사고할 수 있다면, 이 이야기가 도움이 될 것이다.

어떤 사람들은 악을 하나의 '사물'처럼 생각한다. 그래서 하나님이 모든 것을 창조하셨다면 악도 창조하셨을 거라고 믿는다. 우리를 실망시키는 결론은 고통 많은 이 세상이 어찌됐든 하나님이 원하시는 모습이라는 것이다.

어거스틴과 C. S. 루이스 같은 기독교 사상가들은 악이 하나의 사물이 아니

> 라고 판단했다. 악은 형태가 있거나 물질적인 대상이 아니다. 그것은 본래 선한 것이 타락한 것이다. 학자들은 완전성의 '결여'(privation)라는 단어를 악과 관련해서 사용한다. 따라서 창세기 1장 31절에 기록된, 모든 피조물에 대한 하나님의 평가는 사실이었다. "심히 좋았더라."
>
> 악은 숙주를 먹고 사는 기생충이다. 하나님은 에덴동산에 선악을 알게 하는 나무를 두실 때 악을 '창조하지' 않으셨다. 악은 본래 선한 것이 타락하고 부패한 것이다. 하나님은 악이 들어오도록, 즉 완전한 선이 결여되도록 허락하셨다. 그렇기 때문에 하나님이 악을 초래하셨다거나 창조하셨다고 말하는 것은 정확하지 않다.

## 우리 모두 죄를 범했다

아담과 하와가 불순종한 결과, 죄가 나머지 인류에게 전해졌다. 인간의 마음속에 있는 이런 악한 성향을 죄성이라고 한다. 죄성의 시작점에서 악의 문제가 개인의 문제로 바뀌며, 이것이 복음을 전할 기회를 제공할 수 있다. 대부분의 아이들이 (또한 많은 성인들도) 악인은 히틀러나 조직폭력배 같은 사람을 묘사하는 말이라고 생각한다. 자녀들이 자신도 세상의 악의 일부분이며 죽음의 형벌을 받아야 한다는 것을 깨달을 때 하나님의 은혜의 필요성이 더욱 분명해진다.

만일 자녀들이 "하나님이 모든 악한 사람들을 당장 소멸시키실 수는 없는 거예요?"라고 묻는다면, "당연히 그러실 수 있지만 그렇게 된다면 우리 모두 전멸되었을 거야"라고 설명해 줄 수 있다.

하나님은 악을 이기심, 분노, 용서하지 않는 마음, 거짓, 불성실 등으로 정의하신다. 이런 '가벼워' 보이는 죄들은 우리들 대부분이 '중대한' 죄라고 말하는 살인, 강도질, 강간, 고문 등과 똑같이 하나님께 가증스러운 것이다.

구원을 이해하고 건전한 기독교 세계관을 가지려면 반드시 이 사실이 자녀들의 마음과 생각에 깊이 배어들어야 한다. "모든 사람이 죄를 범하였으매 하나님의 영광에 이르지 못하더니"(롬 3:23).

### 최초 부부의 운명은 어떻게 되었을까?

아담과 하와는 최초로 죽음을 경험한 사람들이었다. 그들은 다른 모든 사람들처럼 죽었다. 하나님은 그들에게 동산의 선악을 아는 열매를 먹지 말라고 말씀하셨지만, 그들은 하나님께 불순종하는 길을 택했고 그 열매를 먹었다. 그로 인해 아담과 하와는 점점 늙어가기 시작했고, 결국 죽고 말았다. 그들의 죄 때문에 노화와 죽음의 과정이 이제 모든 사람들에게 일어나게 됐다.

죄는 육체적 죽음뿐만 아니라 우리 영혼의 죽음, 다시 말해 영적인 죽음을 초래한다. 예수님에 의해 용서 받지 않았다면, 아담과 하와, 그리고 당신과 나 역시 죄 때문에 하나님과 영원히 분리되었을 것이다.

## 가라지 비유

가라지 비유에서 예수님은 제자들에게 이 이야기를 들려주시면서 하나님의 인내와 계획들을 암시하셨다.

천국은 좋은 씨를 제 밭에 뿌린 사람과 같으니 사람들이 잘 때에 그 원수가 와서 곡식 가운데 가라지를 덧뿌리고 갔더니 싹이 나고 결실할 때에 가라지도 보이거늘 집 주인의 종들이 와서 말하되 주여 밭에 좋은 씨를 뿌리지 아니하였나이까 그런데 가라지가 어디서 생겼나이까 주인이 이르되 원수가 이렇게 하였구나 종들이 말하되 그러면 우리가 가서 이것을 뽑기를 원하시나이까 주인이 이르되 가만 두라 가라지를 뽑다가 곡식까지 뽑을까 염려하노라 둘 다 추수 때까지 함께 자라게 두라 추수 때에 내가 추수꾼들에게 말하기를 가라지는 먼저 거두어 불사르게 단으로 묶고 곡식은 모아 내 곳간에 넣으라 하리라(마 13:24-30).

이 비유는 대부분의 아이들이 쉽게 이해할 수 있다. 그것은 악한 사람들에 대한 하나님의 인내를 보여 주면서도 나중에는 대가를 치르게 될 것임을 보여 준다. 간단히 말해 공의가 지연되는 것은 공의가 존재하지 않는 것과 엄연히 다르다.

아담과 하와가 불순종한 결과로 인간은 더 이상 낙원에서 살 수 없게 되었다. 창세기는 "여호와 하나님이 에덴동산에서 그를 내보내어 그의 근원이 된 땅을 갈게 하시니라"(창 3:23)고 말한다. 사실 하나님은 아담에게 그와 그의 모든 후손들이 힘든 삶을 살게 될 거라고 말씀하셨고, 그것은 지금까지도 계속되고 있다.

아담에게 이르시되 네가 네 아내의 말을 듣고 내가 네게 먹지 말라 한 나무의 열매를 먹었은즉 땅은 너로 말미암아 저주를 받고 너는 네 평생에 수고하여야 그 소산을 먹으리라 땅이 네게 가시덤불과 엉겅퀴를 낼 것이라 네가 먹을 것은 밭의 채소인즉 네가 흙으로 돌아갈 때까지 얼굴에 땀을 흘려야 먹을 것을 먹으리니 네가 그것에서 취함을 입었음이라 너는 흙이니 흙으로 돌아갈 것이니라 하시니라(창 3:17-19).

### 악을 쉽게 설명할 수 있는 설탕 실험

더 어린 아이들에게는 순결에 대한 하나님의 기준이 얼마나 높은지에 대해 더 구체적인 예를 들어 주어야 한다. 이것을 설명하는 재미있고 간단한 방법은 흰 설탕 한 컵과 소금 알갱이 하나를 사용하는 것이다.

자녀들에게 설탕을 보여준 다음 그것을 그릇에 쏟아붓는다. 자녀들이 손가락으로 설탕을 찍어서 맛보게 한다. 그 다음에 족집게를 가지고 소금 한 알갱이를 집어서 설탕 안에 떨어뜨리고 잘 섞는다. 그리고 자녀들이 다시 설탕을 맛보게 한다. 분명 단 맛이 날 것이다. 소금 한 알갱이는 맛에 영향을 미치지 않기 때문이다. 하지만 아이들은 그것이 더 이상 순수한 설탕이 아니라는 것을 직접 눈으로 보았다. 우리가 소금을 찾아내지 못하더라도 하나님은 소금 알갱이가 어디에 있는지 아시며, 그 알갱이가 제거되기 전까지는 그릇 전체가 불순하다(악하다)는 것을 설명해 준다.

## 답은 신약성경까지 계속 이어진다

그러면 우리는 영원히 악에 사로잡혀 있는 것인가? 아니다. 하나님은 세상에서 모든 악을 제거할 계획을 갖고 계신다. 다만 그 일을 하기에 완벽한 때를 기다리고 계실 뿐이다. 마지막 단계는 요한계시록에 묘사된 대로 세상이 재창조되는 것이다. 하지만 우리는 너무 앞서가고 있다. 세상에서 악을 제거하기 위한 첫 단계는 바로 예수 그리스도를 인간의 몸으로 이 땅에 보내신 것이었다.

　어린이들은 두 번째 기회의 개념을 잘 이해할 수 있다. 아이들은 게임을 할 때 다시 하게 해달라고 조르곤 한다. 예수 그리스도를 "마지막 아담"이라고 하는 것은 그분이 인류의 두 번째 기회였기 때문이다. 즉, 악의 문제를 제거하는 길이었다. 고린도전서 15장 45절에 아담과 예수님의 관계가 설명되어 있다. "기록된 바 첫 사람 아담은 생령이 되었다 함과 같이 마지막 아담은 살려 주는 영이 되었나니." 하나님은 언젠가 그의 아들 예수가 죄와 악에 대한 대가를 치를 것임을 아셨기 때문에 인류를 살려 두신 것이다.


### 하나님은 자비로우시다

　만약 당신의 자녀들이 하나님께서 어떻게 그렇게 많은 악인들을 계속 살려 두실 수 있냐고 묻는다면 이 말씀을 생각해 보라고 하자.

　이 예수를 하나님이 그의 피로써 믿음으로 말미암는 화목제물로 세우셨으니 이는 하나님께서 길이 참으시는 중에 전에 지은 죄를 간과하심으로 자기의 의로우심을 나타내려 하심이니(롬 3:25).

　이 구절에 의하면, 하나님은 예수 그리스도가 아직 지불하지 않은 죽음의 형벌의 빚을 갚으시리라는 것을 아셨기 때문에 인간들을 살려 두신 것이다.

　예수님이 세상에 오시기 전에 하나님은 희생제사라는 규정을 세우셔서 그의 백성들이 하나님께 범한 죄의 대가를 지불하게 하셨다.

　구약성경은 다양한 종류의 제물을 묘사하고 있다. 황소, 어린양, 염소, 새들까지. 그러나 이 모든 제물들은 일시적인 것일 뿐 죗값을 완전히 치를 수 없었다. 게다가 이 제물들은 상징적으로 그리스도의 필요성을 나타냈다. 완벽한 제물은 하나님의 아들 예수 그리스도이며, 그는 죄성이 없고 하나님께 순종하는 온전한 삶을 사실 것이다. 그의 특별한 계보와 거룩한 삶으로 인해, 다른 모든 사람을 대신해 벌을 받을 수 있는 유일한 존재이신 것이다.

　하나님의 아들이며 또한 완벽한 사람인 그분만이 동물의 희생제사로 할 수 없는 일을 하실 수 있었다. 히브리서 10장 4절은 "황소와 염소의 피가 능히 죄를 없이 하지 못함이라"고 지적한다. 히브리서 10장 10절은 하나님과 타락하고 악한 사람들의 관계가 어떻게 회복되는지를 설명한다. "예수 그리스도의 몸을 단번에 드리심으로 말미암아 우리가 거룩함을 얻었노라."

　예수님은 어린아이들이 순수한 믿음을 가지고 있음을 암시하셨다(마 18:3, 막 10:14-15). (예수님은 어른들도 이런 믿음을 가져야 한다고 말씀하셨지만, 그것은 별개의 이야기다!) 설탕 실험 같은 단순한 개념들이나 가라지 비유 같은 비유들은 어린이들에게 잘 통할 것이다. 또한 우리는 우리 아이들에게 하나님이 선하시다는 것을 말해 주어야 한다. 하나님은 우리에게 예수님의 희생을 받아들일 기회를 주시기 위해 형벌을 미루고 계신다. 결국 집으로 가는 길이 있고, 어린아이들은 그것을 이해할 수 있다.

**Q 질문** : 선하게 창조하신 세상에 왜 악이 존재하는 거에요? 하나님이 정말 선하고, 지혜롭고, 전능하시다면 왜 이 세상에서 악을 제거하지 않으세요?

1. 이 세상에 존재하는 모든 악의 기원은 아담과 하와가 죄에 빠진 사실에 있다. 그것은 모든 인간이 세상의 악의 한 부분임을 의미한다. 죄와 악은 사실상 같은 것이다.

2. 그러나 하나님은 인내하시며 사랑이 많으신 분이다. 또 세상에서 악과 악한 사람들을 제거할 계획을 가지고 계신다. 그 계획의 일부가 예수님의 십자가 죽음과 관련된 것이다.

**A 희망을 담은 대답** : 성경 전체에 걸쳐서, 특히 신약성경에 보면 죄와 악에 대한 하나님의 승리가 약속되어 있단다. 그리스도의 빈 무덤은 죄와 사망이 완전히 정복되었다는 증거고, 언젠가는 악이 영원히 사라질 거야.

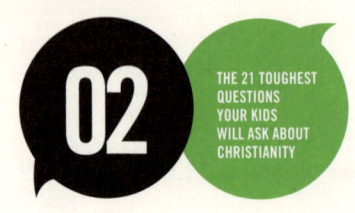

# 하나님은 왜 고통이 존재하게 하실까요?

> 하나님은 기쁨 가운데 우리에게 속삭이시고, 우리의 양심 가운데 말씀하시며,
> 우리의 고통 가운데 크게 소리치신다. 고통은 듣지 못하는 세상을 깨우기 위한 하나님의 확성기다.
> _ C. S. 루이스, 『고통의 문제 (The Problem of Pain)』

일부 믿지 않는 사람들은 이 세상의 고통을 가리키며 하나님(적어도 선한 하나님)은 결코 존재하지 않는다고 결론짓는다. 고통은 악한 것이기 때문이다. 이것은 자녀들이 문화 속에서 받아들이게 되는 아주 대중적인 생각이다.

그 근거는 이렇다. "만약 내가 선하고 전능한 하나님이라면 고통을 없앨 것이다. 그런데 실제로 고통이 존재하기 때문에 전능하시고 선하신 하나님은 절대 존재할 리가 없다."

이런 공격에 대응하기 위해 당신과 자녀들은 논리 훈련이 필요하다. 처음에는 말장난처럼 보일 수도 있지만 잘 들어 보라. 이런 생각의 흐름은 절대적 진리의 개념을 포함하는 기독교 세계관을 발전시키는 데 반드시 필요하다.

기본 원리는 이것이다. 만약 하나님이 존재하지 않는다면 고통과 고난은 도덕적인 문제가 아니게 된다. 고통과 고난이 존재한다는 사실은 곧 도덕적인 하나님이 존재하신다는 부분적인 증거다. 하나님이 존재하지 않는다면, 즉 우주가 오직 물질적인 것들과 자연의 힘만으로 구성되어 있다면 '고통의 문제'는 없을 것이다. 좋고 나쁜 것 없이 단지 '물질'만 있다.

왜 그런가? 하나님이 '궁극적인 선의 기준'이시기 때문이다. 우리가 어떤 것을 보고 '이것은 좋고 저것은 나쁘다'라고 옳게 판단한다는 사실은 곧 도덕적 의식이 존재한다는 것을 확증하는 것이다. 그런 생각의 흐름은 어떤 것이 '궁극적인 선의 기준'에 더 가까운지를 인간이 분별할 수 있다는 뜻이다. 하나님은 우주를 창조하시고 지탱하시는 분일 뿐 아니라, 또한 도덕적 실체의 근거(기초)이기도 하다.[1]

궁극적인 선의 기준이 없는 세상에는 '좋은 것, 더 좋은 것, 가장 좋은 것'이 있을 수 없다. '나쁜 것, 더 나쁜 것, 비양심적인 것' 역시 있을 수 없다. 창세기 1장에서 하나님이 그의 피조물을 바라보시며 "좋았더라"라고 하신 것을 기억하라. 그러나 오늘날 세상에는 명백히 '나쁜' 것이 너무나 많다. 모든 사람들과 대부분의 상황들이 선하지 않다. 악이나 고난의 개념이 존재하려면 선, 사랑, 순결, 정의, 아름다움, 진리에 대한 변치 않는 절대적 기준 혹은 잣대가 있어야 한다.

기독교 세계관에 따르면 이 측정 기준은 하나님으로부터 온다. 어떤 행동이나 상황의 옳고 그름을 논할 때는 궁극적인 기준에 비추어 부족한 부분을 이야기하는 것이다. 기준 잣대인 하나님을 배제하면, 옳고 그름, 영웅적 행위나 불의도 없다. 그저 물질만 있을 뿐이다. 미덕을 칭찬하고 악을 비난한다는 사실은 모든 사람이 직관적으로 어떤 궁극적인 기준을 믿는다는 증거이다. 그 기준이 꼭 하나님이 아니더라도 말이다.

따라서 자녀들이 고통과 고난에 대한 질문을 가지고 오면 선과 악에 대한 기준이나 척도가 있다는 사실을 이해하고 인정하는 것을 먼저 칭찬해 준다. 그리고 악과 고난이 없는 세상, 아름다움이 가득하고 고통이 없는 세상에 대한 갈망이 모든 것을 "심히 좋게" 창조하신 하나님으로부터 오는 것임을 강조해 말해 준다. 조금 큰 아이들에게는 세상의 고통과 고난에 대해 불평하는 무신론자도 어떤 면에서는 하나님의 마음을 찾고 있는 것임을 이해하도록 도와주면 좋다.

일단 자녀들의 마음속에 절대적인 선의 기준에 대한 개념이 확립되면 하나님께서 지진이나 암 같은 사건들을 통해 고통과 고난이 지속되는 것을 허용하시는 이유를 생각해 볼 수 있다.

### 왜 하나님은 나쁜 일들이 일어나게 하실까?

내가 생각하는 대로 된다면 세상이 더 좋아질 것이라고 생각해 보는 건 쉬운 일이지만 현실은 우리가 지금과 같은 세상에 살고 있다는 것이다. 창세기에서 보았듯이 세상은 저주를 받아 악으로 가득하다. 당신은 이렇게 생각할지 모른다. '그래. 인간들은 죄를 지었고, 죄에는 죽음이나 하나님과 분리된 것 같은 영적인 결과들이 따르지. 하지만 자연재해와 암 같은 것들은 어떻게 거기에 해당한다는 거지? 왜 하나님은 이런 것들을 허락하시는 걸까?'

나쁜 일들이 일어나는 이유 중 하나는 모든 피조물은 썩어 없어지게 되어 있다는 사실에 있다. 로마서 8장 21절은 "피조물"이 "썩어짐의 종 노릇"을 한다고 말한다. 이 개념의 구체적인 예를 들려면, 자녀들에게 완전히 익은 사과를 보여 주고 그것을 매일 볼 수 있는 현관이나 창턱에 놓아두는 것이 도움이 될 것이다. 매일 같은 시간에 그것을 사진으로 찍어 어떻게 썩어 가는지를 기록해 둘 수 있다. 세상은 그와 같다는 것, 물질적으로뿐만 아니라 영적으로도 그러하다는 것을 자녀들에게 설명해 준다. 우리는 썩어 가는 세상에 살고 있기 때문에 때로는 선한 사람들, 그리스도인들도 해를 입거나 죽임을 당하는 것이다.

이 논의와 관련된 것이 1850년에 과학자 루돌프 클라우지우스가 발표한 발견이다. 그의 열역학 제2법칙(1865년에는 엔트로피라 불렸다)은 19세기 과학의 최고점으로 묘사되었다.[2] 그것은 또한 성경의 몇몇 구절에서 예언하는 사실을 입증해 준다.

클라우지우스는 엔트로피 법칙을 다음과 같은 단순한 형식으로 설명했다.

1. 우주의 에너지는 항상 일정하다.
2. 우주의 엔트로피는 최대치를 향해 가는 경향이 있다.[3]

요점 : 우주에서 사용할 수 없는 에너지의 양은 점점 늘어나고 있고, 이 증가 추세는 되돌릴 수가 없다. 우주는 질서에서 무질서로 움직이고 있다. 또한 이 엔트로피 법칙은 모든 과학에서 가장 입증된 사실 중 하나로 인정받고 있다.

엔트로피 법칙이 고통, 고난, 그리고 자연재해의 문제들과 어떤 연관이 있을까? 그 답은 풍요로움에 있다. 과거에 좋기만 했던 피조 세계 안에 죄로 인해 사망과 심판이 들어왔기 때문이다. 인간의 타락은 영적, 물질적 결과들을 초래했고, 모든 피조물이 그 결과에 영향을 받고 있다.

대부분 알고 있듯 육체 또한 부패한다. 사람들은 질병으로 고생한다. 생물학자들은 인간의 몸이 노화하고 암이 생겨나 자라는 과정과 이유를 설명할 수 있다. 하지만 많은 사람들이 묻는 것은 왜 하나님이 질병과 자연재해를 허락하시느냐는 것이다. 당신의 자녀들도 친척이나 친구가 위독하거나 자연재해로 '무고한' 수많은 사람들의 집이 무너졌을 때 이것을 물을 수 있다. 우리는 더 이상 낙원에 있지 않다. 그것은 확실한 사실이다.

**고난에 목적이 있을까?**

도덕적인 악(죄)이든 자연적인 악(죄악되고 썩어 가는 육신을 갖고 타락하고 썩어 가는 세상에 사는 결과)이든 하나님이 이런 비극을 허락하신 것에 대해 '도덕적으로' 충분한 이유가 있을까?"

이에 대한 답은 '그렇다'이다. 하나님은 죄를 지은 아담과 하와를 인내하셨다. 홍수는 세상에 대한 심판이었지만 하나님은 의로운 노아의 가족을 보존하셨고 그 후손을 통해 그리스도가 탄생하셨다. 하나님은 아들을 세상에 구세주로 보내 인류를 구원하기 위한 절차를 시작하셨다. 도덕적 악의 결과에 매여 있는 그 인류를 말이다. 하나님은 인류의 타락까지 거슬러 올라가는 이 긴 일련의 사건들의 결과인 자연재해에서도 선한 것을 이끌어 내신다.

과학자들은 허리케인과 열대성 태풍이 지구의 열을 분산시키는 데 도움이 된다고 한다. 맹렬한 기후 변화는 지구의 양극 간 온도의 균형을 유지하는 데 도움이 된다. 심한 폭풍우는 엄청난 양의 비를 내리는데, 이로 인해 지구의 자연적인 물 순환이 이루어져 농사에 도움이 되고 우물과 지하수면의 물을 보충해 준다. 해저 지진은 큰 재앙이 되는 파도를 일으킬 수 있지만 그 파도는 지구의 대기로 분출되는 가스를 만들어 내고, 그 가스가 식물의 성장을 촉진시킨다. 번개는 종종 재산 피해를 입히거나 생명의 손실로 이어지는 화재를 일으키지만 번개는 또한 식물과 나뭇잎에 필요한 질소를 대기 중에 발산한다. 화재 이후의 땅은 화재가 나기 전보

다 더 비옥해지는 경우가 자주 있다.[4]

구약성경에서 요셉의 고난을 통해 이루어진 궁극적인 선을 생각해 볼 수 있다. 요셉은 수년 전 자기를 노예로 팔아 버린 형들에게 이렇게 말했다. "당신들은 나를 해하려 하였으나 하나님은 그것을 선으로 바꾸사 오늘과 같이 많은 백성의 생명을 구원하게 하시려 하셨나니"(창 50:20).

하나님은 악에서 선을 이끌어 내신다. 그러므로 하나님이 그러한 일들을 허락하시는 데는 도덕적으로 충분한 이유들이 있는 것이다.

### 이생과 영생을 위한 하나님의 약속들

'공사중' 표지판을 본 적이 있는가? 지금 보수와 확장공사 중인 우리집 근처 고속도로에도 커다란 표지판에 이런 메시지가 써 있다. "보수공사 중입니다. 주의하십시오. 교통정체가 예상됩니다."

하나님의 말씀도 우리에게 이 같은 메시지를 보낸다. 이 세상은 중요한 개조를 거치는 중이다. 아니, 사실은 그보다 더 중요한 과정 중에 있다. 우리는 '구원'의 과정 속에 있는 것이다. 우리에게 축적되는 상처들이 당시에는 고통스럽고 당혹스럽지만 언젠가는 그만한 가치가 있었다는 걸 알게 될 것이다. 우리에겐 하나님의 약속이 있다. 이 세상에 사는 동안 예수님을 따르기 위해 어떤 대가를 치르더라도 그만큼 투자 가치가 있다는 걸 알게 될 것이다. 하나님은 미래에 "은혜의 지극히 풍성함"(엡 2:7)을 우리에게 보여 주실 것이기 때문이다.

바울은 하나님이 약속하신 미래에 비추어 이러한 고난에 대한 관점을 제시했다.

생각하건대 현재의 고난은 장차 우리에게 나타날 영광과 비교할 수 없도다 피조물이 고대하는 바는 하나님의 아들들이 나타나는 것이니 피조물이 허무한 데 굴복하는 것은 자기 뜻이 아니요 오직 굴복하게 하시는 이로 말미암음이라 그 바라는 것은 피조물도 썩어짐의 종 노릇한 데서 해방되어 하나님의 자녀들의 영광의 자유에 이르는 것이니라(롬 8:18-21).

아이들은 삶과 신앙생활에서 '인내'가 반드시 필요하다는 것과, 또한 우리를 위로해 주시는 성령님이 계시더라도 현재의 삶이 힘들고 어렵다는 것을 알아야 한다. 흔히 말하듯이 "어떻게 시작하느냐가 아니라 어떻게 마치느냐가 중요하다." 우리가 하나님을 위해 굳게 서 있으면 상을 받게 될 거라고 하나님은 약속하셨다. 그것은 하나님의 말씀대로 사는 것이 불편하고 쉽지 않을 때에도 계속 그렇게 사는 것을 의미한다.

하나님의 말씀은 우리 삶 속에서 고난이 주는 유익을 생각해 보도록 권면한다.

우리가 환난 중에도 즐거워하나니 이는 환난은 인내를, 인내는 연단을, 연단은 소망을 이루는 줄 앎이로다 소망이 우리를 부끄럽게 하지 아니함은(롬 5:3-5).

모든 은혜의 하나님 곧 그리스도 안에서 너희를 부르사 자기의 영원한 영광에 들어가게 하신 이가 잠깐 고난을 당한 너희를 친히 온전하게 하시며 굳건하게 하시며 강하게 하시며 터를 견고하게 하시리라(벧전 5:10).

이러한 부분에서 우리 아이들의 질문은 깊이 생각하고 논리적으로 답변해 줄 가치가 있다. 단순히 "하나님의 일하심을 우리가 다 이해하기는 힘들다"는 말로 재난이나 고난을 가볍게 다루는 것은 옳지 않다. 이 시대나 사건들을 볼 때 우리는 죄악에 물든 타락한 세상에 살고 있지만 그것은 일시적인 것이며, 천국에서 예수님과 함께할 영생에 비하면 충분히 감내할 가치가 있다는 것을 자녀들에게 가르치라. 그리고 이 말씀으로 격려하라. "모든 눈물을 그 눈에서 닦아 주시니 다시는 사망이 없고 애통하는 것이나 곡하는 것이나 아픈 것이 다시 있지 아니하리니 처음 것들이 다 지나갔음이러라"(계 21:4).

**Q 질문** : 전능하시고 사랑 많으신 하나님이 왜 세상에 고통과 고난이 존재하도록 허용하세요?

1. 고난과 고통이 존재하며 그것이 나쁘다고 말한다는 것은, 질문자가 선과 악의 기준, 도덕적 절대 원칙이 존재한다는 도덕적 판단을 하고 있음을 나타낸다.

2. 하나님은 선하시며 그분이 고통과 고난을 허용하시는 이유가 있다. 비록 우리가 그것을 이해하지 못하더라도, 그 이유들이 우리의 궁극적인 선을 위한 것임을 신뢰할 수 있다.

**A 희망을 담은 대답** : 하나님은 이 세상에서 고통과 고난을 제거하려는 계획을 갖고 계셔. 그때까지 그리스도인들은 하나님께 위로를 구하고 힘든 시간들을 통해 인내심을 배워 가야 해.

# 하나님은 왜 이렇게 불공평하세요?

신들이 인간을 대하는 것은 마치 잔인한 아이들이 파리를 갖고 노는 것과 같다.
_ 글로스터 백작, 셰익스피어 『리어왕(King Lear)』

셰익스피어의 인용구는 분명 비관적이다. 우리를 실험용 쥐처럼 취급하는 잔인하고 변덕스러운 존재로 하나님을 묘사하기 때문이다. 하나님에 대해 그와 비슷한 부정적인 시각을 나타내는 아이들과 대화를 나눠 본 적이 있다. 아마 당신도 있지 않을까 싶다.

그들은 이 세상의 고통과 악, 인생에서 겪는 실망과 상실, 또는 깨진 가족 관계 때문에 하나님을 '불공평한' 분으로 여긴다. 늘 하나님이 우리를 개인적으로 불공평하게 대하셨다는 생각 때문에 이런 관점을 갖게 되는 것은 아니다. 아이들은 다른 나라들 또는 역사를 통해 가난, 전쟁, 잔혹 행위들을 볼 때 과연 하나님이 공평하신가 하는 의문을 던진다.

때때로 사람들은 왜 하나님이 구약성경에서 가나안 족속들에게 그토록 가혹하셨는지 궁금해한다. 어떤 면에서 하나님의 공평성에 대한 질문은 우리가 앞의 두 장에서 살펴본 악 문제의 연장선이다.

아이들은 또한 종종 과도한 욕구에 근거하여 공평함과 불공평함을 느낄 수 있다. 아이들이 이런 말을 하는 것을 얼마나 많이 들었는지 생각해 보라. "그건 불공평해!" "내가 먼저 봤어!" "도로 물려 줘!" 그리고 항상 인기 있는 말은 (이 말을 하기 전에 위협적인 표정을 짓고) "내 거야!"임을 기억하라.

우리는 하나님께 실험용 쥐에 불과한가? 성가신 벌레들처럼 우리를 찰싹 때리실까? 아니다. 하나님은 사랑으로 '불공평한' 짐을 자신이 짊어지셨다. 우리의 죄를 위해 독생자 예수님을 희생제물로 내주신 것이다. 얼마나 '불공평한' 일인가?

만일 하나님이 그분의 성품을 규정하는 사랑과 자비 없이 공평하시기만 했다면, 은혜가 없었을 것이다. 하나님은 이 세상에서 악을 소멸하셨을 것이고 우리는 모두 멸망했을 것이다.

그러므로 "하나님은 공평하신가?"에 대한 답은 그렇지 않다는 것이다. 그리고 우리는 그것에 감사해야 한다! 하나님이 공평하셔서 재빨리 우리에게 마땅한 우주적 정의를 적용하지 않으시는 것이 우리에게는 얼마나 다행스러운 일인가! 하나님은 자비로우시다. 하나님은 은혜가 충만하시다. 하나님은 사랑이 많으시고, 인내하시며, 온유하시다.

앞장에서 우리는 이생에서 아무리 악한 일들이 일어나도 결국은 하나님이 인류를 구원하실 거라는 사실을 알았다. 하나님이 그 모든 것들을 처리하실 것이다. 인생에서 '불공평해' 보이는 일들도 결국 해결되고 만회될 것이다. 그러나 또한 지금 우리가 '불공평한' 대우나 시련을 겪으면서 배워야 할 것들이 있다.

## 하나님은 사도 바울에게 공평하지 않으셨다

하나님의 많은 종들이 '불공평한' 상황을 겪었다. 호세아 선지자는 하나님께 부정한 아내를 받아들이라는 명령을 받았다. 예레미야 선지자는 폭행을 당하고 감옥에 갇혔다. 그의 별명은 눈물의 선지자이다. 그리고 하나님과 동등하게 대우받아야 마땅했던 예수님은 부와 인기를 누리지 않으셨다. 대신 십자가에서 잔인한 죽음을 당하셔야 했다.

하나님이 어떻게 '불공평한' 대우를 아름다운 것으로 만드시는지 사도 바울의 예를 보자. 디모데를 향한 바울의 두 번째 서신은 그의 마지막 선교 여행을 마친 후 로마에서 수감되기 직전에 쓰였다. 디모데후서가 쓰이고 1년 쯤 지난 후에 바울은 네로 황제에게 처형을 당했다. 우리는 바울이 많은 고난을 겪었다는 사실을 다른 서신서들을 통해 알 수 있다. 바울은 거짓 고소를 당하고 결국 감옥에 갇혔고, 그 외에도 난파와 구타를 비롯해 수많은 재난을 경험했다(고후 11:23-28).

이러한 바울의 생애를 묘사한 글들은 그리 매력적으로 보이지 않는다. 그렇지 않은가? 바울은 평생 믿음을 지키며 하나님의 도움을 구했지만 하나님께 받은 응답은 "내 은혜가 네게 족하도다 이는 내 능력이 약한 데서 온전하여짐이라"(고후 12:9)는 것이었다.

우리는 바울의 글을 통해 그가 이생에서 '공평함'을 기대하지 않았다는 것을 알 수 있지만, 그렇다고 해서 도움을 구하는 기도를 멈추지는 않았다. 사실 그는 더 나아가 그런 고난의 시간들이 그의 인격을 형성하는 데 도움이 된다는 것을 알았고, 그런 시간을 겪게 하시는 하나님을 찬양한다.

그러므로 도리어 크게 기뻐함으로 나의 여러 약한 것들에 대하여 자랑하리니 이는 그리스도의 능력이 내게 머물게 하려 함이라 그러므로 내가 그리스도를 위하여 약한 것들과 능욕과 궁핍과 박해와 곤고를 기뻐하노니 이는 내가 약한 그 때에 강함이라(고후 12:9-10).

바울은 삶의 고통과 '불공평함'을 어떻게 처리했는가? 하나님을 묵상하고, 그분을 신실하게 따름으로써 받게 될 상을 바라봄으로써 견뎠다. "주께서 나를 모든 악한 일에서 건져내시고 또 그의 천국에 들어가도록 구원하시리니"(딤후 4:18).

### 자녀들에게 하나님과 삶에 대한 진실을 말해 주라

그러므로 우리는 자녀들에게 불공평한 고난에 대해 어떻게 말해 줄 것인가? 자녀의 나이에 따라 다르게 설명해야겠지만, 나는 삶이 원래 힘든 거라고 솔직하게 말해 주는 것이 좋다고 생각한다. 또한 때때로 삶은 몹시 고통스럽고 감정적으로 심히 괴로울 수 있다.

로마서 8장 28절은 종종 고통을 겪는 사람들을 위로하기 위해 인용된다. "우리가 알거니와 하나님을 사랑하는 자 곧 그의 뜻대로 부르심을 입은 자들에게는 모든 것이 합력하여 선을 이루느니라."

그러나 NIV 성경은 이 구절을 이렇게 번역한다. "우리는 모든 일들 속에서 하나님이 그를 사랑하는 자들의 유익을 위해 일하신다는 것을 알고 있다."

두 표현의 차이점을 알 수 있을 것이다. 킹제임스 성경에서 그 구절은 이생에서 무슨 일이 일어나더라도, 아무리 난폭하고, 슬프고, 왜곡되고, 고통스러운 일이 생겨도, 혹은 대격변이 일어나도, 어떻게든 모든 것이 "합력하여 선을 이룰" 거라는 뜻이다. 그에 반해 NIV 성경은 그와 같은 모든 상황들 속에서 하나님이 그를 사랑하는 자들의 유익을 위해 일하실 것이나 이생에서 모든 것이 잘될 거라는 보장은 없다는 뜻이다. 독실한 그리스도인들에게도 나쁜 일은 일어난다.

### 욥에 관한 이야기

아이들이 조금 커서 십대 정도가 되면 이 주제와 관련하여 욥기를 공부하면 큰 도움이 될 것이다. 욥은 하나님이 이유 없이 자신을 괴롭히신다고 생각했다. 욥은 "그가 폭풍으로 나를 치시고 까닭 없이 내 상처를 깊게 하시며"(욥 9:17)라고 말했다. 욥의 이런 괴로움에도 불구하고, 이 책의 주요 주제 중 하나는 하나님이 고통과 고난을 허용하시면서도 여전히 보살펴 주실 수 있다는 것이다. 하나님은 심지어 고난 후에, 또는 고난을 통해 한 개인의 삶 속에 위대한 일을 행하실 수 있다. 욥기는 하나님의 주권에 대한 책이다.

삶에 시련과 불공평함이 존재한다고 해서 결코 하나님이 실수하셨다는 의미가 아니다. 욥기는 당신의 자녀들이 이것을 이해하도록 도와줄 것이다. 우리는 이야기의 끝을 알고 있고 현실에 반영할 수 있다. 힘든 시기를 보내는 동안 우리는 믿음을 지킴으로써 상을 받을 것이며 결국 "내가 알기에는 나의 대속자가 살아 계시니 마침내 그가 땅 위에 서실 것이라"(욥 19:25)고 말하게 될 것임을 알고 있다.

### 왜 구약의 하나님은 가혹해 보일까?

유혈이 난무하는 구약성경과 복음서에 나오는 사랑과 치유의 예수님을 언뜻 비교해 보면 자녀들은 하나님이 두 얼굴을 가지신 건지 의아히 여길 수도 있다. 수백 년 동안 모든 시대와 배경의 사람들이 구약성경에 나오는 하나님의 난폭한 행위들의 본질과 그리스도의 말씀이 어떻게 조화를 이루는지 고민해 왔다. 이를 테면 이런 말씀이다. "수고하고 무거운 짐 진 자들아 다 내게로 오라 내가 너희를 쉬게 하리라 나는 마음이 온유하고 겸손하니 나의 멍에를 메고 내게 배우라 그리하면 너희 마음이 쉼을 얻으리니"(마 11:28-29).

어떤 사람들은 하나님이 시대에 따라 피조물들에게 다르게 다가가 상호작용을 하시면서 차차 달라지셨다는 이론을 제시하기도 했다. 또 어떤 이들은 하나님의 점진적 계시가 있었다는 사상을 지지한다. 하나님이 자신의 일부분만 조금씩 보여 주시다가 나중에 다 조합된 모습을 보여 주신다는 뜻이다.

어떻게 다가가든 간에 이 질문의 전제는 매우 의미가 있다. 왜 하나님은 구약성경에서 때때로 무자비하게 보이시고 신약성경에서는 더 친절하고 온유하게 보이실까? 구약 시대에 살았던 사람들에게만 불공평하셨던 걸까?

역사적인 기독교의 정통은 하나님의 성품이나 궁극적인 계획들이 변한다는 것을 부인한다. 당연히 그렇다. 성경은 하나님이 변치 않으신다는 것을 분명히 보여 준다. 하나님은 변치 않으시며 "이제도 있고 전에도 있었고 장차 올 자"(계 1:8)라고 했다. 예를 들어 다음 본문들을 보라.

> 이스라엘의 지존자는 거짓이나 변개함이 없으시니 그는 사람이 아니시므로 결코 변개하지 않으심이니이다(삼상 15:29).

온갖 좋은 은사와 온전한 선물이 다 위로부터 빛들의 아버지께로부터 내려오나니 그는 변함도 없으시고 회전하는 그림자도 없으시니라(약 1:17).

나 여호와는 변하지 아니하나니(말 3:6).

그런데 하나님이 변치 않으신다는 말씀도 있지만 하나님이 마음을 바꾸셨다고 말씀하시는 부분은 어떻게 설명할 것인가?(예를 들어, 창 6:6) 구약성경과 신약성경 사이에 나타나는 분명한 성격 차이를 어떻게 이해할 것인가?

이 문제는 변하는 건 하나님이 아니라 환경이라는 것을 이해할 때 답을 찾을 수 있다. 하나님은 "어제나 오늘이나 영원히"(히 13:8) 동일하시다. 성경이 두 하나님, 즉 구약성경의 폭력적이고 호전적인 신과 신약성경의 온유한 예수님을 보여 준다는 일반화는 각 성경에 대한 너무 단순한 관점에 의존한 것이다. 구약성경에서 하나님의 사랑을 묘사하는 구절들도 많이 있고, 신약성경에서 하나님의 심판을 보여 주는 생생한 예들도 있다. 아래 '구약성경의 칭찬과 신약성경의 심판'의 내용을 참고하라.

> **구약성경의 사랑과 신약성경의 심판**
>
> 구약성경은 하나님의 진노와 심판을 보여 준다. 그러나 또한 사랑의 하나님을 묘사하기도 한다. 다음 예들을 생각해 보라.
>
> **하갈 (창 16장) :** 이 애굽 여인은 아브라함의 첩이자 이스마엘의 어머니였다. 아브라함의 아내 사라는 하갈을 심하게 학대했다. 하갈이 최악의 상태에 처했을 때 하나님이 광야에서 그녀를 구원하셨고 새 생명을 주셨다.

**한나 (삼상 1장)** : 한나는 아이를 갖지 못해 하나님 앞에서 슬피 울었다. 하나님은 그녀의 기도를 들으시고 아들을 주셨다. 그녀는 이 아들을 하나님께 드렸고, 엘리 제사장에게 데려가 가르침을 받게 했다. 그녀의 아들은 위대한 선지자 사무엘이다. 한나가 사무엘을 하나님께 드린 후에 하나님은 그녀에게 복을 더하셔서 다섯 명의 자녀들을 더 주셨다(삼상 2:21).

**히스기야 (왕하 20장)** : 이사야 선지자는 히스기야에게 곧 죽을 것이니 집을 정리하라고 말했다. 히스기야는 하나님께 자비를 구하였고 응답을 받았다. 하나님이 15년을 더 살게 해주신 것이다. 그뿐 아니라 하나님은 "내가 너와 이 성을 앗수르 왕의 손에서 구원하겠다"(6절)고 약속하셨다.

**노아 (창 6-9장)** : 홍수가 나서 여덟 명을 제외한 지구상의 모든 사람들이 물에 휩쓸려 갔을 때에도 성경은 노아를 "의를 전파하는 노아"(벧후 2:5)라고 말한다. 그는 누구에게 의를 전파했을까? 주변의 모든 사람들을 임박한 홍수에서 구원하려 했던 것이다! 하나님의 바람은 그 여덟 명보다 더 많은 사람들을 구원하는 것이었다.

신약성경은 하나님의 사랑을 보여 주지만, 또한 하나님의 의의 심판을 보여 주기도 한다.

**아나니아와 삽비라 (행 5:1-11)** : 이 부부는 자기들의 재산을 팔아서 일부는 몰래 감추고 하나님의 교회에 다 바친 척해도 된다고 생각했다. 이것은 신약성경에서 매우 충격적인 이야기다. 하나님이 성령을 속이려 했던 그들을 그 자리에서 죽게 하신 것이다.

**헤롯 왕 (행 12:20-23)** : 헤롯 왕은 권력의 자리에 있었고 그 사실을 잘 알았다. 그는 야고보 사도의 목을 베고 베드로 사도를 체포했다(행 12:1-3). 나중에 군중이 그를 사람이 아니라 "신"이라고 칭송했다(22절). 헤롯이 그 영광을 하나님께 돌리지 않고 자기가 취하자 주의 사자가 즉시 그를 쳤다. 23절에 "벌레에게 먹혀 죽으니라"고 한 걸 보아 그는 분명 끔찍한 장 질환으로 죽었을 것이다.

**예수님 (마 23장)** : 성경 인물이나 선지자의 입에서 나온 가장 통렬한 말들의 일부는 바로 예수님에게서 나왔다. 마태복음 23장을 읽고, 예수님이 항상 칭찬만 하시고 친절하고 온유하셨는지 스스로 판단해 보라.

**예수님 (마 21장, 막 11장, 요 2장)** : 예수님이 항상 온순한 어린양이었다는 생각이 들거든, 채찍을 휘두르며 성전 안에서 매매하는 자들의 상을 다 엎으시고 동물들을 내쫓으시는 모습을 생각해 보라. 나는 분명 용기가 없어서 그렇게 하지 못했을 것이다!

## 왜 하나님은 구약성경에서 그렇게 많은 사람들을 죽이셨는가?

이 질문에 답하려면 약간의 배경지식이 필요하다. 구약성경 전체에서 하나님과 이스라엘의 관계를 살펴볼 필요가 있다.

창세기에서 우리는 구약성경에 나오는 근본 원칙 중 하나가 아담의 모든 후손들이 죽어야 마땅하다는 것임을 배웠다. 그리스도 외에는 아무도 의로운 자가 없기 때문에, 하나님은 그 누구도 그 자신의 '의' 때문에 구원할 도덕적 의무가 없으셨다.(창세기 15장 6절은 여호와께서 아브라함의 믿음을 "그의 의로 여기셨다"고 말한다. 그러나 하나님은 그렇게 할 의무가 없으셨다. 다만 은혜로 그렇게 하신 것이다.) 구약성경에 기록된 시대에는 많은 사람들이 반역하고 구원을 받지 못했다. 노아 시대에는 죄가 너무 심해서 하나님이 홍수로 인류를 멸하시고 단 여덟 명만 살려 주셨다.

아브라함과 이스라엘 민족을 보라. 하나님은 그를 예배하고 섬기기 위해 특별한 사람들을 따로 세우셨다. 이 백성은 다른 나라들의 본이 되어야 했다. 이스라엘 민족을 통해, 예수 그리스도의 탄생과 죽음과 부활을 통해 구원이 세상에 임할 것이다. 하나님은 이스라엘 민족에게 특별한 책임과 특별한 관심을 주셨다. 유대인들은 항상 하나님이 "자기의 눈동자"(신 32:10)같이 지키셨다고 말했다. 그러나 이스라엘이 하나님께 불순종했을 때는 그들도 징계를 경험했다. 이스라엘 백성들도 죄를 지었을 때 면죄를 받지 못했다. 하나님은 그들이 40년 동안 광야에서 방황하게 하셨고, 전염병으로 고통받게 하셨으며, 바벨론의 포로로 끌려가게 하셨다. 그 외에도 여러 가지 예들이 있다.

이스라엘이 경쟁국의 백성들을 죽이는 이야기를 자녀들이 들을 때 그들의 단순하고 구체적인 사고방식과 지나치게 열성적인 공정성의 계량기가 경보음을 울릴 것이다. 이스라엘이 가나안, 여부스, 블레셋 족속을 죽인 것이 하나님의 명령에 따른 것임을 알게 됐을 때 실제로 질문들이 쏟아져 나온다.

한 청년은 내게 이렇게 물었다. "하나님은 단지 다르다는 이유로 이스라엘에게 가나안 족속을 전멸하라고 하신 건가요?" 그가 질문을 던지는 태도는 마치 자신이 하나님보다 더 동정심이 많은 것처럼 느끼는 것 같았다. 다문화적인 사고는 이와 같다. "만일 내가 하나님이라면 유대인이 아닌 사람들에게도 자비를 베풀었을 것이다. 그들이 가장 좋은 땅에 살고 있었던 것, 그리고 그들의 문화가 달랐던 것은 그들의 잘못이 아니었다. 그러나 하나님은 이방 백성들을 긍휼히 여기지 않으셨다. 그러니 내가 하나님보다 더 동정심이 많은 것이 틀림없다."

이스라엘과 그들의 원수들 간의 싸움의 도덕성을 평가할 때 우리는 세 가지 사실을 염두에 두고 성경의 기록을 보아야 한다.

1) 하나님은 변치 않으신다.
2) 하나님은 가장 큰 선을 이루기 위해 일하고 계신다.

### 3) 하나님은 모든 피조물을 주관하신다.

여기서 사실을 직시하자. 우주는 하나님의 것이다. 하나님이 만드셨다. 하나님은 그 우주를 마음대로 하실 자유가 있다. 하지만 하나님이 그의 성품에 맞게 행하신다는 것이 이치에 맞는다. 그분의 성품은 선하다. 그러므로 보이는 것과 상관없이, 하나님은 오직 궁극적으로 선한 길로 행하실 것이다. 우리는 하나님보다 더 의롭거나 더 동정심이 많지 않다. 현대인의 사고로는 이해하기 힘들지만, 가나안 족속을 죽인 것은 궁극적인 선을 위한 것이었다.

그들의 문화적 관습에는 어린아이를 제물로 바치는 것과 동물과의 성교 같은 것들도 포함되어 있었다.(레위기 18장에 나오는 부정한 행위들의 목록을 보라. 분명 성인 전용물이다.) 가나안 백성들은 이스라엘에게 폭력적으로 맞섰다. 만약 하나님께서 구세주가 태어나실 그 나라를 가나안 족속이 몰살시키도록 내버려 두셨다면 정말로 더 좋았을까? 하나님께서 이스라엘이 이방 족속들을 죽이도록 허락하신 것은 흥분 상태에서 경솔하게 범한 죄가 아니었다. 4세기가 넘는 기간 동안 가나안 족속들은 자신들의 부패하고 살인적인 행위를 바꿀 수 있었다.

이스라엘의 원수들이 회개했다면(그들의 죄에서 돌이켰다면) 살았을 거라는 증거가 있다. 외국인들도 하나님의 율법에 순종하는 한 이스라엘 백성들과 함께 살도록 허용되었다(신 31:12). 그리고 하나님은 단지 외국인들이 '다르다'는 이유만으로 특정 인종을 몰아내지 않으셨다. 요나의 이야기를 기억하는가? 니느웨 땅은 그곳 거주민들의 큰 죄 때문에 곧 멸망할 예정이었다. 그러나 요나가 그곳에 사는 사람들에게 말씀을 전하자 그들이 회개했다(욘 3:10). 이스라엘의 원수들이 태도를 바꾸었을 때 하나님은 그들에게 자비를 보여 주셨다.

**Q 질문** : 하나님은 왜 이렇게 불공평하시죠? 왜 구약 시대에 하나님은 그토록 가혹하셨죠? 왜 하나님이 무관심하신 것처럼 보일까요?

1. 하나님이 정말로 공평하시다면 우리 모두 죽어야 마땅할 것이다. 그러나 우리는 하나님이 '불공평'하시고 우리에게 자비와 인내를 베푸시는 것을 기뻐할 수 있다.

2. 하나님은 사도 바울을 비롯하여 그분을 가장 신실하게 따르는 제자들에게도 '공평하지' 않으셨다. 그러나 바울은 자신의 약함과 시련을 통해 하나님께 영광을 돌렸다. 그는 시련을 일시적인 것으로 여겼고, 앞으로 올 하나님 나라에 초점을 두었다.

3. 시간이 흐르면서 상황이 변해도 하나님의 성품은 변하지 않았다. 그 상황들 가운데 예수님의 십자가 희생도 포함된다. 그러므로 눈에 보이는 것들과 상관없이 하나님은 오직 궁극적으로 선한 길로 행하실 것이다.

**A 희망을 담은 대답** : 하나님의 행위가 때로는 가혹하고 겉보기엔 불공평해 보일 수 있어. 하지만 성경을 자세히 살펴보면 하나님이 영원히 선하시며 그분의 행위는 항상 영원한 시간의 틀 안에서 우리의 유익을 위한 것임을 알 수 있게 될 거야.

# 하나님이 나를 사랑하시는지 어떻게 알 수 있죠?

**놀라운 사랑! 어떻게 주님이, 나의 하나님이, 나를 위해 죽으셔야 했던가?**
_ 찰스 웨슬리, "And Can It Be?"

최근에 나는 음악가 크리스 탐린이 고전 찬송가 "어찌 날 위함이온지(And Can It Be?)"를 편곡한 곡을 즐겨 듣는다. 그가 교회들을 다니며 찬양을 부를 때 새로운 세대가 웨슬리의 곡에 담긴 시대를 초월한 진리를 접하는 것을 보면 가슴이 떨린다. 본래 찬송가 가사에는 다음과 같은 강력한 구절들이 포함되어 있다.

이제 어떤 정죄도 두렵지 않네
예수, 그 안에 있는 모든 것이 나의 것이니!
살아 계신 나의 머리 되신 주님 안에 살고
거룩한 의의 옷을 입으며

*담대히 영원한 보좌로 나아가*
*그리스도를 통해 면류관을 얻으리.*[1]

수많은 사람들이 "놀라운 사랑! 어떻게 주님이, 나의 하나님이, 나를 위해 죽으셔야 했던가?"라는 유명한 후렴구를 부르는 것을 들으면 그렇게 감동적일 수가 없다.

모든 세대의 사람들이 자신에게 이렇게 물었다. "하나님이 나를 사랑하시는 것을 어떻게 알까?"

## 하나님의 사랑의 가장 큰 증거는 예수님의 죽음이다

만약 당신의 자녀가 하나님을 사랑하기를 갈망한다면, 그것은 하나님이 당신의 자녀를 사랑하신다는 '간접적인 증거'이다. 이 구절의 의미를 생각해 보라. "우리가 사랑함은 그가 먼저 우리를 사랑하셨음이라"(요일 4:19).

당신의 자녀가 하나님께서 사랑으로 독생자를 주셨다는 것을 이해하면, 이 사랑에 반응하여 아이도 하나님을 사랑하기 시작할 것이다. 아이들이 하나님의 약속 안에서 행하고 그분의 뜻을 갈망하기 시작할 때 매일 하나님의 충만한 사랑을 경험하며 자랄 것이다.

성경은 세상에 나타난 하나님의 사랑의 본보기들로 가득하다. 잘 알려진 두 구절을 보자.

하나님이 세상을 이처럼 사랑하사 독생자를 주셨으니 이는 그를 믿는 자마다 멸망하지 않고 영생을 얻게 하려 하심이라(요 3:16).

우리가 아직 죄인 되었을 때에 그리스도께서 우리를 위하여 죽으심으로 하나님께서 우리에 대한 자기의 사랑을 확증하셨느니라(롬 5:8).

로마서 5장 8절에 나오는 "확증하셨느니라"는 단어는 "명백히 입증하셨다"는 뜻이다. 하나님은 그분의 아들을 보내심으로써 우리를 향한 사랑을 명백히 보여 주셨다. 예수님 안에서 우리는 하나님이 먼저 모든 사람과 사랑의 관계를 맺기 시작하셨다는 것을 알 수 있다. "사랑은 여기 있으니 우리가 하나님을 사랑한 것이 아니요 하나님이 우리를 사랑하사 우리 죄를 속하기 위하여 화목 제물로 그 아들을 보내셨음이라"(요일 4:10). (속죄는 기본적으로 화해를 의미한다.)

씨앗이 자라나고 해가 지는 것을 생각해 보라. 성장과 변화를 보이지 않지만 일어나고 있다. 당신의 자녀에게 씨앗이 땅에서 나오기 전부터 변화하고, 펼쳐지고, 확장되고 있다는 것, 즉 성장하고 있다는 것을 확신시켜 주라. 지는 해는 이보다 조금 더 빨리 움직이지만, 그 또한 한참 동안 지켜보아도 아주 작고 점진적인 변화밖에 감지하지 못한다. 하나님의 사랑 역시 우리가 보지 못할 때에도 항상 나타나고 있다.

구체적으로 하나님은 우리에게 살아 있는 말씀인 예수님을 주심으로 그분의 사랑을 보여 주셨다. 그것이 우리를 향한 하나님의 사랑을 나타내는 가장 큰 예이다. 하나님의 사랑의 또 한 가지 증거는 성경이다. 하나님은 우리에게 그분의 기록된 말씀을 주실 만큼 우리를 보살펴 주셨다.

사랑은 단순한 감정이나 느낌이 아니다. 이러한 것들이 사랑에 동반될 수는 있다. 그러나 성경적으로 말하면, 사랑은 다른 사람들의 필요를 채워 주기 위해 헌신하는 것이다.

우리의 가장 큰 필요는 죄사함이었다. 그래서 하나님이 우리에게 인격적인 구세주, 예수님을 보내신 것이다.

> **강한 믿음을 보여 주는 식물 키우기**
>
> 어린 자녀들과 함께 식물이나 꽃을 기름으로써 아이들에게 인내의 중요성을 가르쳐 주고, 사랑과 선행의 씨앗도 함께 심은 이 씨앗들과 같다는 걸 가르쳐 줄 수 있다. 필요한 것은 화분, 흙, 그리고 씨앗뿐이다.
>
> 씨앗 포장지에 써 있는 지침대로 심은 후, 물을 주고 매일 자녀들과 함께 확인해 보라. 이 과정 동안 자녀들에게 비록 흙 밑에 있는 씨앗을 볼 수 없지만 여전히 씨앗이 그곳에 있다는 걸 이야기해 준다.
>
> 자녀들에게 하나님에 대한 그들의 사랑과 순종도 그와 같다는 걸 상기시켜 준다. 씨앗처럼 사랑과 순종도 다른 사람들 눈에 보이지 않겠지만, 때가 되면 열매를 맺을 것이다.
>
> 싹이 나오기 시작하면, 그 작은 식물이 얼마나 귀한지 알려 주고, 그것을 해칠 수 있는 요소들과 벌레들로부터 보호하는 것이 얼마나 중요한지 말해 준다. 당신의 자녀들에게 이런 작은 식물들처럼 하나님을 향한 그들의 사랑도 잘 기르고 보살펴야만 매일 더 강하게 자라난다는 것을 일깨워 준다.

**사랑의 재판관**

당신의 자녀에게 다음 시나리오를 차근차근 이야기해 주라. 이것은 용서를 통한 하나님의 사랑을 설명하는 역대 최고의 표현 중 하나이다.

어느 날 당신이 운전을 하는데 속도를 인식하지 못해 제한속도 60킬로미터 구간에서 100킬로미터로 달리다가 경찰에게 붙잡혔다. 경찰은 시속 100킬로미터 과속 딱지를 뗐고 20만원 벌금을 내야 했다.

그런데 당신은 큰 위기에 처했음을 깨닫는다. 벌금을 낼 돈이 없는 것이다. 벌금을 내지 못해 재판을 받고 감옥에 들어갈 상황에 처해 버렸다!

그때 예상치 못했던 일이 일어난다. 재판관이 판사석에서 내려와 법복을 벗고 지갑을 꺼낸다. 그리고 당신의 벌금을 모두 내주겠다고 말한다. 정말 놀라운 일 아닌가? 그런데 그 재판관이 당신 대신 벌금을 내줄 뿐 아니라 법원 서기에게 당신의 기록을 지우라고 명령한다면 어떻겠는가? 그 나라에서는 당신이 결코 속도위반을 한 적이 없는 것이다.

궁극적인 재판관이신 하나님이 예수님을 보내어 우리 대신 십자가에서 죽게 하심으로써 우리를 위해 벌금을 다 내주셨다. 우리의 죄로 인해 우리가 그 십자가에 달려야 했다. 그러나 하나님은 우리의 벌금을 내주셨을 뿐만 아니라 기록까지 지워주셨다! 우리는 이제 하나님 보시기에 의로운 자로 간주된다.


**자녀들이 하나님의 사랑을 이해하도록 도와주라**

우리의 마음이 하나님께 향하고 진심으로 예수님을 우리 주요 구세주로 영접할 때 우리는 구원을 받는다. 그때 우리는 에베소서에서 우리를 "인치신다"고 말하는 성령의 선물을 받는다.

그 안에서 또한 믿어 약속의 성령으로 인치심을 받았으니 이는 우리 기업의 보증이 되사 그 얻으신 것을 속량하시고(엡 1:13-14).

"인"이라는 단어는 우리 구원의 영속성을 나타낸다. 옛날에 왕이 공용 서신에 인장을 찍으면 의도한 목적지에 도달할 때까지 열어볼 수 없었다. 그는 밀랍을 녹여 자신의 인장 반지를 밀랍 안에 꾹 눌러 찍어서 공식적으로 그 서신을 봉인했다. 우리가 그리스도를 우리의 구세주로 영접할 때 우리의 삶에 대한 그분의 '인장'으로 성령의 선물을 받는 것이다.

> 하나님은 마치 세상에 나밖에 없는 것처럼 우리 각 사람을 사랑하신다.
> _ 성 어거스틴, 『성 어거스틴의 참회록(The Confessions of St. Augustine)』

에베소서는 또한 구원 패키지의 일부인 하나님의 놀라운 사랑을 언급한다. 당신의 자녀들이 "하나님이 나를 사랑하시나요?"라는 질문으로 고민할 때 성경이 그들과 하나님의 관계에 대해 뭐라고 말하는지를 상기시켜 주면 위로가 될 것이다.

너희가 사랑 가운데서 뿌리가 박히고 터가 굳어져서 능히 모든 성도와 함께 지식에 넘치는 그리스도의 사랑을 알고 그 너비와 길이와 높이와 깊이가 어떠함을 깨달아 하나님의 모든 충만하신 것으로 너희에게 충만하게 하시기를 구하노라(엡 3:17-19).

하나님의 사랑을 설명하고 자녀들에게 그 본보기를 보여 주려면 당신이 먼저 그 사랑을 경험해야 한다. 하나님의 사랑을 설명하는 첫 단계는 당신이 그 사랑 안에 살며 즐거워하는 것이다. 그 다음에 당신의 자녀들도 구원의 기쁨 안으로 인도할 수 있다.

### 아이들이 스스로를 사랑스럽지 않다고 느낄 때

나는 매년 전국에서 온 아이들을 만나 상담을 한다. 가난한 학생들, 비만인 청년들, 알코올 의존증인 아이들, 친구나 가족이 자살한 아이들도 있다. 자신이 강경한 무신론자라고 주장하는 학생들과도 시간을 보낸다. 내가 만나는 모든 십대들이 아마 결함이 있다고 느끼거나 두려움을 느낄 것이다. 그 중 많은 이들이 스스로 사랑스럽지 않다고 느낀다.

나는 그 아이들에게 하나님의 약속을 의지하라고 격려한다. 우리가 죄를 지을 때에도 하나님이 우리를 사랑하신다는 약속, "우리가 아직 죄인 되었을 때"(롬 5:8)에 우리를 사랑하셨다는 그 약속 말이다. 나는 그들에게 하나님이 우리를 너무나 많이 사랑하셔서 우리를 죄에서 구원하기 위해 그의 아들을 십자가에 달려 죽게 하셨다고 말한다. 우리가 죄를 지었을 땐 그 죄에서 돌이켜 회개하고 하나님께 용서를 구해야 한다.

나는 사도 바울의 말씀으로 그들을 격려한다.

누가 우리를 그리스도의 사랑에서 끊으리요 환난이나 곤고나 박해나 기근이나 적신이나 위험이나 칼이랴 그러나 이 모든 일에 우리를 사랑하시는 이로 말미암아 우리가 넉넉히 이기느니라 내가 확신하노니 사망이나 생명이나 천사들이나 권세자들이나 현재 일이나 장래 일이나 능력이나 높음이나 깊음이나 다른 어떤 피조물이라도 우리를 우리 주 그리스도 예수 안에 있는 하나님의 사랑에서 끊을 수 없으리라 (롬 8:35, 37-39).

그러나 나의 격려의 말들은 딱 거기까지다. 무엇보다도 자녀들이 부모 안에서 하나님의 사랑을 보아야 한다. 다시 말해 사랑은 '가르치는 것'이 아니라 '보여 주는 것'이다. 만일 그들이 부부 간에 서로 신실하게 사랑하고 지지해 주며 자녀들을 인내하며 사랑해 주는(정말로 인내가 필요한 일이므로!) 부모를 본다면, 그리스도의 불가능한 사랑을 더욱더 믿게 될 것이다.

요한복음 15장 9-17절은 신자들에게 그리스도 안에 거하도록 권면한다. 다음 구절들을 자녀들에게 읽어 주고, 그들의 생각과 느낌이 어떠한지 물어 보자. "내가 널 사랑한다는 걸 어떻게 더 잘 보여 줄 수 있을까?"라든가 "내가 무엇을 하면 내가 널 사랑한다는 걸 알겠니?" 같은 질문들을 던질 수 있다. 당신은 자녀들의 대답에 깜짝 놀랄 것이다.

아버지께서 나를 사랑하신 것 같이 나도 너희를 사랑하였으니 나의 사랑 안에 거하라 내가 아버지의 계명을 지켜 그의 사랑 안에 거하는 것 같이 너희도 내 계명을 지키면 내 사랑 안에 거하리라 내가 이것을 너희에게 이름은 내 기쁨이 너희 안에 있어 너희 기쁨을 충만하게 하려 함이라 내 계명은 곧 내가 너희를 사랑한 것 같이 너희도 서로 사랑하라 하는 이것이니라 사람이 친구를 위하여 자기 목숨을 버리면 이보다 더 큰 사랑이 없나니 너희는 내가 명하는 대로 행하면 곧 나의 친구라 이제부터는 너희를 종이라 하지 아니하리니 종은 주인이 하는 것을 알지 못함이라 너희를 친구라 하였노니 내가 내 아버지께 들은 것을 다 너희에게 알게 하였음이라 너희가 나를 택한 것이 아니요 내가 너희를 택하여 세웠나니 이는 너희로 가서 열매를 맺게 하고 또 너희 열매가 항상 있게 하여 내 이름으로 아버지께 무엇을 구하든지 다 받게 하려 함이라 내가 이것을 너희에게 명함은 너희로 서로 사랑하게 하려 함이라 (요 15:9-17).

자신이 사랑스럽지 않다고 느끼는 자녀가 있다면, 끝으로 이런 아이디어가 있다. 당신의 자녀가 다른 사람들에게 사랑을 나타낼 수 있는 방법들을 찾도록 돕는 것이다. 이것은 로마서 본문 끝에 나오는 명령이다. "서로 사랑하라."

나는 아이들이 "하나님이 나를 사랑하신다는 걸 어떻게 확신할 수 있어요?"라는 질문에서 "어떻게 다른 사람들이 나를 통해 하나님의 사랑을 보게 할 수 있을까요?"라는 질문으로 옮겨갈 때 그들의 자존감과 자신감이 자라는 것을 보았다.

**Q 질문** : 내 삶에 나쁜 일들이 일어나거나 하나님의 사랑이 전혀 느껴지지 않는 순간에도 하나님이 나를 사랑하시는 것을 어떻게 알 수 있죠?

1. 이 세상에 존재하는 모든 악은 아담과 하와의 타락으로 거슬러 올라간다. 그것은 모든 인간이 세상의 악의 일부라는 뜻이다. 죄와 악은 사실상 같은 것이다.

2. 그러나 하나님은 인내하고 사랑하시며, 세상에서 악과 악인들을 제거할 계획을 갖고 계신다. 예수님의 십자가 죽음이 그 계획의 일부이다.

**A 희망을 담은 대답** : 성경은 그 무엇도 그리스도인을 하나님의 사랑에서 떼어 놓을 수 없다고 가르치고 있어. 하나님의 사랑은 십자가에서 증명되었지. 내가 너를 무조건적으로 사랑하는 것과 같은 거란다.

# 하나님은 왜 내 삶을 더 나아지게 해주시지 않죠?

사자와 어린양을 만드신 하나님, 하나님께서 저를 이런 사람으로 만드셨습니다.
만약 제가 부자라면 거대하고 영원한 계획을 망치는 걸까요?
_ 테비, "내가 만일 부자라면" 〈지붕 위의 바이올린〉

대부분이 "내가 만일 부자라면"이라는 노래의 저 가사에 공감할 수 있다. 누구나 부자가 되고 싶을 때가 있다. 작가인 도로시 파커는 이런 말을 했다. "나는 백만장자에 대해 그다지 아는 게 없지만, 만약 백만장자가 된다면 정말 다정한 사람이 될 것이다." 우리가 갈망하는 것이 돈, 명예, 여가, 권력, 그밖의 무엇이든 간에 이런 것들을 갖게만 된다면 지금보다 올바른 삶을 살 것이라고 말하기는 쉽다.

이 장의 앞부분에서는 시련과 고난의 개념을 이야기하고, 이후 아이들이 자신이 원하는 대로 하나님께 기도 응답을 받지 못할 때 느낄 혼란과 거절당한 기분, 실망감을 살펴보자.

### 시련은 인격을 성장시킨다

인간은 하나님보다 땅의 것들을 구하는 경향이 있다. 아이들도 예외가 아니다. C. S. 루이스는 이렇게 말했다. "만일 내가 이 세상의 어떤 경험으로도 만족시킬 수 없는 갈망을 내 안에서 발견한다면, 내가 다른 세계를 위해 창조되었다는 것이 가장 그럴 듯한 설명이다."[1]

우리는 마음이 진정으로 갈망하는 것을 이 땅에서 찾을 수 없다는 사실을 의식하지 못하고, 여러 갈망을 추구한다. 새 차를 가져도, 직장에서 승진을 해도, 혹은 꿈꾸던 집을 사도 우리는 여전히 무언가를 갈망한다. 그리스도인 자녀들은 이 세상의 것들이 궁극적으로 만족을 주지 못한다는 것을 이해해야 한다. 그러나 하나님을 추구하면 만족을 얻는다.

자녀들이 시련 가운데 하나님을 찾음으로써 얻는 장기적인 유익을 이해하지 못하면 그들의 믿음이 수동적으로 변하거나, 하나님이 그들의 삶을 편안하게 해주지 않으시면 그들을 보살펴 주시지 않는 거라고 믿게 될 것이다.

삶의 역설 가운데 하나는 이것이다. 우리는 종종 삶 속에서 쉽고, 편안하고, 대가가 적은 길을 찾지만, 싸움과 도전들이 우리의 인격을 성장시킨다는 것이다. 그 역설은 한 개인이 그리스도인이 될 때 더 강화된다. 우리는 하늘나라의 시민권을 가졌다. 그러나 이 세상에 사는 동안은 긍정적인 그리스도인의 영향력을 미치도록 하나님께 명령을 받았다(마 10:16; 빌 2:14-16). 그리스도인은 사실 풍성한 삶을 경험하도록 하나님께 허락을 받았다(요 10:10; 딤전 4:4). 그러나 피할 수 없는 고난의 때가 오고, 긍정적으로 보면 그런 힘든 경험들은 하나님을 신뢰하도록 가르친다. 시련과 박해는 그리스도인이 예수님처럼 반응할 기회를 주는 것이다.

우리는 결코 편안한 삶을 약속받지 않는다. 그러나 성할 때나 쇠할 때나 하나님이 늘 우리와 함께하시리라는 것을 안다(히 13:5). 또한 때때로 하나님이 우리를 사랑하시기 때문에 연단하신다는 것을 안다(잠 3:11-12; 히 12:10-11).

### 힘든 시간이 유익이 될 수 있는 이유

힘든 상황을 피할 수 없는 상황이 이어질 때 하나님이 힘든 시간들을 배움의 경험들로 만드실 수 있다는 것을 자녀들에게 말해 주고 격려해 주라. 하나님은 이런 목적을 위해 우리가 불편함을 경험하게 하신다.

- 하나님보다 자신을 의지하지 않도록, 즉 교만을 제거하기 위해(빌 3:7-10).
- 연단을 통해 우리가 하나님의 뜻으로 돌아가도록(욥 5:17; 시 119:71).
- 우리의 인격 수양을 위해, 즉 인내심을 기르도록(롬 5:3-5; 히 12:11).
- 우리에게 하나님에 대해 더 많이 가르쳐 주시려고, 즉 교훈을 주시려고(시 94:12; 히 12:6-11).
- 우리가 하나님과 동행하도록 인도하시려고, 즉 고난 속에서 예수님의 본을 따르도록(고후 1:3-5).

## 인내하는 삶

신약성경에서 "인내"는 헬라어로 '견고함' 또는 '참을성'을 뜻한다.[2] 야고보 사도는 인내에 대해 이렇게 말한다.

내 형제들아 너희가 여러 가지 시험을 당하거든 온전히 기쁘게 여기라 이는 너희 믿음의 시련이 인내를 만들어 내는 줄 너희가 앎이라 인내를 온전히 이루라 이는 너희로 온전하고 구비하여 조금도 부족함이 없게 하려 함이라(약 1:2-4).

이 구절들은 앞에서 읽은 로마서 말씀과 아름답게 조화를 이룬다. 모든 세대의 그리스도인들이 시련의 시험을 통과할 때 받을 수 있는 상을 보여 주는 말씀이다.

우리가 환난 중에도 즐거워하나니 이는 환난은 인내를, 인내는 연단을, 연단은 소망을 이루는 줄 앎이로다 소망이 우리를 부끄럽게 하지 아니함은 우리에게 주신 성령으로 말미암아 하나님의 사랑이 우리 마음에 부은 바 됨이니(롬 5:3-5).

여기서 "연단"에 해당하는 헬라어 단어는 '시련을 견디고 입증된 인격'을 의미한다.[3] 연단된 인격은 한 개인의 도덕적 또는 윤리적 특성으로서, 겉과 속이 같은 것을 의미한다. '연단된 인격'은 기본적으로 성경이 말하는 '위선자'의 개념, 즉 '가면을 쓴 사람'과 정반대의 의미를 가진다. 겉과 속이 서로 다른 사람이 되어서는 안 된다.

인내는 나의 믿음을 하나님과 하나님의 약속에 놓고 스트레스가 가득한 상황들을 순종하며 견디는 것이다. 인내는 인격을 연단시키고 우리의 말과 행동이 일치함을 보여 준다. 아이들에게 이런 본을 보이고 아이들도 이처럼 반응하도록 가르치는 것이 그들의 인격 성장을 돕는 데 반드시 필요하다.

무엇보다 연단된 인격은 소망을 낳는다. 성경적인 소망은 오늘날 흔히 쓰는 소망의 개념과 다르다는 것을 알아야 한다. 현대적 정의는 단순히 희망사항을 나타내지만 성경적으로 소망은 미래의 사건에 대한 '즐겁고 확신에 찬 기대'를 뜻한다.[4]

우리가 항상 하나님을 능히 신뢰할 수 있다는 것을 알았는가? 하나님께 순종함으로 응답할 때 신뢰의 요령을 터득할 수 있다. 그것을 인내라고 한다. 우리가 생각하는 '행복한 삶'을 갈망하기보다, 성실한 그리스도인들은 하나님이 그들의 여정을 계획하시게 하는 법을 배운다. 세상적인 방법으로 대응하고 싶은 유혹에도 불구하고 끊임없이 믿음으로 시험을 견딤으로써 인격이 성장한다.

"연단"은 안(진정한 우리)과 밖(우리의 행동과 겉모습)이 일치한다는 뜻이다. 하나님은 그의 자녀들에게 이것을 원하신다. 디모데전서 4장 8절은 연단의 가치를 이렇게 설명한다. "경건은 범사에 유익하니 금생과 내생에 약속이 있느니라."

자녀들이 어릴 때 이런 교훈들을 가르치는 것이 정말 중요하다. 어린 시절을 '인격 형성기'라고 하는 이유가 있다. 만일 우리가 불순종의 결과들을 알려 주지 않거나 어릴 때부터 경건한 행위를 권장하지 않으면, 나중에 우리 아이들은 더 힘든 싸움을 하게 될 것이다.

"왜 하나님은 내 삶을 더 나아지게 해주지 않으시죠?"라고 물을 때 우리는 더 나은 삶이 올 거라는 사실을 말해 줄 수 있어야 한다. 그것은 미래의 확실한 사실이지만, 예수님을 개인적으로 만날 때까지 그분의 말씀에 순종하고 그분의 본을 따라야 한다. 지금 예수님께 순종함으로써 우리의 가치관이 이 세상의 삶이 아니라 영생에 근거를 두고 있음을 보여 주는 것이다.

청소년 목회를 할 때 성냥에 불을 붙이고 학생들에게 내가 입으로 불어 불을 끌 때 연기를 잘 살펴보라고 말하곤 한다. 그리고 야고보서 4장 14절을 읽어 준다. "너희 생명이 무엇이냐 너희는 잠깐 보이다가 없어지는 안개니라."

아이들이 어릴 때는 영원히 살 것이라는 사실을 믿기 쉽다. 우리는 모두 천국에서든 지옥에서든 영원히 살 것이다.

우리가 잠시 받는 환난의 경한 것이 지극히 크고 영원한 영광의 중한 것을 우리에게 이루게 함이니 우리가 주목하는 것은 보이는 것이 아니요 보이지 않는 것이니 보이는 것은 잠깐이요 보이지 않는 것은 영원함이라(고후 4:17-18).

젊은 사람들은 종종 자신이 영원히 늙지 않고 이 세상에서 살 수 있을 것처럼 생각한다. 당신의 자녀들에게 이 땅에서 순종함으로써 받는 영원한 상급에 대해 가르치면 아이들이 사도 바울의 말씀의 아름다움을 깨닫는 데 도움이 될 수 있다.

### 지식을 알려 주기보다 경험을 나누라

목회자들이 흔히 듣는 말이 있다. 사람들은 당신이 얼마나 많이 알고 있느냐보다, 당신이 얼마나 관심을 가져 주는지를 먼저 알고 싶어 한다는 것이다. 상투적인 말처럼 보여도 이것이 사실이다!

그리고 관심을 나타내는 가장 좋은 방법은 진심으로 경청해 주고 힘든 경험을 함께 나누는 것이다. 부모들도 그렇다. 자신의 힘들었던 경험을 자녀들에게 이야기해 주면 자녀들도 힘든 싸움 중에 하나님을 신뢰하는 법을 배울 수 있다.

- 하나님이 역사하시는 방법을 이해하기 힘들었던 경험을 나눈다. 그런 어려움을 겪었다면 사실대로 말해 주는 게 좋다. 그러나 어떻게든 그 상황들을 통해 하나님을 신뢰하기로 결심했음을 말해 준다.
- 하나님께 더 가까이 나아가기 힘들었던 이야기들을 나눈다. 당신의 삶에서 건조했던 시기가 있었다면 솔직히 이야기해 준다. 그런 다음 당신이 그

> 어려움들을 이겨내기 위해 어떻게 계속 싸웠는지 이야기해 준다.
> - 죄의 유혹과 싸웠던 이야기를 나눈다. 여기서 자녀의 나이에 맞는 이야기를 나누는 것이 중요하다. 예를 들어 당신이 나태함에 빠지거나, 화를 내고 싶은 유혹을 느낀 적이 있을 것이다. 그런 일들과 싸운 경험을 솔직하게 이야기해 준다. 그리고 당신이 어떻게 그 유혹들을 하나님께 고백하고 하나님의 도움을 구함으로써 이겨냈는지 이야기해 준다.

## 왜 하나님은 어떤 기도들을 들어주지 않으실까?

어린아이들은 하나님이 자신들의 기도에 응답하지 않으시는 것 같을 때 혼란스러워하거나 실망하거나 낙심하기도 한다. 시기가 적절하지 않기 때문에 하나님이 바로 기도에 응답하지 않으실 수도 있다는 것, 또는 우리가 구하는 것이 우리에게 가장 유익한 것이 아니기 때문에 하나님이 들어 주지 않으실 수도 있다는 것을 알려 주는 것이 중요하다.(기도에 대해, 그리고 어떤 기도의 응답이 늦어지는 이유에 대해 더 알아보려면 12장을 참고하라.)

이제 우리는 야고보서를 집중적으로 살펴보며 우리의 기도 뒤에 숨은 동기들을 생각해 보자.

너희는 욕심을 내어도 얻지 못하여 살인하며 시기하여도 능히 취하지 못하므로 다투고 싸우는도다 너희가 얻지 못함은 구하지 아니하기 때문이요 구하여도 받지 못함은 정욕으로 쓰려고 잘못 구하기 때문이라(약 4:2-3).

하나님은 잘못된 동기들을 알아보시며, 우리의 쾌락이나 정욕을 위한 기도는 들어주지 않으신다고 말한다. 하나님은 당신의 '탐욕'이 아니라 당신의 '필요'를 채워주신다!

우리가 필수라고 생각하는 많은 것들이 사실은 사치품이다. 우리는 컴퓨터, 스마트폰, 카페 라떼, 좋은 차, 아름다운 집 등이 우리의 생활에 반드시 필요하다고 생각할 것이다. 그런데 사실은 과거에 살았던 대부분의 사람들이 이러한 혜택을 누리지 못했다.

> 하늘을 바라보면 땅을 덤으로 얻을 것이다.
> 땅을 바라보면 아무것도 얻지 못할 것이다.
> _ C. S. 루이스, 『순전한 기독교(Mere Christianity)』

하나님의 아들도 삶의 필수품을 다 갖지 못했다. "예수께서 이르시되 여우도 굴이 있고 공중의 새도 거처가 있으되 인자는 머리 둘 곳이 없다 하시더라"(마 8:20). 그리스도께서도 없이 사셨던 것을 우리가 꼭 다 가져야만 할까?

때로는 세상에서 한 걸음 뒤로 물러나 우리가 겪는 '고난'이 박해인지, 아니면 우리의 세상적인 욕구 때문에 물질에 집착하기 때문인지 알아보아야 한다. 자녀들은 하나님이 왜 최신 게임이나 멋진 자전거를 주지 않으시는지 묻지만, 실제로 부모는 그것을 사줄 여유가 없을지도 모른다. 어쩌면 하나님이 다른 사람에게 영감을 주어 아이들에게 그것을 사주게 함으로써 그들이 기도하는 것을 받게 해주실 수도 있다. 그러나 때로는 아이들에게 인내를 가르치거나 원하는 것을 얻기 위해 일을 하거나 저축을 해야 한다는 걸 가르칠 필요가 있다. 어떤 때는 삶의 더 귀중한 교훈을 가르쳐 주어야 한다. 그것은 바로 없이 지내는 법을 배우는 것이다!

사도 바울은 부유하고 존경받는 유대인 가정에 태어났다. 빌립보서 3장에 보면 그는 자신의 세상적인 자격들(교육, 지위, 율법을 지키는 것)을 말하지만 그런 것들이 자신에게 아무 의미가 없다고 했다. 그는 영적 소명을 추구하기 위해 세상적인 자원들을 버렸다. 다음 구절에서 바울을 살펴보고, 당신의 자녀들이 이런 자세를 본받으려 하는지 생각해 보라.

어떠한 형편에든지 나는 자족하기를 배웠노니 나는 비천에 처할 줄도 알고 풍부에 처할 줄도 알아 모든 일 곧 배부름과 배고픔과 풍부와 궁핍에도 처할 줄 아는 일체의 비결을 배웠노라 내게 능력 주시는 자 안에서 내가 모든 것을 할 수 있느니라(빌 4:11-13).

하나님이 때때로 기도에 응답해 주지 않으시는 다른 이유는 우리가 하나님이 응답하실 것을 진심으로 믿지 않기 때문이다. 우리는 하나님을 온전히 신뢰하지 않을지도 모른다. 이 구절을 생각해 보라.

"믿음이 없이는 하나님을 기쁘시게 하지 못하나니 하나님께 나아가는 자는 반드시 그가 계신 것과 또한 그가 자기를 찾는 자들에게 상 주시는 이심을 믿어야 할지니라"(히 11:6).

오직 믿음으로 구하고 조금도 의심하지 말라 의심하는 자는 마치 바람에 밀려 요동하는 바다 물결 같으니 이런 사람은 무엇이든지 주께 얻기를 생각하지 말라 두 마음을 품어 모든 일에 정함이 없는 자로다(약 1:6-8).

믿음의 이면에는 두려움, 의심, 걱정, 불안이 있다. 하나님은 우리가 이런 태도에서 벗어나 온전한 확신에 이르러, 하나님이 약속하신 것을 모두 행하실 거라고 믿기 원하신다.

오늘 내가 네게 명하는 이 말씀을 너는 마음에 새기고 네 자녀에게 부지런히 가르치며 집에 앉았을 때에든지 길을 갈 때에든지 누워 있을 때에든지 일어날 때에든지 이 말씀을 강론할 것이며 너는 또 그것을 네 손목에 매어 기호를 삼으며 네 미간에 붙여 표로 삼고 또 네 집 문설주와 바깥 문에 기록할지니라(신 6:6-9).

### 평생 기다릴 가치가 있는 상

천국은 진짜 기다릴 가치가 있다는 것을 당신의 자녀들에게 알려 준다.

- 죄와 죄책감이 영원히 사라져서 다시는 돌아오지 않는다(히 10:17-18).
- 모든 것이 새로워질 것이다 더 이상 친구들이나 친척들이 죽거나 고통스러워하지 않는다(계 21:5).
- 더 이상 눈물과 슬픔, 설명할 수 없는 비극, 죽음이 없다(계 21:4).
- 예수님은 끝까지 믿음을 지킨 사람들을 위해 특별한 상을 주실 것이다(계 22:12).
- 물론 가장 중요한 것은 이것이다. 영원히 하나님과 함께 있는 것, 그분의 영원한 빛 안에 거하는 것, 그분을 예배하는 것이다(계 2:7; 3:5).

신약성경 전체를 통해 다른 많은 영원한 축복들을 찾아볼 수 있다. 이 목록에 더 추가해 보라.

이러한 것들을 추구하고 자녀들에게 전해 주라. 하나님의 뜻은 언제나 삶을 더 편하게 만들어 주시는 것이 아니다. 삶은 우리를 거룩하게 만들도록 설계된다. 하나님은 이것을 가능케 하는 방향으로 환경을 조성하시고 기도에 응답해 주신다. 언젠가 우리는 마땅히 그것에 대해 주님께 감사할 수 있을 것이다.

**Q** **질문** : 왜 하나님은 내 삶을 더 나아지게 만들어 주지 않으실까요? 왜 나는 인기가 없죠? 왜 나는 똑똑하지 못할까요? 왜 나는 매력적인 외모가 아닌가요? 왜 우리 부모님은 이혼을 하셔야만 했나요? 왜 내 삶은 완벽하지 못한가요? 하나님은 나를 도와줄 능력이 있으시잖아요. 그런데 왜 도와주시지 않는 걸까요?

1. 하나님을 추구하는 것이 세상 것들 속에서 단기적인 행복을 발견하는 것보다 더 중요하고 더 큰 만족을 준다.

2. 고난은 우리가 하나님을 의지하고 인격을 수양하도록 격려한다.

**A** **희망을 담은 대답** : 하나님은 우리가 이기적인 태도에서 벗어나고, 하나님이 약속하신 모든 일을 이루실 것을 온전히 확신할 수 있기를 원하시지. 우리는 확신 가운데 우리의 필요들을 하나님께 아뢰어야 하지만, 때때로 하나님은 우리가 부족함을 견디면서 인내심을 기르기를 원하신단다.

모든
크리스천 가정의
양육 필독서

질문하는 아이
대답하는 부모

THE 21 TOUGHEST
QUESTIONS
YOUR KIDS
WILL ASK ABOUT
CHRISTIANITY

Q & A

02

하나님의 아들,
예수님에 대한
질문들

# 예수님이
# 정말 하나님이세요?

**그리스도의 신성에 세상의 모든 것이 달려 있다.**
_ 도스토옙스키

예수님은 베드로에게 삶에서 가장 중요한 질문을 하셨다. 나는 이 질문이 역사상, 그리고 당신 자녀들의 마음속에서 가장 중요한 문제라고 말하고 싶다.

이르시되 너희는 나를 누구라 하느냐 시몬 베드로가 대답하여 이르되 주는 그리스도시요 살아 계신 하나님의 아들이시니이다(마 16:15-16).

당신은 예수 그리스도의 신성에 관한 질문에 세상이 어떻게 대답할지에 대해서는 할 수 있는 일이 많지 않지만, 당신 자녀들의 대답에는 영향을 미칠 수 있다. 이 장을 읽고 나면, 예수님이 살아 계신 하나님의 아들이라는 것을 자녀들에게 분명하고 납득할 만한 말로 설명하는 법을 알게 될 것이다.

우리는 예수님이 하나님의 아들이라는 주장을 뒷받침하는 두 종류의 증거를 살펴볼 것이다. 첫째는 신약성경이 예수님에 대해 뭐라고 말하는지 살펴볼 것이다. 둘째는 빈 무덤과 예수님의 부활의 증거를 공부할 것이다.

구세주와 메시아로서 예수님에 대한 더 많은 논의는 다음 장에 나오며, 구약성경의 예언들도 자세히 살펴볼 것이다. 삼위일체의 한 분으로서 예수님의 역할은 11장에서 다룰 것이다.

하나님으로서 예수님의 지위에 관한 성경적, 역사적 사실들을 살펴보기 전에, 몇 가지 용어들을 정의해 보자. 첫 번째 단어는 '신'(deity)이다. 우리의 문맥 속에서는 '거룩한, 초자연적인, 전능한, 최고의, 성스러운 존재'를 의미한다. '성육신'이라는 용어는 예수님이 인간의 형태로 오신 것, 또는 하나님이 인간의 몸에 거하시는 것을 뜻한다. 예수님의 인성이 그의 신성과 결합한 것과 관련이 있다. '신성'(divinity)은 '하나님으로부터, 또는 하나님의' 것을 뜻하는 또 다른 단어이다.

## 신약성경은 예수님의 신성을 묘사한다

성경은 예수님이 하나님이라는 증거의 주된 출처이다. 따라서 당신의 자녀들은 그리스도의 신성을 나타내는 핵심 구절들에 익숙해져야 한다.(먼저 신약성경의 신뢰성을 확고히 할 필요가 있다면 14장을 보라.) 이런 구절들은 종종 크리스마스와 부활절 즈음에 등장하지만, 축제 분위기 속에서 그 구절들의 신학적 의미를 상실할 수 있다. 예수 그리스도의 신성을 확고히 하는 것에만 초점을 둔 단일 렌즈를 통해 핵심 구절들을 새롭게 살펴보자.

### 성부 하나님은 예수님에 대해 뭐라고 말씀하셨는가?

첫째, 신약성경에 기록되어 있는 대로 그리스도에 관한 하나님 아버지의 증언을 살펴보자. 예수님의 세례에 관해 기록한 마태복음 3장은 이렇게 말한다.

> 예수께서 세례를 받으시고 곧 물에서 올라오실새 하늘이 열리고 하나님의 성령이 비둘기 같이 내려 자기 위에 임하심을 보시더니 하늘로부터 소리가 있어 말씀하시되 이는 내 사랑하는 아들이요 내 기뻐하는 자라 하시니라(마 3:16-17).

이 이야기에는 주목할 만한 신학적 의미가 담긴 구절들이 많이 포함되어 있다. 그러나 여기서 우리의 초점은 '아들'이라는 단어에 있다. 하나님, 곧 하늘로부터 나는 소리는 자랑스럽게 예수님을 아들이라 부르며 예수님을 인정하셨다.

우리가 살펴볼 두 번째 구절은 변화산 사건이며, 같은 복음서의 뒷부분에 나온다.

> 예수께서 베드로와 야고보와 그 형제 요한을 데리시고 따로 높은 산에 올라가셨더니 그들 앞에서 변형되사 그 얼굴이 해 같이 빛나며 옷이 빛과 같이 희어졌더라 그 때에 모세와 엘리야가 예수와 더불어 말하는 것이 그들에게 보이거늘 베드로가 예수께 여쭈어 이르되 주여 우리가 여기 있는 것이 좋사오니 만일 주께서 원하시면 내가 여기서 초막 셋을 짓되 하나는 주님을 위하여, 하나는 모세를 위하여, 하나는 엘리야를 위하여 하리이다 말할 때에 홀연히 빛난 구름이 그들을 덮으며 구름 속에서 소리가 나서 이르시되 이는 내 사랑하는 아들이요 내 기뻐하는 자니 너희는 그의 말을 들으라 하시는지라(마 17:1-5).

우리는 모세와 엘리야가 기적적으로 나타난 것을 뛰어넘어, 다시 구름 속에서 음성으로 들린 '아들'이라는 단어를 본다. 하나님은 다시 예수님이 그의 아들임을 주장하셨을 뿐만 아니라, 다시 한 번 그를 인정해 주셨다.

많은 사람들이 고개를 갸웃거리며 이렇게 말할 것이다. "하지만 우리는 모두 하나님의 자녀들이잖아요. 우리 아이들한테 이미 우리 모두는 하나님의 아들, 딸이라고 가르치고 있는데요?" 로마서 8장 14-17절에 의하면 어떤 의미에서 그 말은 사실이다. 하지만 예수님은 특별하고 거룩한 하나님의 아들이시다.

### 동정녀 탄생

신약성경은 예수님의 탄생을 신비라고 기록한다. 그것은 예수님의 신성을 나타내는 또 하나의 징표였다. 우리는 예수님이 문자 그대로 하나님의 아들이시며 그에게는 땅의 아버지가 없었다는 것을 자녀들에게 분명히 말해 주어야 한다. 요셉은 마리아를 도와 예수님을 길렀고, 그런 의미에서 예수님의 '아빠'였다. 그러나 다음 구절은 예수님이 성령으로 잉태되었음을 보여 준다.

> 예수 그리스도의 나심은 이러하니라 그의 어머니 마리아가 요셉과 약혼하고 동거하기 전에 성령으로 잉태된 것이 나타났더니 그의 남편 요셉은 의로운 사람이라 그를 드러내지 아니하고 가만히 끊고자 하여 이 일을 생각할 때에 주의 사자가 현몽하여 이르되 다윗의 자손 요셉아 네 아내 마리아 데려오기를 무서워하지 말라 그에게 잉태된 자는 성령으로 된 것이라 아들을 낳으리니 이름을 예수라 하라 이는 그가 자기 백성을 그들의 죄에서 구원할 자이심이라 하니라(마 1:18-21).

부모는 "성령으로 잉태되었다"는 구절에 대해 어느 정도 생물학적으로 설명을 할지 결정해야 한다. 그러나 이에 대해 대화를 나눈 후에는 우리 아이들이 예수님의 탄생은 특별하고 기적적인 것이었다는 확신을 가져야 한다. 동정녀 탄생은 예수님이 신이었다는 사실을 강하게 뒷받침해 준다.

### 성육신

어떤 사람들은 인간 예수는 하나님이 아니었다고 주장한다. 또 어떤 이들은 예수님이 하나님이셨지만 인간은 아니었다고 주장한다. 중요한 건 하나님이 인간의 몸을 입으셨다는 사실과 그 이유를 설명하는 것이다. 예수님은 인간들과 한가로이 시간을 보내거나 제우스 같은 그리스 로마의 신들처럼 인간들을 다스리기 위해 오신 것이 아니다. 성육신은 구원을 위해 반드시 필요했다. 우리는 8장에서 하나님의 아들이신 예수님이 십자가에서 죽으셔야만 했던 이유를 살펴볼 것이다. 그러나 지금은 인간이면서 또한 하나님이셨던 예수님을 가리키는 신약성경 구절들을 살펴볼 것이다. "태초에 말씀이 계시니라 이 말씀이 하나님과 함께 계셨으니 이 말씀은 곧 하나님이시니라 그가 태초에 하나님과 함께 계셨고"(요 1:1-2).

요한복음의 저자는 전통적으로 사도 요한으로 알려져 있다. 이 장에서 우리의 목적을 위해, 요한이 "말씀"이라는 용어를 사용한 것을 주목해 보자. 그것은 신학적으로 격론을 일으킬 만한 용어이며 그리스도의 신성을 확립하는 데 매우 중요하다. 말씀은 예수님의 또 다른 이름이며, 요한복음 1장 1절은 "말씀은 곧 하나님이시니라"라고 말한다. (11장에서 삼위일체에 대해 이야기할 때 다시 살펴볼 것이다.)

우리는 하나님 아버지께서 예수님을 "내 아들"이라고 말씀하신 구절을 보았고 예수님의 기적 같은 탄생을 둘러싼 상황들을 살펴보았다. 그리고 이제는 예수님이 곧 하나님이라고 기록한 사도의 증언을 예수님의 신성에 대한 성경적 증거로 추가

할 수 있다.

### 예수님은 완전한 하나님이자 완전한 인간이셨다

우리는 또한 예수님이 100퍼센트 하나님이시면서 100퍼센트 인간이셨음을 확실히 해야 한다. 이것은 7장과 8장에 나오는 "예수님은 죄를 지으셨는가?"와 "왜 예수님은 십자가에서 죽으셔야만 했는가?"에 관한 논의를 위해 매우 중요한 것이다. 요한일서 4장 2절은 "이로써 너희가 하나님의 영을 알지니 곧 예수 그리스도께서 육체로 오신 것을 시인하는 영마다 하나님께 속한 것이요"라고 말한다. 그리고 골로새서 2장 9절은 그것을 뒷받침해 준다. "그 안에는 신성의 모든 충만이 육체로 거하시고." (7장에서 이 주제를 좀 더 다룬다.)

## 예수님은 자신을 누구라고 말씀하셨는가?

예수님 자신의 말씀 또한 하나님으로서 예수님의 지위를 나타내는 강력한 증거이다. 예수님은 자신을 단지 하나님의 대리인(그것도 맞지만)으로만 소개하지 않으시고 자신이 하나님이라고 주장하셨다. 예수님의 주장은 그가 신적인 속성을 가지고 있었고 성부 하나님과 동등한 존재였다는 것을 확고히 한다. 이러한 진술들은 5개의 범주로 나누어질 수 있고, 그 모든 것이 예수님의 신성을 나타내는 강력한 사례가 된다. 그것들은 모두 불가피한 결론을 가리키는데, 곧 예수님이 하나님이시라는 것이다.

### 1. 예수님은 죄를 심판하시고 용서하시며 영생을 주실 수 있다고 주장하셨다.

- 예수님은 자신이 죄를 사하는 권세를 가지고 있다고 주장하셨다(막 2:10).
- 예수님은 사람들에게 회개하지 않으면 망할 거라고 말씀하셨다(눅 13:3).
- 예수님은 그를 거부하는 사람들은 죄 가운데서 죽게 될 거라고 경고하셨다(요 8:23-30). 유대인 지도자들은 죄를 용서하고 사람들의 죄에 대해 심판하는 능력이 신적인 속성이라는 것을 알았다.
- 예수님은 그의 말씀을 지키는 자들은 결코 죽음을 보지 않을 거라고 하셨다(요 8:51).

2. 예수님은 하나님을 위해 특별한 이름들을 사용할 권리가 있다고 주장하셨다.
- 예수님은 자신이 "안식일의 주인"이라고 하셨다(막 2:28). 안식일은 하나님이 만드신 것이었고, 따라서 안식일의 주인이라는 것은 곧 예수님이 창조주 혹은 하나님과 동등한 존재라는 뜻이었다.
- 예수님은 자신을 "스스로 있는 자"이라고 하셨다(요 8:58). 이것은 출애굽기 3장 14절에서 하나님이 자신에 대해 사용하신 이름이다.
- 복음서에서 80번 넘게, 예수님은 자신을 "인자"라고 칭하셨다. 이 이름은 다니엘 7장 13-14절에서 온 것으로, "옛적부터 항상 계신 이"에게 나아가 세상을 다스릴 위대한 권세를 받은 이에게만 주어지는 호칭이다.
- 예수님은 이스라엘의 약속된 메시아라고 주장하셨다(요 4:25-26).

3. 예수님은 자신이 하나님의 역할들을 수행할 권위를 가졌다고 주장하셨다.
- 예수님은 자신이 이스라엘에 선지자들을 보낸다고 말씀하셨다(마 23:33-34). 하나님은 선지자들을 지명하고 파송할 권위를 가진 유일한 분이시다.
- 예수님은 사람들을 죄에서 자유롭게 해주실 수 있다고 말씀하셨다(요 8:34-36).

- 예수님은 사람들에게 생명을 주실 수 있다고 말씀하셨다(요 5:21).
- 예수님은 "마지막 날"에 신자들을 다시 살리실 거라고 말씀하셨다(요 6:38-40).

4. 예수님은 그의 아버지를 닮았다고 주장하셨다.
- 예수님은 아버지와 같은 본성을 가졌다고 주장하셨다(요 10:30).
- 예수님은 자신이 하나님께 가는 유일한 길이고(요 14:6), 자신은 하나님으로부터 왔으며(요 8:42), "나를 본 자는 아버지를 보았다"(요 14:9)고 말씀하셨다.

5. 예수님은 신적인 속성을 가졌다고 주장하셨다.
- 예수님은 자신을 영원한 존재로 나타내셨다(요 9:53-58).
- 예수님은 자신이 태어난 이유를 안다고 주장하셨다(요 18:36-37). 이것은 전지하심을 나타낸다.
- 예수님은 하늘과 땅의 모든 권세를 가지고 계셨으며, 이는 전능하심을 나타낸다(마 28:18).

이 목록의 세부사항들을 생각해 보라. 예수님은 자신의 기원과 정체성과 능력을 과장되게 생각하셨기 때문에 이런 주장을 하셨을까? 아니다. 이러한 사실들과 예수님이 오직 하나님만 하실 수 있는 기적들을 행하신 사실들을 같이 생각해 보면 결론은 명백하다. 예수님이 정말로 하나님이라는 것이다.

### 예수님의 부활을 보여 주는 부활절 빵 만들기

이 간식은 부활절에 만들어도 좋지만, 1년 중 어느 때나 만들어도 된다. 가족들을 주방에 모아 놓고 이 맛있는 디저트로 예수님의 장례와 부활에 대해 가르칠 수 있다. 각 재료는 그리스도의 장례식에 사용된 것을 상징한다. 이런 것들은 어린아이들을 위한 거라고 생각할 수 있으나 십대들도 좋아한다.

**재료**
* 크루아상 빵 반죽 8개 분량
* 큰 마시멜로 8개
* 녹인 버터 또는 마가린(1/5 컵)
* 계피와 설탕 섞은 것(설탕 1/4컵에 계피가루 1큰술)

**방법**
1. 먼저 크루아상 빵을 만들 반죽을 넓게 민 후 삼각형 모양으로 자른다. 빵은 시체를 덮을 때 사용했던 천을 나타낸다.
2. 마시멜로를 녹인 버터에 굴린다. 각 마시멜로는 예수님의 몸을 나타낸다. 신약 시대에 기름은 몸에 바르는 용도로 사용되었다. 녹인 버터는 그 기름을 나타낸다.
3. 버터를 묻힌 마시멜로에 계피와 설탕 섞은 가루를 묻힌다. 계피, 설탕 혼합물은 시체를 매장할 준비를 할 때 사용하던 향료를 나타낸다.
4. 삼각형 크루아상 반죽의 가운데에 그 마시멜로를 놓는다.
5. 빵 반죽으로 마시멜로를 감싸듯 돌돌 말아 감고 가장자리를 꼭 쥐어서 구멍이 생기지 않게 한다.
6. 기름을 살짝 바른 쿠키판에 빵 반죽으로 감싼 마시멜로들을 놓는다.
7. 쿠키판을 오븐에 넣고(이것은 무덤을 나타낸다) 굽는다. '무덤' 문을 꼭 닫고 기다린다.
8. 시간이 되면 '무덤'을 열고 마시멜로가 사라졌는지 확인한다! 굽는 동안 마시멜로는 녹고 부푼 빵만 남았다. 이것은 그리스도가 죽음에서 살아나신 것을 나타낸다. 무덤에 남은 것은 시체를 쌌던 천뿐이었다.

### 부활 – 예수님이 하나님이시라는 또 하나의 증거

예수님은 세상에 계시는 동안 많은 기적들을 행하셨다. 그러나 사도들과 몇몇 구약의 선지자들도 기적을 행했다. 부활의 기적은 예수님과 다른 기적을 행한 자들을 구별하는 것이다.(이 주제에 대해 더 알아보려면 15장에 있는 "왜 부활의 기적을 믿는가?"를 보라.) 예수님이 하나님이 아니고 무덤에서 부활하지 않으셨다면 기독교의 핵심이 없어지는 것이다.

사도 바울은 그것을 이렇게 요약했다. "그리스도께서 만일 다시 살아나지 못하셨으면 우리가 전파하는 것도 헛것이요 또 너희 믿음도 헛것이며… 너희가 여전히 죄 가운데 있을 것이요."(고전 15:14-17).

### 작은 부분들이 차이를 만든다

미국에서 1933년에 만들어진 20달러짜리 금화가 2002년에 750만 달러에 팔리면서 동전에 대한 최고 가격의 기록을 세웠다. 사람들이 탐내는 이 쌍두독수리 금화는 신비에 싸인 동전이다. 미국 정부에서 주조된 동전 445,000개를 모두 녹인 것으로 알려졌기 때문이다.

750만 달러짜리 쌍두독수리 동전은 2001년에 소멸될 위기를 간신히 면했다. 뉴욕의 세계무역센터 금고에 보관되어 있다가 9/11 사태가 일어나기 불과 2달 전에 다른 곳으로 이전되었다. 약 20개의 동전만이 일반인의 손에 들어간 것으로 추정되는데, 그 숫자조차 정확하지 않다.

이 귀중한 동전들은 지난 80년 동안 몇몇 화폐 주조자들에 의해 위조되어 왔다.

많은 동전 수집가들이 흥분한 상태에서 자신이 진짜 쌍두독수리 동전을 갖고 있다고 생각했다. 그러나 숙련된 전문가들은 진짜 쌍두독수리 동전과 가짜를 구분할 수 있는 기술이 있었다.[1]

가짜 동전을 알아볼 수 있는 것보다 더 중요한 것은 '위조된 하나님'을 알아볼 수 있는 능력이다. 당신 자녀의 영혼은 진짜 주님과 구세주의 보호를 받을 때에만 안전하다. 그리고 이 증거는 예수님이 바로 진짜 주님과 구세주임을 확증한다.

**Q** 질문 : 예수님은 정말 하나님이에요? 그게 그렇게 중요한 일인가요?

1. 신약성경은 예수님을 동정녀에게서 태어난 하나님의 아들로 묘사한다. 아버지 하나님 또한 예수님이 자신의 아들이라고 말씀하셨다.

2. 신약성경은 예수님이 죄를 용서하실 수 있고 사망의 쏘는 것을 정복하셨다고 말씀하신 것으로 기록하고 있다. 예수님은 스스로 신성을 나타내는 특별한 이름을 사용하셨다. 또한 자신이 거룩한 속성을 가지고 있고, 아버지를 닮았으며, 아버지와 같은 일을 행한다고 말씀하셨다.

3. 부활은 예수님이 정말 하나님이시라는 증거다.

**A** 희망을 담은 대답 : 신약성경에 나오는 예수님의 제자들, 성부 하나님, 예수님 자신의 증언을 통해 예수님이 하나님이심을 알 수 있지. 모든 의미에서 예수님의 삶은 진실했고, 그분의 삶의 세세한 부분들이 그가 하나님이심을 확증해 주었단다.

# 예수님은
# 죄를 짓지 않으셨어요?

**하나님의 독생자는 죄가 없었으나 고난을 당하셨다.**
_ 제임스 웰스, 『성경의 이미지들 : 젊은이를 위한 책(Bible Images : A Book for the Young)』

어느 날 4학년을 가르치는 주일학교 교사가 학생들에게 물었다. "여러분은 완벽한 사람을 알고 있나요?"

아이들은 말없이 앉아만 있었다. 교사는 누군가가 "예수님"이라고 대답하기를 기대하면서 다시 물었다. "여러분은 완벽한가요? 아니면 완벽한 사람을 알고 있나요?"

한 학생이 천천히 손을 들었다. 그 아이는 머리카락이 헝클어져 있고, 입 주변은 얼룩덜룩하고, 주일이라고 차려 입고 온 옷은 이미 수업 15분 전에 더럽혀져 있었다. 천생 거친 남자아이였다.

교사는 눈을 동그랗게 뜨고 물었다. "트레버, 네가 완벽하다고 생각하니?"

"아니요." 트레버가 대답했다. "하지만 우리 엄마 말을 들어 보면, 우리 누나는 완벽한 것 같아요."

### 예수님은 죄가 없으셨을까?

우리 대부분은 매일 아침을 먹기도 전에 어떤 식으로든 죄를 짓는다. 우리 모두 죄를 짓고, 그것도 많이 짓는다는 사실에 비추어 볼 때 예수님이 아주 작은 죄도 범한 적이 없으시다는 것은 매우 놀라운 사실이다.

우리의 마음속에 있지만 하나님 외에는 아무도 보지 못하는 죄들은 어떠한가? 예를 들어, 산상수훈에서 예수님은 어떤 사람에 대해 마음에 분노를 품으면 그 사람에게 살인죄를 범한 것이라고 말씀하셨다(마 5:21-22).

예수님은 죄를 지으셨을까? 남을 질투하진 않으셨을까? 부모에게 무례하게 굴진 않으셨을까? 예수님은 자신을 배신한 가룟 유다를 미워하진 않으셨을까? 이웃의 소, 집, 또는 아내를 탐하셨을까? 대답은 모두 절대로 아니다.

이것을 어떻게 알까? 우리가 답을 찾는 출처는 신약성경이다. 성경은 참으로 예수님이 완벽한 삶을 사셨다고 말해 준다. 완전히 죄가 없는 삶을 말이다.

그러므로 우리에게 큰 대제사장이 계시니 승천하신 이 곧 하나님의 아들 예수시라 우리가 믿는 도리를 굳게 잡을지어다 우리에게 있는 대제사장은 우리의 연약함을 동정하지 못하실 이가 아니요 모든 일에 우리와 똑같이 시험을 받으신 이로되 죄는 없으시니라(히 4:14-15).

### 예수님의 두 제자가 그는 죄를 짓지 않으셨다고 기록했다

목격자들이 예수님의 죄 없음을 확인해 준다. 사도 바울은 예수님의 결백한 삶에 대해 "그는 죄를 범하지 아니하시고 그 입에 거짓도 없으시며"(벧전 2:22)라고 기록했다. 사도 요한은 "그가 우리 죄를 없애려고 나타나신 것을 너희가 아나니 그에게는 죄가 없느니라"(요일 3:5)고 기록했다.

이 두 사람은 예수님의 제자였고 적어도 3년 동안 매일 예수님과 함께 있었다는 것을 명심하라. 그들은 예수님과 함께 다녔고, 예수님과 함께 먹었고, 예수님과 함께 기도했다. 베드로와 요한은 예수님을 잘 알았고, 그분의 죄 없는 삶을 보증했다.

### 십자가의 증인들이 예수님은 죄가 없다고 말했다

예수님을 따르지 않았던 자들도 예수님이 잘못한 일이 없음을 인정했다. 누가복음에서 우리는 예수님과 함께 십자가에 못 박힌 두 강도를 발견한다. 둘 다 처음에는 예수님을 조롱했으나, 한 사람은 죽기 직전에 마음이 바뀌었다.

달린 행악자 중 하나는 비방하여 이르되 네가 그리스도가 아니냐 너와 우리를 구원하라 하되 하나는 그 사람을 꾸짖어 이르되 네가 동일한 정죄를 받고서도 하나님을 두려워하지 아니하느냐 우리는 우리가 행한 일에 상당한 보응을 받는 것이니 이에 당연하거니와 이 사람이 행한 것은 옳지 않은 것이 없느니라 하고(눅 23:39-41).

십자가 처형 후 어두움이 땅을 덮고 예수님이 마지막 숨을 거두셨을 때 십자가 앞에 지키고 서 있던 로마 백부장 중 한 사람이 이렇게 말했다. "이 사람은 정녕 의인이었도다"(눅 23:47). 이 로마 군인의 증언은 예수님의 의로우심을 뒷받침해 준다.

### 예수님을 대적하는 자들도 흠을 찾지 못했다

예수님을 반대하던 자들도 그분을 함정에 빠뜨리려고 몇 번이나 시도했으나 아무 잘못도 찾지 못했다. 예수님은 사람들에게 물으셨다. "너희 중에 누가 나를 죄로 책잡겠느냐 내가 진리를 말하는데도 어찌하여 나를 믿지 아니하느냐"(요 8:46).

그들은 아무 말도 하지 못했다. 그날 무리 중에 아무도 예수님의 잘못을 지적할 수 없었다. 우리가 주목해야 할 흥미로운 사실은, 예수님이 원문에서 사용하신 "죄"라는 단어는 특정한 죄가 아니라 일반적인 죄를 가리킨다는 것이다. 다시 말해서 예수님을 비난하는 자들이 아무 대답도 하지 못했던 이 질문은 예수님의 죄 없으심을 보여 주었다.

성경의 분명한 가르침은 예수님이 죄를 짓지 않으셨다는 것이다. 사실 예수님을 로마 총독 본디오 빌라도에게 넘겨 십자가에 못 박으려 했던 자들은 자발적으로 거짓 증언을 할 사람들을 찾아야 했다. 그러나 빌라도가 예수님을 심문했을 때 예수님이 죄를 범하셨다는 어떤 증거도 찾지 못했다. 결국 빌라도는 유대인들에게 이렇게 말했다. "나는 그에게서 아무 죄도 찾지 못하였노라"(요 18:38).

### 예수님께 죄가 없다는 것이 뭐 그리 대단한 일인가?

"예수님은 죄를 지으셨는가?"라는 질문에 답을 확실히 했으면, 이제 똑똑한 아이가 던질 다음 질문은 이것이다. "예수님이 죄가 없으신 게 왜 중요해요?" 그 대답은 바로 우리 문화는 죄를 대수롭지 않게 여기는 경향이 있지만 하나님은 그의 진노와 심판을 초래하는 중대한 문제로 보신다는 것이다.

목사이자 교사인 오스왈드 챔버스는 이런 글을 쓴 것으로 알려져 있다. "죄는 약점이 아니고, 질병도 아니다. 죄는 그 자리에서 하나님께 반항하는 것이며, 그 반항의 규모가 갈보리 십자가로 나타난 것이다."

하나님은 죄라고 하는 이 광범위한 반항에 대해 무언가를 하셔야만 했다. 그의 의롭고 거룩한 속성은 심판을 요구한다. 이것을 종종 "하나님의 진노"라고 부른다. '진노'라는 단어는 요즘 많이 쓰이지 않는다. 스포츠 기자들은 패배한 팀이 더 강한 상대의 '진노'를 느꼈다고 흥미롭게 묘사할 수도 있다. 그러나 성경적인 의미에서 '진노'는 우리 인간들이 악을 행하기 때문에 일어나는 거룩한 반향을 나타낸다. 하나님의 진노는 두렵지만 응당한 것이며, 철저하지만 적절한 판단을 거치며, 혹독하지만 전적으로 공정한 것이다. 그런 대조적인 면들이 하나님의 진노의 실체를 나타낸다.

거룩한 진노는 하늘로부터 오는 억제할 수 없는 짜증과 분노가 아니다. 진노에 관한 성경 구절들은 하나님의 임의적인 격노를 묘사하지 않는다. 인도주의 활동가 린다 팔터는 인간의 고난에 비추어 본 하나님의 정의에 관한 질문에 이렇게 답했다.

> 하나님의 분노는 우리의 분노와 다르다. 그것은 거룩한 목적이 담겨 있다. … 하나님은 죄에 대해 분노하시는가? 그렇다. 당연히 그러시지 않겠는가? 그러나 하나님의 거룩한 분노는 무한한 사랑의 완벽한 통제를 받는다. 하나님은 모든 선한 목적이 이루어질 때까지 당분간 최후의 심판을 보류하신다.[1]

죄에 대한 하나님의 진노는 꼭 필요하고 적절한 것이다. 왜냐하면 죄는 하나님의 본성과 피조물에게도 모욕이 되기 때문이다. 하나님은 거룩하고 의로우시며 주권자이시고 사랑이시다. 죄의 결과는 이 모든 속성들과 반대된다. 더 나아가 죄는 하나님의 모든 피조물들을 훼손시켰다. 천사, 인간, 그리고 자연까지. 죄는 죽음을 초래한다. 그러나 하나님은 생명이시다.

하나님이 우리의 구원을 위해 예수님께 그의 진노를 쏟으시기 위해 필요한 사랑, 능력, 정의를 상상해 보라. 인간들은 우리가 한 선택들에 대해 책임을 져야 한다. 그러나 사랑의 하나님은 그의 진노를 우리에게서 돌리셨다. 그 자신에게로.

성자 하나님은 거룩한 진노의 고통을 느낄 수 있는 인간의 몸을 입으셨다. 그리고 모든 인류를 위해 죄를 짊어지신 예수님은 어깨보호대와 헬멧을 쓴 채 십자가로 걸어가지 않으셨다. 하나님의 거룩한 율법의 요구들을 완전히 만족시키면서도 완벽한 연민을 생생하게 나타내셨다. 예수님이 우리 대신 고통을 당하신 것이다. 우리의 모든 죄로 인해 마땅히 받아야 할 모든 진노를 예수님이 느끼신 것이다.

생각해 보라. 당신이 예수님 없이 죽었더라면 느꼈을 지옥의 고통을 예수님이 겪으신 것이다. 완전한 사랑이 예수님으로 하여금 당신을 위해, 나를 위해, 모든 사람을 위해 그렇게 하도록 이끌었다. 죄가 없으셨기 때문에 예수님이 세상의 죄들을 위한 제물이 되실 수 있었다. 다음 장에서 "왜 예수님은 십자가에서 죽으셔야 했을까?"를 다루기 전에 먼저 왜 죄 없는 희생제물이 필요했는지를 확실히 알아야 한다.

### 흠이 없다

구약성경을 보면 하나님이 죄와 그로 인한 하나님의 진노를 해결하기 위해 동물 제사를 제정하신 것을 볼 수 있다. 어떻게 제물을 드려야 하는지, 죄 지은 사람들을 대신해 제물을 드리는 제사장들은 그 제물을 어떻게 다루어야 하는지에 대해 수많은 규칙들이 있었다. 하나님은 흠 없는, 즉 타나 결함이 없는 동물을 바칠 것을 요구하셨다. 순결한 동물을 드림으로 그 사람이 하나님께 가장 좋은 것을 드림을 나타내야 했던 것이다. 또한 제물을 바치려면 죄인이 희생해야 할 것이 있었다. 한 예로 레위기 4장을 보자.

여호와께서 모세에게 말씀하여 이르시되… 만일 평민의 한 사람이 여호와의 계명 중 하나라도 부지중에 범하여 허물이 있었는데 그가 범한 죄를 누가 그에게 깨우쳐 주면 그는 흠 없는 암염소를 끌고 와서 그 범한 죄로 말미암아 그것을 예물로 삼아… 그 모든 기름을 화목제물의 기름을 떼어낸 것 같이 떼어내 제단 위에서 불살라 여호와께 향기롭게 할지니 제사장이 그를 위하여 속죄한즉 그가 사함을 받으리라(레 4:1, 27-28, 31).

"흠 없는"이라는 표현을 주목해야 하는 이유는 구약 율법의 이 부분이 8장 "예수님은 왜 십자가에서 죽으셔야 했어요?"에서 매우 중요해지기 때문이다.

### 생명을 위한 생명

그것은 피에 관한 것이라기보다 생명의 제물에 관한 것이었다. 레위기에서 말하듯이 구약시대에서 피는 생명을 나타냈다. "육체의 생명은 피에 있음이라 내가 이 피를 너희에게 주어 제단에 뿌려 너희의 생명을 위하여 속죄하게 하였나니 생명이 피에 있으므로 피가 죄를 속하느니라"(레 17:11).

아담과 하와가 처음 범죄했을 때 죽음이 요구되었을 만큼 죄는 하나님께 중대한 문제였다.(검토가 필요하면 1장 "도덕적인 악 – 답은 창세기에서 시작된다" 부분을 다시 읽으라.) 또한 하나님이 동물을 대신 희생제물로 바치게 하신 것은 '쩨쩨한' 것이 아니라 은혜의 행위였다.

동물 제사의 개념이 여전히 원시적으로 느껴진다면, 냉장고가 없던 시절에는 동물이 죽는 것을 보거나 최근에 살육 당한 동물을 보는 것이 드문 일이 아니었다는 것을 기억하라. 초기 문명에 살았던 사람들(또한 오늘날에도 개발도상국이나 자연 속에 사는 사람들)은 생존의 의미에서 생명을 주는 것을 이해했다. 한 사람이 먹고 살려면 종종 한 마리의 동물이 죽어야 했다.

발전된 과학기술이 우리를 삶과 죽음의 연결에서 멀어지게 만들었다. 닭고기가 비닐에 싸여 있거나 캔에 담겨 있기 때문이다. 우리는 이미 갈아서 동그랗게 만들어 놓거나 말려서 육포로 만든 소고기를 살 수 있다. 그러다 보니 생명을 주는 식품들을 먹으면서도 우리가 생존하기 위해 무언가가 죽어야 했다는 사실은 충분히 인식하지 못한다.

구약성경에서 동물 제사는 어떤 사람의 죄를 대속하거나 속죄하기 위해 드려졌다. 1년 중 정해진 때, 예를 들면 속죄일에 대제사장은 모든 사람을 위해 제물을 바쳤다. 죄를 범한 사람이 죽는 대신 동물이 죽은 것이다. 무고한 짐승이 피를 흘린 것은 그 해에 하나님의 진노를 가라앉히기 위한 것이었다. "피흘림이 없은즉 사함이 없느니라"(히 9:22).

### 동물 제사의 문제

이렇게 인간의 죄를 대속하기 위해 동물을 제물로 바치는 것의 문제는 히브리서에 자세히 나와 있다.

율법은 장차 올 좋은 일의 그림자일 뿐이요 참 형상이 아니므로 해마다 늘 드리는 같은 제사로는 나아오는 자들을 언제나 온전하게 할 수 없느니라 그렇지 아니하면 섬기는 자들이 단번에 정결하게 되어 다시 죄를 깨닫는 일이 없으리니 어찌 제사 드리는 일을 그치지 아니하였으리요 그러나 이 제사들에는 해마다 죄를 기억하게 하는 것이 있나니 이는 황소와 염소의 피가 능히 죄를 없이 하지 못함이라(히 10:1-4).

구약성경에서 규정하는 동물 제사는 죄인의 양심을 깨끗하게 하기에 부족했다.

이 제물들은 오직 그 해에 죄인이 범한 잘못들을 일시적으로 덮어 주는 역할만 했을 뿐이다.

그러나 예수님의 십자가 죽음은 죄를 위한 궁극적이고 최종적인 제사가 되었다. "이와 같이 그리스도도 많은 사람의 죄를 담당하시려고 단번에 드리신 바 되셨고 구원에 이르게 하기 위하여 죄와 상관 없이 자기를 바라는 자들에게 두 번째 나타나시리라"(히 9:28). 그러므로 예수님이 궁극적인 희생제물이 되시기 위해선 흠이나 티가 없고 완전하셔야만 했다.

### 그리스도인들은 동물을 소중하게 여겨야 한다

당연히 그리스도인들은 동물들과 하나님이 창조하신 모든 것을 소중히 여겨야 한다. 내가 키우던 삼손이라는 눈먼 도베르만(군용 경찰견)은 매일 특별한 눈물을 넣어 줘야만 했다. 그 개를 보살필 때 잠언 12장 10절 말씀이 종종 떠올랐다. "의인은 자기의 가축의 생명을 돌보나 악인의 긍휼은 잔인이니라." 다음은 인간과 동물의 중요한 차이점들을 보여 주는 목록이다.

| 인간 | 동물 |
| --- | --- |
| 하나님의 형상을 나타낸다 | 하나님의 창조성을 나타낸다 |
| 추상적으로 판단하고 생각하도록 창조되었다 | 생존 본능에 따라 움직인다 |
| 윤리적인 선택을 할 수 있다 | 윤리적인 결정을 할 수 없다 |
| 도덕적으로 책임이 있다 | 도덕적으로 책임이 없다 |
| 육적인 부분(sarx), 정신적인 부분(psyche), 영적인 부분(pneuma), 이렇게 세 부분을 가지고 있다 | 육적인 부분과 정신적인 부분, 두 부분만 가지고 있다 |
| 구원을 받을 수 있다 | 언젠가 자연세계의 다른 피조물들과 함께 회복될 것이다 |

### 어린이들이 이해해야 할 것

1989년에 뉴스에서 베를린 장벽이 붕괴될 거라는 소식을 전했다. 28년 만에 처음으로 시민들이 동독에서 서독으로 자유롭게 여행할 수 있게 된다는 소식에 떠들썩했다. 1989년 11월 10일, 30년 동안 갈등, 공산주의, 국가의 통제를 상징해 온 장벽을 불도저들이 허물기 시작했다.(유튜브에서 자녀들에게 장벽이 무너지는 뉴스를 보여 줄 수 있다.)

그런데 그보다 더 큰 '장벽 제거'가 2천여 년 전에 십자가 위에서 이루어졌다! 에베소서 2장 14절은 "그는 우리의 화평이신지라 둘로 하나를 만드사 원수 된 것 곧 중간에 막힌 담을 자기 육체로 허시고"라는 중대 뉴스를 선포한다. 예수님 안에서 유대인과 이방인은 하나가 되었고, 하나님과 인간이 화목하게 되었다.

### 예수님이 죄 없는 사람이었다는 것에서 무엇을 배울 수 있을까?

성경은 예수님이 그의 신성 때문에 죄 없이 사실 수 있었다고 말하지 않는다. 그것을 인식하는 것이 중요하다. 사실은 그와 정반대로 말한다. 예수님은 "모든 일에 우리와 똑같이 시험을 받으신 이로되 죄는 없으시니라"(히 4:15)고 했다. 하나님은 악에 의해 유혹을 받으실 수 없지만, 인간 예수 그리스도는 그렇지 않았다. 내 말을 끝까지 잘 들어 보라. 이것은 심오한 진리이다!

예수님이라는 한 인격 안에 두 가지 본성이 있었다. 신의 본성과 인간의 본성이었다. 예수님이 세상에 오셨을 때 그의 신성을 '없앴기' 때문에 이것이 가능해진 것이 아니다. 비록 그분이 자발적으로 신성을 제한하시기는 했지만 말이다(빌 2:6-8).

인성을 '더함'으로써 하나님의 두 번째 인격이 사람이 되셨다.(삼위일체의 두 번째 인격으로서 예수님에 대해선 11장에서 더 자세히 다룬다.)

하나님이 인간의 몸을 입으셨다. 예수님은 온전히 인간이셨으나, 타락한 인간은 아니셨다. 따라서 그의 신적인 본성에 관해서는, 죄가 전혀 유혹이 아니었다. 그러나 그의 인성과 관련해서는, 예수님도 배고픔과 고통과 외로움과 두려움을 느끼셨고 당연히 유혹도 받으셨다. 성육신, 즉 하나님이자 인간이신 예수님이 그토록 특별한 이유가 여기에 있다. 다른 종교에는 이와 같은 이야기가 없다.

다음 예는 완벽하진 않지만, 당신의 자녀들에게 구체적으로 생각해 볼 거리를 제공해 줄 것이다. 어느 부정직한 사람이 근무 중이 아닌 경찰관에게 다가가 이렇게 말한다. "제가 훔친 물건들이 한 트럭 가득 있습니다. 신제품 컴퓨터, 스테레오, 게임기, 텔레비전 등이 있어요. 당신한테 이 트럭에 있는 모든 물건을 한 개당 3만원에 팔게요! 관심 있으세요?"

이 경찰은 다른 사람들처럼 그것이 정말 저렴하다는 걸 안다. 소비자로서 그는 비싼 전자제품들을 하나당 겨우 3만원에 살 수 있다는 생각에 유혹을 받을 것이다. 그러나 법을 지키기로 맹세한 경찰관으로서 그는 도둑이 훔친 물건들을 이야기할 때 수갑을 꺼내 들어야 한다는 걸 알고 있다! 진실성과 희생을 기반으로 하는 공무원은 절대 이런 유혹에 넘어가선 안 된다. 유혹에 직면했을 때 그 경찰은 꿈쩍도 하지 않았다. 이처럼 예수님은 한 인간으로서 유혹에 직면하셨으나 결코 유혹에 넘어가지 않으셨다.

우리는 광야에서 예수님이 유혹 받으신 이야기를 읽으며 자극을 받아야 한다. 우리는 그 이야기를 읽으며 '예수님이니까…'라고 생각한다. 예수님이 우리를 위해 본을 보여 주셨으며, 우리가 그것을 읽고 힘을 얻을 수 있도록, 우리의 유익을 위해 기록된 말씀임을 깨달아야 한다. 이 구절에서 예수님에 대해서뿐 아니라 우리 자신에 대해서도 배워야 할 교훈들이 많이 있다. 우리는 예수님이 유혹을 받으셨을 때 죄를 짓지 않으셨다는 것을 알 뿐만 아니라, 또한 예수님이 어떻게 유혹을 이기셨는지를 본다. 우리도 예수님의 본을 따르면 유혹을 이기고 죄에 저항할 수 있다.

확실히 예수님은 광야에 계시는 동안 오랜 금식으로 몸과 마음이 매우 연약한 상태였다. 종종 우리가 연약해져 있을 때에 가장 유혹에 빠지기 쉽다. 베드로전서 5장 8-9절은 대적 마귀가 우리에게 덤벼들 때가 있으며, 그가 예수님께 쓴 전략도 그와 같았다고 말한다. 유혹에 관한 유명한 본문을 함께 살펴보자.

그 때에 예수께서 성령에게 이끌리어 마귀에게 시험을 받으러 광야로 가사 사십 일을 밤낮으로 금식하신 후에 주리신지라 시험하는 자가 예수께 나아와서 이르되 네가 만일 하나님의 아들이어든 명하여 이 돌들로 떡덩이가 되게 하라(마 4:1-3).

예수님은 주리셨음에도 불구하고 아버지께 의존하지 못하게 선동하는 마귀에게 넘어가지 않으셨다. 예수님은 항상 그의 필요를 채워 주시는 하나님을 의지했다. 성경은 "예수께서 대답하여 이르시되 기록되었으되 사람이 떡으로만 살 것이 아니요 하나님의 입으로부터 나오는 모든 말씀으로 살 것이라 하였느니라"(마 4:4)고 말한다.

다음으로, 마귀는 예수님이 어리석은 행동을 하고 쓸데없이 자신을 위험에 처하게 만드시도록 유혹하려 했다.

이에 마귀가 예수를 거룩한 성으로 데려다가 성전 꼭대기에 세우고 이르되 네가 만일 하나님의 아들이어든 뛰어내리라 기록되었으되 그가 너를 위하여 그의 사자들을 명하시리니 그들이 손으로 너를 받들어 발이 돌에 부딪치지 않게 하리로다 하였느니라(마 4:5-6).

마귀가 예수님께 성경 말씀을 얼마나 문맥에 맞지 않게 인용하고 있는지 보라! 이 모든 유혹들 속에서 마귀는 성경 말씀을 왜곡했으나 예수님은 "진리의 말씀"(딤후 2:15)을 옳게 분별하셨다.

40일을 금식하시며 하나님과 교제하신 후 예수님은 천사들이 자신을 하늘 높이 데리고 올라가길 바라셨을지도 모른다. 그러나 그분은 자신을 위험하고 어리석은 상황에 몰아넣지 않으셨다. 게다가 하나님의 대적의 요구를 당연히 듣지 않으셨다.

우리도 삶 속에서 하나님이 우리를 구해 주실 거라는 희망에 어리석은 위험을 감수하려는 유혹을 받을 수 있다. 때로는 하나님의 은혜와 자비로 우리가 불순종한 대가를 치르지 않기를 바라면서, 일부러 하나님의 말씀을 무시하기도 한다. 예수님이 그 상황을 어떻게 다루셨는지 보고, 그의 반응에서 지혜를 얻자. "예수께서 이르시되 또 기록되었으되 주 너의 하나님을 시험하지 말라 하였느니라 하시니"(마 4:7). 다음 유혹은 대부분의 그리스도인들에게 터무니없어 보인다.

마귀가 또 그를 데리고 지극히 높은 산으로 가서 천하 만국과 그 영광을 보여 이르되 만일 내게 엎드려 경배하면 이 모든 것을 네게 주리라(마 4:8-9).

원래 아담과 하와는 땅을 지배하도록 되어 있었다(창 1:28). 그러나 그들이 하나님의 명령에 불순종하여 에덴동산에서 쫓겨나고 한때 누렸던 권한을 상실했다(창 3장). 세상에 악한 권세들과 주관자들이 역사하고 있다는 것은 에베소서 6장에서 명백히 밝히고 있다.

우리의 씨름은 혈과 육을 상대하는 것이 아니요 통치자들과 권세들과 이 어둠의 세상 주관자들과 하늘에 있는 악의 영들을 상대함이라(엡 6:12).

마귀가 예수님께 "세상 모든 나라들"을 예수님께 주겠다고 했을 때 "권세들"과 "주관자들"과 "하늘에 있는 악한 영들"은 틀림없이 온 힘을 다하고 있었다. 그 제안은 허세였을 수도 있고 아닐 수도 있지만, 예수님은 하나님의 말씀에 마귀에게 절하는 것은 생각하지도 말라고 한 것을 알고 계셨다. 그래서 예수님은 "사탄아 물러가라 기록되었으되 주 너의 하나님께 경배하고 다만 그를 섬기라 하였느니라"(마 4:10)고 하셨다.

### 예수 그리스도 : 우리의 모범

"예수님이 죄를 지으셨을까?"라는 질문에 답하면서 이 사건들을 함께 나누는 요지는 무엇일까? 우리가 그리스도의 본을 따름으로써 오는 능력을 간과할 수 있다는 걸 보여 주기 위함이다. 사실 어떤 사람들은 전통이나 유명 문구들을 사용해 가며 자신들의 죄를 변명하기도 한다. 그들은 죄를 막을 수단이 없는 것처럼 "우리는 그저 은혜로 구원받는 죄인들입니다"라고 한탄하며 말한다. 그러나 그리스도인들은 죄에 대항할 하나의 무기로서 예수님의 본을 바라보며 거기서 용기를 얻을 수 있다.

믿음의 주요 또 온전하게 하시는 이인 예수를 바라보자 그는 그 앞에 있는 기쁨을 위하여 십자가를 참으사 부끄러움을 개의치 아니하시더니 하나님 보좌 우편에 앉으셨느니라 너희가 피곤하여 낙심하지 않기 위하여 죄인들이 이같이 자기에게 거역한 일을 참으신 이를 생각하라 너희가 죄와 싸우되 아직 피 흘리기까지는 대항하지 아니하고(히 12:2-4).

신자들은 성령의 능력으로 힘을 얻는 예수님의 본을 따라야 한다. 진짜 싸움은 삶의 모든 경험들을 거치는 동안 하나님 편에 서는 것이다. 어려운 시험을 당할 때나 번성할 때나 언제든지. 그리고 우리의 삶에서 "기록되었으되"라는 예수님의 말씀이 계속 울려 퍼져야 한다! (또한 무엇이 기록되어 있는지도 알아야 한다.)

우리는 거룩한 본을 보이도록 부름받았지만, 또한 겸손함의 본을 보여야 한다. 오직 예수님만이 죄가 없으셨다. 우리는 그렇지 않다. 그러나 우리가 죄를 범할 때 진심으로 회개하면 하나님의 대가 없는 완전한 용서가 우리에게 주어진다는 것을 알고 위로를 받게 될 것이다. "만일 우리가 우리 죄를 자백하면 그는 미쁘시고 의로우사 우리 죄를 사하시며 우리를 모든 불의에서 깨끗하게 하실 것이요"(요일 1:9). 예수님은 평생 죄를 짓지 않고 사신 유일한 분으로 남겠지만, 어른들은 예수 그리스도를 닮으려고 노력함으로써 아이들에게 본을 보여야 한다.

이 임무가 너무 버겁게 보일 수 있다. 그러나 우리는 혼자가 아니다. 성령님이 우리 마음에 성경 말씀이 생각나게 하시고(요 14:26) 우리를 항상 거룩하게 하심으로써 우리를 도와주실 것이다.

**Q** 질문 : 예수님은 죄를 짓지 않으셨어요? 예수님이 죄가 없으셨다는 사실이 왜 중요한 거예요?

1. 예수님을 대적하던 자들은 그에게서 아무 잘못도 찾을 수가 없었다. 성경은 예수님이 죄가 없으셨다고 가르친다.

2. 예수님이 죄가 없으셨다는 것은 하나님의 진노가 그분께로 향하지 말았어야 했다는 뜻이다. 예수님은 모든 피조물을 훼손시키는 죄 문제에 포함되지 않으셨다. 예수님이 죄가 없으셨기 때문에 완전한 대속자가 되실 수 있었던 것이다.

3. 한동안은 동물을 희생제물로 사용했지만, 예수님이 우리의 죄를 대속하기 위해 십자가에서 죽으셨으니 더 이상 동물 제물이 필요하지 않게 되었다.

4. 예수님은 온전히 인간이셨지만, 타락한 인간은 아니었다. 그는 인간의 본성과 신의 본성을 둘 다 가지고 계셨다. 예수님은 유혹에 저항하심으로 자신의 죄 없음을 증명하셨다.

**A** 희망을 담은 대답 : 예수님은 죄가 없으셨고 지금도 죄가 없으시지. 그리고 예수님은 지금도 우리의 모범이 되신단다. 그분은 인간이기 때문에 우리가 유혹받는 것을 이해하시지만, 또한 하나님이시기 때문에 우리를 용서하실 수 있어.

# 예수님은 왜
# 십자가에서 죽으셔야 했어요?

우리는 오직 예수 그리스도를 통해서만 삶과 죽음을 안다.
예수 그리스도를 떠나서는 우리의 생명과 죽음도, 하나님도, 우리 자신도 알 수 없다.
_ 블레즈 파스칼, 『팡세(Thoughts)』

우리 가족에게 대대로 이어져 온 전통 중 하나는 크리스마스에 도자기로 된 말 구유 장식을 전시해 놓는 것이었다. 조카 앨리는 어릴 때 항상 모든 천사와 목자들의 자리를 꼼꼼히 연구해 가며 구유 장식을 배열하는 걸 돕고 싶어 했다. 그 아이는 공들여 진열을 하고 자주 뒤로 물러나 자신의 작품을 평가해 보곤 했다.

매년 전통이 이어지면서 앨리는 여러 가지 질문을 하게 되었다. "아기 예수님은 구유 안에서 춥지 않으셨을까요?" "마리아와 요셉이 담요를 덮어 주었을까요?" "가게에서 포대기를 팔았을까요?" 그러다 어느 크리스마스엔 지금까지 했던 것 중에 가장 심오한 질문을 던졌다. "삼촌, 예수님은 왜 오신 거예요?"

"정말 좋은 질문이구나." 내가 말했다. 내가 그 대답을 하기도 전에 앨리는 또 다른 질문을 함으로써 이전 질문에 대한 대답을 더 쉽게 만들어 주었다. "예수님은 왜 십자가에서 죽으셔야만 했어요?"

**예수님은 죽기 위해 태어나셨다**

1장에서 우리는 "하나님은 왜 악을 허락하실까?"라는 질문을 살펴보았고, 죄로 인해 모든 인간이 사망의 형벌을 받게 되었다는 걸 알았다. 정말 '나쁜' 사람들뿐 아니라 겉보기에 '선한' 사람들도 모두 죄를 지었고 죽어야 마땅하다. 거기에는 나도 포함되고, 당신 교회의 목사님, 당신의 자녀, 그리고 페이스북에서 보는 모든 친구들도 포함되어 있다.

히브리서 9장 27절은 궁극적인 심판의 날이 올 것이며 그때 우리 모두는 하나님 앞에 서게 될 거라고 설명한다. 언젠가는 심판으로 인해 죄가 정복당할 것이다. "한번 죽는 것은 사람에게 정해진 것이요 그 후에는 심판이 있으리니."

"한번 죽는 것"과 "그 후에는 심판이 있으리니"라는 두 문구를 주목하라. 여기서 우리는 육적인 죽음과 돌이킬 수 없는 영적 죽음의 가능성에 대한 암시를 본다. 27절이 이야기의 끝이라면 얼마나 슬펐겠는가. 예수님이 십자가 위에서 돌아가시지 않았다면, 모든 인간의 연대기는 이와 같았을 것이다.

죄→사망→심판→지옥살이

그러나 하나님의 무한한 사랑 덕분에 우리의 이야기는 이렇게 끝나지 않는다. 히브리서 9장은 27절에서 끝나지 않고 28절로 이어진다. "이와 같이 그리스도도 많은 사람의 죄를 담당하시려고 단번에 드리신 바 되셨고 구원에 이르게 하기 위하여 죄와 상관없이 자기를 바라는 자들에게 두 번째 나타나시리라."

예수님은 죽기 위해 태어나셨다. 하나님은 그의 아들을 보내어 세상의 죄에 대한 궁극적인 대가를 치르게 하셨다. 아담의 죄를 위해, 하와의 죄를 위해, 나의 죄를 위해, 당신의 죄를 위해.

### 절기에 맞춰 성경 살펴보기

하나님-인간의 개념에 담긴 의미들은 복잡해서 아이들이 이해하기 쉽지 않다. 여러 번 접해야만 충분히 이해할 수 있다. 여러 절기들은 성경 본문을 집중적으로 살펴보기에 딱 적절한 때다. 내 조카 앨리처럼 대부분의 아이들은 절기에 예수님에 대해 호기심을 갖는다.

- 부활절과 성탄절 기념행사들을 이용해 예수님의 두 가지 본성을 강조해 준다.
- 크리스마스에 동정녀 탄생의 기적을 강조하고, 또한 예수님이 여자에게서 태어나신 인간이었다는 사실을 짚어 주어야 한다.
- 부활절에는 예수님의 인간적인 연약함을 주목하면서 부활의 기쁨에 초점을 둔다. 예수님의 육신은 성금요일에 십자가에 못 박혀 돌아가셨다. 이 때문에 예수님이 주일에 부활하신 것이 매우 의미가 있는 것이다.[1]

### 완전한 죽음

설교자, 작사가, 주석가, 시인들 모두 그리스도의 '완전한' 희생에 대해 많은 이야기를 했다. 정확히 말하면 이런 내용이다. 예수님이 완전한 하나님이자 완전한 인간이셨기 때문에, 즉 성육신한 신이었기 때문에 인간의 죄를 짊어지실 자격이 있으셨고 또 기꺼이 그렇게 하신 것이다. 예수님이 그 일을 하실 수는 있지만 원치 않으셨을 수도 있고 혹은 그렇게 하기를 원하지만 할 수 없으셨을 수도 있다. 그런데 다행히 온 우주에서 인류를 구원하실 수 있는 이 유일하신 분은 그 일을 기꺼이 하고자 하셨다.

예수님의 십자가 고난과 죽음과 부활 속에서 성취된 모든 일을 생각해 보라. 모든 인간의 죄로 인해 받아야 할 형벌이 예수님께 주어졌다. 많은 교리문답서나 신앙고백서들은 하나님의 '공정한 분노' 또는 '진노'에 대해 말한다. 하늘에 계신 성부 하나님이 하늘의 심판을 예수님께 내리신 것은 분명 고통스러운 일이었고, 그것을 견디신 그리스도에게도 고통스러운 일이었다. '완전하다'라는 단어만이 우리를 위한 그리스도의 희생을 적절하게 묘사하는 말이다. 즉 그로 인해 하나님의 정의가 충족되고, 하나님의 거룩하심이 유지되며, 하나님의 율법이 지켜지고, 하나님의 은혜가 나타났다. 이러한 사실들을 다룬 책들이 많이 있다. 로마서 3장은 그것을 간결하게 설명한다.

> 이 예수를 하나님이 그의 피로써 믿음으로 말미암는 화목제물로 세우셨으니 이는 하나님께서 길이 참으시는 중에 전에 지은 죄를 간과하심으로 자기의 의로우심을 나타내려 하심이니 곧 이 때에 자기의 의로우심을 나타내사 자기도 의로우시며 또한 예수 믿는 자를 의롭다 하려 하심이라(롬 3:25-26).

### 가족 신앙고백문 만들기

역사적으로 그리스도인들은 교리문답서나 신앙고백서들을 만들어 왔다. 나는 이런 책들을 좋아하지만, 대부분의 사람들이 딱딱하고 불분명하다고 생각한다. 그렇다면 당신 가족만의 신앙고백문을 적어 보면 어떨까?

이 책의 모든 장에서 다루는 내용을 신앙고백문에 추가시킬 수 있다. 그러면 당신의 가족을 위해 이해하기 쉬운 언어로 이 질문들에 대한 답을 이야기해 줄 수 있을 것이다. 가끔은 저녁식사 전 축복기도와 함께 그 내용의 일부를 인용할 수 있다.

## 예수, 우리의 유월절 어린양

그리스도인 자녀들이 유대인의 유월절에 대해 이해하면 예수님의 십자가 죽음의 필요성을 더 잘 이해할 수 있다. 하나님은 예수 그리스도의 전조이기도 한 극적인 역사적 사건을 기념하기 위해 유월절을 지키게 하셨다. 유월절 이야기는 또한 아이들에게 예수님이 십자가에서 죽으셔야만 했던 이유를 개념적으로보다 실제적으로 보여 주는 탁월한 방법이기도 하다.

유월절은 배경 지식이 어느 정도 있을 때 가장 잘 이해할 수 있다. 요셉은 형들에 의해 노예로 팔려갔다. 많은 사건들이 일어난 후에, 요셉은 결국 그의 온 가족을 애굽으로 데려오게 되었다. 거기서 이스라엘 백성은 인구가 기하급수적으로 늘어났고, 그것이 두려워진 애굽인들은 이스라엘 백성을 노예로 삼았다. 어느 시점에 하나님은 그의 백성들의 부르짖음을 들으시고 모세를 보내어 그들을 속박에서 구해 내셨다.

그리고 우리가 잘 아는 사건들이 계속 이어진다. 모세와 아론이 바로에게 유대 백성들을 대표하는 '대변인'이 되었다. 바로는 하나님의 백성들이 애굽을 떠나 광야에서 하나님을 섬기도록 허락하지 않았다. 하나님이 수많은 재앙을 보내심으로 점점 더 혹독한 결과들이 나타났다. 하나님은 나일강 물을 피로 변하게 하셨다. 개구리와 이, 파리 떼, 메뚜기 떼를 보내셨고, 가축들이 끔찍한 병에 걸리게 하셨다. 애굽인들에게 악성 종기가 생기게 하셨고, 우박을 내리셨으며, 그 땅이 암흑으로 변하게 하셨다.

이 재앙들이 일어난 후에도 바로가 이스라엘 백성들을 보내기를 거부하자 하나님은 애굽의 모든 집안의 장자를 죽이는 마지막 재앙을 내리려 하셨다. 하나님은 이 끔찍한 재앙에 대비하여 유대인들이 해야 할 일들에 대해 모세와 아론에게 구체적인 지침을 주셨다. 모든 이스라엘의 가정이 온전한 어린양 한 마리를 죽여 그 피를 문설주에 발라야 했다. 하나님이 지시하신 대로 피가 발라져 있으면 죽음의 천사가 그 집을 그냥 '넘어갈' 것이다. 유월절에 관한 하나님의 지시 내용은 매우 분명했다.

> 너희 어린양은 흠 없고 일 년 된 수컷으로 하되 양이나 염소 중에서 취하고 이 달 열나흘날까지 간직하였다가 해 질 때에 이스라엘 회중이 그 양을 잡고 그 피를 양을 먹을 집 좌우 문설주와 인방에 바르고(출 12:5-7).

바로와 애굽인들에게 하나님은 최종 경고를 하셨다.

> 내가 그 밤에 애굽 땅에 두루 다니며 사람이나 짐승을 막론하고 애굽 땅에 있는 모

든 처음 난 것을 다 치고 애굽의 모든 신을 내가 심판하리라 나는 여호와라(출 12:12).

모세와 이스라엘 백성들에게는 하나님이 위로의 약속을 주셨다.

내가 애굽 땅을 칠 때에 그 피가 너희가 사는 집에 있어서 너희를 위하여 표적이 될지라 내가 피를 볼 때에 너희를 넘어가리니 재앙이 너희에게 내려 멸하지 아니하리라(출 12:13).

이 이스라엘 백성들의 출애굽 이야기는 하나님이 너무나 중요하게 여기셔서, 이스라엘에게 그날을 대대로 지키라고 명령하셨다(출 12:14). 유월절은 이스라엘 백성들의 마음에 선명하게 새겨졌고, 그 후 유대인의 모든 후손들은 하나님의 기적적인 구원에 대해 배웠다. 하지만 나는 하나님께서 유월절을 기념하게 하신 이유가 또 있다고 생각한다. 그 사건이 예수 그리스도의 십자가 죽음을 예시할 뿐 아니라, 하나님이 그리스도 안에서 우리 각 사람에게 주시는 죄와 사망으로부터의 구원을 나타내기 때문이다.

당신은 유월절과 예수님의 십자가 죽음의 유사점들을 지적함으로써 예수님이 우리를 위해 이루신 일의 의미를 자녀들이 더 깊이 이해하도록 도와줄 수 있다. 애굽인들의 노예가 되었던 이스라엘 백성들처럼, (예수님을 떠난) 모든 인류는 죄의 노예가 되어 있다. 유대 백성들이 온전한 어린양의 피를 그들의 집 문설주에 발라야 했던 것처럼, 우리는 하나님의 어린양, 예수 그리스도의 피를 우리 마음에 발라야 한다.

마지막 재앙이 닥치기 전에 어린양의 피를 문설주에 바른 사람들은 모두 보호를 받았다. 죽음의 천사가 그들을 넘어간 것이다. 그 명령에 순종하지 않은 사람들은 애굽인들처럼 모든 집안의 장자가 죽는 비극을 겪었다. 이것은 우리가 하나님의 참된 어린양에 대한 복음을 모든 사람에게 전해야 할 필요성을 보여 준다. 우리의 자녀, 가족들, 우리와 함께 일하는 사람들, 우리의 말을 듣는 누구에게나 말이다.

자녀들은 하나님이 이스라엘 백성들에게 흠 없는 어린양의 피를 문설주에 바르라고 지시하신 것을 이상하다고 생각할지 모른다. 하지만 불순종의 충격적인 결과들을 생각해 보라. 모든 장자가 죽었다. 마찬가지로 우리 영혼의 '문설주'에 예수님의 피가 없으면 우리 모두 하나님의 구원을 거부한 끔찍한 결과에 직면할 것이다. 그것은 하나님과 영원히 분리되는 것이다. 예수님의 보혈로 그 마음이 보호받지 못하는 자들에게 '죽음의 천사'가 찾아갈 것이며, 영적인 죽음을 경험할 것이다.

유월절과 예수님의 십자가 죽음을 통해 우리는 죄의 심각성을 보게 된다. 히브리서 9장 22절은 "피 흘림이 없은즉 사함이 없느니라"고 말한다. 왜 하나님은 그의 아들을 십자가에서 죽게 하셨을까? 다른 방법이 없었기 때문이다. 이렇게 하지 않으면 온 인류를 멸하실 수밖에 없었다. 하나님은 사랑으로 가장 어려운 일을 하신 것이다. 이것을 잘 생각해 보면 죄의 심각성뿐 아니라 하나님의 너그러운 제안을 거부하는 것이 얼마나 심각한 일인지도 어렴풋이 알 수 있다.

인류의 창조와 타락 전부터 하나님은 예수님이 십자가를 지실 것을 아셨다. 요한계시록 13장 8절에 보면 "죽임을 당한 어린양의 생명책에 창세 이후로 이름이 기록되지 못하고 이 땅에 사는 자들은 다 그 짐승에게 경배하리라"라고 했다. 뱀이 아담과 하와를 유혹하기 전에, 아담과 하와가 하나님께 불순종하기 전에, 당신과 내가 태어나 죄로 오염된 삶의 여정을 시작하기 전부터, 하나님의 구원 계획은 이미 이루어진 것이나 다름없었다. 사탄의 공격과 아담의 반역은 하나님을 충격에 빠뜨리지 못했다. 우리가 구원받을 필요가 생기기 전부터 예수님은 우리를 구원하기 위해 갈보리로 가고 계셨다. 하나님은 정말로 그 모든 것을 다스리시는 분이다.

예수님의 십자가 죽음은 하나님이 진실로 삶의 주인이심을 나타내는 것이다.

### 예수님과 이삭

예수님과 이삭의 극적인 비교가 창세기 22장 1-14절에 나온다. 아브라함이 하나님께 순종하여 그의 아들 이삭을 제물로 바치는 이야기이다. 나는 항상 이 말씀이 감동으로 다가온다.

아브라함이 눈을 들어 살펴본즉 한 숫양이 뒤에 있는데 뿔이 수풀에 걸려 있는지라 아브라함이 가서 그 숫양을 가져다가 아들을 대신하여 번제로 드렸더라 아브라함이 그 땅 이름을 여호와 이레라 하였으므로 오늘날까지 사람들이 이르기를 여호와의 산에서 준비되리라 하더라(창 22:13-14).

아브라함이 이삭을 제물로 바친 것은 하나님 아버지께서 그의 아들 예수를 내어주신 것을 나타낸다. 예수님이 십자가에 못 박히신 장소는 모리아산의 한 부분이다. 창세기 22장 14절 말씀처럼, 아브라함 시대부터 오랜 세월이 흐른 뒤에 같은 산에서 다른 어린양이 머리에 가시관을 쓰셨다. 그 산에서 하나님이 "하나님의 어린양"(요 1:29) 예수님을 준비해 주신 것이다.

**Q** **질문** : 예수님은 왜 십자가에서 죽으셔야 했어요? 예수님은 왜 이 땅에 오셨어요?

1. 성경은 아담과 하와를 통해 죄가 세상에 들어왔다고 말한다. 죄의 결과는 영적인 죽음이었다. 죄를 지으면 반드시 벌을 받아야 했다.

2. 예수님이 죄의 대가를 치르실 수 있는 유일한 사람이었다. 예수님은 죄가 없으시고 거룩하셨기 때문이다. 예수님은 유일하게 빚을 갚을 수 있는 자격이 있으셨을 뿐만 아니라 기꺼이 그 값을 치르려 하셨다.

3. 유월절 사건들을 이해함으로써 아이들은 왜 예수님이 완벽한 희생양이었는지를 더 잘 이해할 수 있다.

**A** **희망을 담은 대답** : 예수님은 모든 인간이 받아야 할 죄의 형벌을 대신 받기 위해 십자가에서 죽으셔야만 했어. 예수님은 세상을 죄에서 구원하기 위해 오셨고, 그분의 죽음으로 그분을 믿는 자들은 영생을 얻게 되었단다.

# 왜 예수님이 천국에 가는 유일한 길이에요?

**예수님을 알면 평화를 안다. 예수님이 없으면 평화도 없다.**
_ 범퍼 스티커

예수님은 우리가 구원을 받으려면 그를 개인적으로 '알아야' 한다고 분명히 말씀하셨다(마 7:21-23). 그러나 이 관계를 맺으려면 먼저 우리가 예수님에 '대해 알아야' 한다. 그분이 참으로 세상에 오신 하나님이심을 이해해야 한다. 예수님은 그냥 선한 사람이 아니라, 하나님이자 인간이셨다. 예수님은 "너희가 만일 내가 그인 줄 믿지 아니하면 너희 죄 가운데서 죽으리라"(요 8:24)고 하셨다.

로버트 피어스는 신학교를 졸업하고 작은 교회를 섬기게 되었다. 로버트가 전임 사역을 시작한 지 몇 주 안 되어 장례식을 진행해 달라는 부탁을 받았.

유가족은 고인을 위해 두 명의 목사가 함께 장례식을 집행해 달라고 요청했다. 그런데 이 두 목사가 장례식 계획을 세우려고 만났을 때 갈등이 생겼다. 또 한 명의 목사가 피어스 목사에게 모든 사람이 천국에 간다고 말하는 책의 한 구절을 읽자고 한 것이다.

피어스 목사는 성경 구절이나 성경의 가르침을 보완하는 책이라면 기꺼이 읽겠지만 성경에 위배되는 글은 읽을 수 없다고 단호히 말했다. 그 목사는 놀라는 표정을 지으며 한동안 말을 잇지 못하더니 피어스 목사에게 화를 냈다.

피어스 목사가 "저는 예수님이 천국에 이르는 유일한 길이라고 믿습니다"라고 말하자, 그는 이렇게 대답했다. "네. 저도 예전에는 분명 그렇게 생각했어요."

**예수님은 자신이 유일한 길이라고 말씀하신다**

지난 50여 년 동안 관용이 최고의 미덕으로 여겨지게 되었다. 그것이 많은 이들에게 종교와 신앙에 관한 기본 입장이 되었다. 그래서 때로 교인들조차 예수님이 천국에 가는 유일한 길이라는 사상을 불쾌하게 여긴다. 이것이 바로 당신의 자녀들이 대중매체와 교육을 통해 접해 온 주요 세계관이다.

오늘날에는 무엇을 믿느냐보다 얼마나 진실하게 믿느냐가 더 중요하다고 생각한다. 당신의 자녀들은 마음의 진실함이 그 사람의 신념과 견해를 유효하게 만든다는 느낌을 받으며 자랄 것이다.

거기다가 하나님께로 가는 모든 길이 똑같이 진리라는 다원주의 사상을 결합해 보면, 사랑의 하나님은 결코 이분법이나 단 한 번의 최후통첩을 인류애보다 앞에 두지 않으실 거라는 우리 문화의 신념을 볼 수 있다. 많은 사람들이 하나님은 동정심이 많으신 분이므로 용서하시거나 그냥 봐주실 거라고 믿는다.

기독교 신앙의 배타적인 주장들이 자녀들의 귀에는 편협하고, 꽉 막히고, 너그럽지 못한 것으로 들릴 수 있다. 아이들뿐 아니라 많은 어른들도 "왜 예수님이 천국에 가는 유일한 길입니까?"라는 질문을 한다. 가장 명백한 대답은 예수님이 이렇게 가르치셨다는 것이다. "내가 곧 길이요 진리요 생명이니 나로 말미암지 않고는 아버지께로 올 자가 없느니라"(요 14:6).

그리스도의 배타적인 주장들을 논할 때 중요한 것은 하나님이 마땅히 영광을 받으시도록 질문을 재구성하는 것이다. 정직하고 정확한 답을 이야기하려면, 먼저 그 질문 속에 담긴 '덫'을 보아야 한다. 하나님의 원수 마귀가 하는 일들이 대부분 그렇듯이, 그 질문은 진리를 추구하기보다 비난에 더 가깝게 들린다.

선의의 그리스도인들이나 진심으로 진리를 추구하는 자들은 어떻게 예수님이 하나님께 가는 유일한 길이냐고 질문하지 않는다는 뜻이 아니다. 진실한 마음에서 나온 것이라면 그것은 좋은 질문이다. 그러나 많은 그리스도인들이 이 질문에 답할 때 방어적인 자세를 취하거나 부끄러워한다. 천국에 가는 길이 있다는 사실은 부끄러워할 일이 아니라 기뻐하며 춤을 춰야 할 일이다!

예수님을 따르는 자들은 예수님의 배타적인 주장들에 부끄러워하거나 당황할 필요가 없다. 그는 당연히 우리의 충성을 요구하시는 주님이시다. 우리의 가장 큰 계명은 온 마음과 뜻과 목숨과 힘을 다해 하나님을 사랑하라는 것이다(막 12:30). 예수님은 영생으로 가는 길이다! 그렇기 때문에 그것은 당혹스러운 소식이 아니라 좋은 소식인 것이다.

당신이 진리로 무장하고 사랑으로 답변을 준비할 때 종종 이런 질문들이 자녀들이나 그 얘기를 꺼내는 다른 사람들과 참된 믿음을 나누는 계기가 된다는 걸 알게 될 것이다. 사실 당신이 진리를 받아들일 때 아마 복음을 다른 사람들과 나눌 방법들을 찾고 있는 자신을 발견하게 될 것이다. 또한 당신은 담대하게 예수 그리스도의 구원 사역에 대해 나눌 것이다! 당신의 자녀들도 당신의 본을 따르게 되길 바란다.

### 성경이 그렇게 말한다

성경은 예수님이 천국에 가는 유일한 길이라고 가르친다. 요한복음에서 우리는 예수님의 배타적인 주장의 문맥을 발견한다.

너희는 마음에 근심하지 말라 하나님을 믿으니 또 나를 믿으라 내 아버지 집에 거할 곳이 많도다 그렇지 않으면 너희에게 일렀으리라 내가 너희를 위하여 거처를 예비하러 가노니 가서 너희를 위하여 거처를 예비하면 내가 다시 와서 너희를 내게로 영접하여 나 있는 곳에 너희도 있게 하리라 내가 어디로 가는지 그 길을 너희가 아느니라 도마가 이르되 주여 주께서 어디로 가시는지 우리가 알지 못하거늘 그 길을 어찌 알겠사옵나이까 예수께서 이르시되 내가 곧 길이요 진리요 생명이니 나로 말미암지 않고는 아버지께로 올 자가 없느니라(요 14:1-6).

예수님의 말씀에 주의를 기울여 보자. 이것은 그 당시 매우 격렬한 말씀이었고, 지금도 그렇다! 예수님은 제자들에게 하늘나라에 그들을 위한 처소를 예비해 주실 거라고 말씀하셨을 뿐만 아니라, 자신이 그들의 유일한 천국 입장 티켓이라고 하셨다!

예수님은 성경의 다른 곳에서도 비슷한 말씀을 하셨다. 예를 들어, 마태복음 11장 27절에서는 하나님 아버지와 영생에 이르는 길은 오직 예수님 안에서만 발견할 수 있다고 주장하셨다. 예수님만 이런 대담한 주장들을 하신 것이 아니라, 그의 제자들 또한 예수님이 천국에 이르는 유일한 길이라고 가르쳤다. 예수님이 죽음에서 부활하시고 승천하신 후에, 사도 베드로는 예수님이 사람들을 구원하기 위한 유일한 길임을 공적으로 선언했다.

이에 베드로가 성령이 충만하여 이르되 백성의 관리들과 장로들아 만일 병자에게 행한 착한 일에 대하여 이 사람이 어떻게 구원을 받았느냐고 오늘 우리에게 질문한다면 너희와 모든 이스라엘 백성들은 알라 너희가 십자가에 못 박고 하나님이 죽은 자 가운데서 살리신 나사렛 예수 그리스도의 이름으로 이 사람이 건강하게 되어 너희 앞에 섰느니라 이 예수는 너희 건축자들의 버린 돌로서 집 모퉁이의 머릿돌이 되었느니라 다른 이로써는 구원을 받을 수 없나니 천하 사람 중에 구원을 받을 만한 다른 이름을 우리에게 주신 일이 없음이라 하였더라(행 4:8-12).

한때 예수님과 그의 제자들의 원수였던 사도 바울도 그의 믿음의 아들인 디모데에게 보내는 편지에서 그리스도의 배타적인 주장을 확실하게 지지했다.

하나님은 한 분이시요 또 하나님과 사람 사이에 중보자도 한 분이시니 곧 사람이신 그리스도 예수라 그가 모든 사람을 위하여 자기를 대속물로 주셨으니(딤전 2:5-6).

바울은 하나님과 인간 사이에 중재자가 오직 한 분 계시다고 했다. 바로 예수 그리스도이다. 중재자는 서로 대립하는 양측을 중간에서 화해시키는 일을 하는 사람이다. 예수님의 십자가 죽음은 하나님과 인간의 화해를 가능케 했다.

정직하게 성경을 읽어 본 사람이라면 성경이 예수님을 천국에 이르는 유일한 길로 선언하는 것을 인정해야 할 것이다. 물론 그 말씀이 사실이라는 것에는 동의하지 않을 수 있지만 말이다.

## 하나님은 노블레스 클럽을 운영하시지 않는다

기독교는 배타적인 단체가 아니며 누구나 한 가족으로 들어올 수 있다. 성경에서 가장 유명한 한 구절에서 그 열린 초청을 발견할 수 있다. "하나님이 세상을 이처럼 사랑하사 독생자를 주셨으니 이는 그를 믿는 자마다 멸망하지 않고 영생을 얻게 하려 하심이라"(요 3:16).

이 구절은 아마 대다수의 그리스도인들의 마음에 새겨져 있을 것이다. 하지만 우리는 우리 믿음의 배타성에 대한 질문을 받으면 종종 당혹스러워한다. 그럴 때 우리는 이 구절을 인용하여 하나님은 모든 사람이 그의 가족이 되기를 원하신다는 것을 사람들에게 상기시켜 주어야 한다.

예수님은 완전한 구원자이시고 십자가를 통해 포괄적인 구원을 이루셨기 때문에 천국에 이르는 다른 길이 필요하지 않다. 성경은 반항적인 사람들로 가득한 세상을 구원하기 위해 영웅적인 일을 하신 하나님에 관한 사랑이야기이다. "주의 약속은 어떤 이들이 더디다고 생각하는 것 같이 더딘 것이 아니라 오직 주께서는 너희를 대하여 오래 참으사 아무도 멸망하지 아니하고 다 회개하기에 이르기를 원하시느니라"(벧후 3:9). 하나님은 인간을 향한 크신 사랑으로, 최대한 많은 사람들이 구원받기를 원하신다!

하나님은 오직 선별된 사람들만 환영받는 노블레스 클럽을 운영하고 계신 것이 아니다. 반대로 하나님은 모든 사람에게 예수님을 마음에 영접하고 구원을 받으라고 거듭 호소하신다. 성경은 "하나님은 모든 사람이 구원을 받으며 진리를 아는 데에 이르기를 원하시느니라"(딤전 2:4)고 말한다. 성경은 또한 "그리스도의 사랑이 우리를 강권하시는도다 우리가 생각하건대 한 사람이 모든 사람을 대신하여 죽었은즉"(고후 5:14)이라고 말한다.

성경이 뭐라고 말하는가? 예수님이 "모든 사람을 위해 죽으셨다"고 말한다. 그는 부자와 가난한 자, 젊은이와 늙은이, 남자와 여자들을 위해 목숨을 내주셨다. 모두를 위해 그의 생명을 버리신 것이다.

**전액 지불**

"왜 예수님이 천국에 가는 유일한 길인가?"라는 질문에 답할 수 있는 두 번째 방법은 "예수님이 대가를 완전히 지불하셨기 때문이다. 다른 길은 필요치 않다!"라고 답하는 것이다. 그 후 예를 들어 설명하기 위해 자녀에게 이렇게 질문할 수 있다. "만일 네가 5만원짜리 청구서를 받았다면 6만원을 내겠니?" 아이들은 당연히 아니라고 할 것이다. 5만원만 내면 전액을 지불하는 것이기 때문이다. 마찬가지로 성경은 이렇게 말한다. "그는 우리 죄를 위한 화목 제물이니 우리만 위할 뿐 아니요 온 세상의 죄를 위하심이라"(요일 2:2).

하나님은 예수 그리스도의 인격을 통해 인류를 위한 완벽한 구세주를 보내 주셨다. 오직 하나의 길만 필요하기 때문에 그가 천국에 가는 유일한 길이다. 중요한 것은 천국에 가 원하는 자들은 누구나 믿음의 기회를 가질 수 있도록 어두움에 빛을 비추는 것이다.

**예수님에 대해 한 번도 듣지 못한 사람들은 어떻게 될까?**

이것은 우리를 불가피한 질문으로 인도한다. "예수님에 대해 한 번도 듣지 못한 사람들은 어떻게 될까?" 최근에 대학 캠퍼스에서 한 학생이 나에게 했던 이 질문을 당신도 종종 들어 보았을 것이다. "하나님께서 단지 예수님의 이름을 듣지 못했다는 이유로 어떤 사람들을 지옥에 보내실 거라고 생각하세요? 잘못된 대륙에서 태어난 것이 유일한 죄인 사람들은 지옥에 가게 되나요?"

여기서 교회가 이 질문을 어떻게 다루어 왔는지에 대한 역사를 아는 것이 도움이 된다. 그런 다음에 당신이 자녀들에게 이야기해 줄 수 있도록, 이해하기 쉬운 방법으로 설명해 보겠다.

### 윌리엄 캐리의 유산

18세기 영국 교회는 복음전도에 대한 열정이 많지 않았다. 어쩌면 "모든 민족을 제자로 삼으라"(마 28:19)는 그리스도의 명령을 성취할 수 없는 것으로 여기고 체념했는지도 모른다. 아니면 영적인 안일함이었을 수도 있다. "나와 내 가족은 구원을 받았어. 다른 대륙에 사는, 얼굴도 모르는 사람들의 영혼은 나의 책임이 아니야"라고 생각했다.

어떤 사람들에게 선교의 열정이 없는 이유는 일명 "극단적 예정론" 또는 "이중 예정론" 때문이었다. 그런 견해를 가진 사람들은 하나님이 어떤 사람들은 구원받고 어떤 사람들은 지옥에 떨어지도록 만드셨다고 생각했다. 하나님의 주권적인 계획에 간섭하는 것은 교회의 역할이 아니었다.

청년이었던 윌리엄 캐리는 그 시대의 사회적 통념을 거역하고, 예수님의 메시지를 모든 사람에게 전하는 것이 진정한 교회의 책임이라고 믿었다. "근대 선교의 아버지"로 불리는 캐리는 복음을 듣지 못한 사람들에게 복음이 필요하며, 복음이 없으면 그들이 영원히 죽게 될 거라고 확신했다. 그래서 그는 복음을 전하는 것이 교회의 책임이라고 주장했다.

이 문제를 다루면서 캐리는 『이방 선교를 위해 여러 가지 방법들을 사용할 기독교인의 의무에 대한 고찰(An Enquiry into the Obligations of Christians to Use Means for the Conversion of the Heathens)』[1]이라는 책을 썼다. 여기서 "여러 가지 방법들"이라는 말은 모든 수단을 동원하여 사람들에게 복음을 전하기 위해 최선을 다한다는 뜻이다. 1792년에 출판된 캐리의 책은 선교의 혁명을 일으켜 오늘날까지 계속되고 있다.

자녀가 예수님에 대해 듣지 못한 사람들에 대해 걱정하고 있다면, 복음전도의 문제를 가볍게 여겨서는 안 된다. 먼 대륙에 사는 사람들의 영혼을 자녀들의 마음에서 밀어내서는 안 된다. 캐리와 그 뒤를 이은 수많은 신실한 선교사들은 성경에 나온 대로 행했다. 당신의 자녀들은 윌리엄 캐리의 분명한 기독교 세계관을 이해할 수 있어야 한다. 사람들은 길을 잃었고 예수님이 필요하다. 그러므로 빨리 서둘러야 한다.

### 나쁜 대답들

복음을 듣지 못한 사람들에 대한 질문에 성경적으로 정확하지 않은 대답을 해주면 틀림없이 당신의 자녀는 성경이 사실인지 아닌지 의문을 가질 것이다. 일부 신학자들은 모든 사람이 천국에 갈 거라고 생각함으로써 딜레마를 해결한다. 하지만 모든 사람이 천국에 간다는 보편구원론의 신념은 이런 질문을 하게 만든다. "그렇다면 왜 무엇보다 먼저 복음을 전해야 하는가?"

다른 사람들은 일부는 구원받지 못하는 것이 하나님의 뜻일 거라고 결론을 내린다. 하지만 어떤 사람들은 분명 멸망당하기 위해 창조되었고, 어떤 식으로든 구원받을 기회나 의지할 것이 주어지지 않는다고 믿는 것은 분명 하나님의 선하심과 자비에 대한 수많은 성경의 확언들과 반대되는 것처럼 보인다.

### 하나님의 일반 계시

하나님은 자유의지를 가진 인간들을 창조하셨고, 그들에게 진리와 빛을 주신다. 모든 사람이 명확하게 예수님에 대해 들은 것은 아니지만, 하나님은 일반적인 방법으로 모든 사람에게 자신을 계시해 주셨다. 따라서 모든 사람이 책임이 있다.

시편 19편은 창조주를 가리키는 이 피조세계에 대해 시적으로 말한다. "하늘이 하나님의 영광을 선포하고 궁창이 그의 손으로 하신 일을 나타내는도다"(1절). 그것은 또한 하나님의 완전한 율법(7-11절)과 우리가 율법을 어겼을 때 깨우쳐 주는 각 사람 안에 있는 음성(양심)에 대해 말한다(12-14절).

요점은 우리 각 사람은 실제로 우리가 인식하고 있는 도덕적 기준을 어겼기 때문에 그 누구도 하나님 앞에서 결백하지 않다는 것이다. 하나님은 피조물과 양심을 통해 모든 사람에게 자신을 나타내셨다. "언어도 없고 말씀도 없으며 들리는 소리도 없으나"(3절).

로마서 2장 14절은 비유대인(이방인)들이 유대인들처럼 하나님의 율법을 가지고 있지 않아도 성경이 명하는 일들을 행할 때 자신의 유죄를 입증했다고 지적한다. 로마서 1-2장에서 사도 바울은 모든 인간이 하나님 앞에 죄인이라고 말한다. 그는 유대인과 이방인들이 하나님의 기록된 말씀을 가지고 있든 아니든 간에 하나님의 율법이 요구하는 일들을 행하려고 노력한다는 점을 지적했다. 또한 그들이 그 율법을 어기면 그들의 양심이 잘못을 깨우쳐 준다(롬 1:22-32).

로마서 1장과 2장에 열거된 죄들은 복음이 전해지지 않은 나라에 살고 있는 사람들에게만 국한된 것이 아니다. 초가지붕 오두막이 모여 있는 외딴 마을에서든 현대의 도시 환경에서든, 믿지 않는 사람들은 하나님을 발견할 수 있다. 그들이 원하기만 한다면 말이다.

### 당신이 아는 것에 대해 책임이 있다

예수님에 대해 들어 보지 못한 사람들도 하나님에 대해 안다. 또한 그들은 마음 깊은 곳에서 하지 말았어야 할 일들을 했다는 것을 안다. 그들은 살아온 삶에 대해 책임이 있고, 결국 그들을 창조하신 하나님을 대면하게 될 것이다. 수많은 사람들이 자신들의 종교적 행위만으로는 전능하신 하나님 앞에 올바로 설 수 없다는 것을 안다고 고백했다.[2]

대부분의 기독교 학자들은 훗날 사람들이 모르는 것에 의해 심판을 받는 것이 아니라, 그들이 가진 빛으로 행한 일들에 의해 심판을 받을 거라는 데 동의할 것이다. 그러나 "다른 이로써는 구원을 받을 수 없나니 천하 사람 중에 구원을 받을 만한 다른 이름을 우리에게 주신 일이 없음이라"(행 4:12)는 영원한 진리 안에도 여전히 긴장감이 존재한다. 진짜 문제는 사람들이 잘못된 시대에 잘못된 장소에 살아서 예수님에 대해 들어본 적이 없기 때문에 하나님이 그들을 지옥에 보내시는 것이 아니다. 모든 사람이 어느 정도 진리를 알지만 많은 사람들이 그 진리를 "막는"(롬 1:18) 것을 선택하는 것이 문제인 것이다.

아브라함이 물었다. "세상을 심판하시는 이가 정의를 행하실 것이 아니니이까?"(창 18:25) 답은 "그렇다"이다. 하나님의 거룩한 본성은 그가 항상 옳은 일을 행하실 거라는 확신을 준다. 하나님은 공평하시다. 공평할 뿐 아니라 사랑과 "긍휼이 풍성"(엡 2:4)하시다. 모든 사람에게 하나님을 알 기회를 주시지만 강요하지는 않으신다. 그러나 우리가 진심으로 하나님을 찾으면 찾게 될 거라고 약속하신다(렘 29:13).

---

### 진정으로 천국을 갈망하는 사람들

C. S. 루이스는 그의 책 『순전한 기독교(Mere Christianity)』에서 이렇게 말했다.

"이 세상 어떤 경험으로도 채워질 수 없는 갈망을 내 안에서 발견한다면, 내가 다른 세상을 위해 창조되었다는 것이 가장 개연성 있는 설명일 것이다. 내가 지상에서 누리는 그 어떤 즐거움도 그 갈망을 채워 주지 못한다면, 그것은 우주가 가짜임을 증명하는 것이 아니다. 어쩌면 세상의 쾌락들은 본래 갈망을 충족시키기 위한 것이 아니라 그 갈망을 일깨우고 진정한 것을 암시하기 위한 것일지도 모른다. 그렇다면 나는 한편으로 이 세상의 축복들을 경멸하지 않고 감사하면서도, 다른 한편으로는 그것을 진정한 것으로 착각하지 않게 주의해야 한다. 그것들은 진정한 것의 복제품, 메아리, 혹은 신기루에 지나지 않는다. 나의 진정한 나라에 대한 갈망이 내 안에 살아 있게 해야 한다. 나는 그 나라를 죽음 이후에야 발견할 것이다. 따라서 그 나라로 계속 나아가는 것과 다른 사람들도 그렇게 하도록 돕는 것을 내 인생의 주된 목표로 삼아야 한다."[3]

### 다른 질문을 던지라

성경은 천국에 가려면 반드시 거듭나야 한다고 명백히 밝히고 있다. 이것을 자녀들에게 확신 있게 말해 줄 수 있다(요 3:3). 예수님에 대해 들어 본 적이 없는 사람들은 어떻게 될까? 하나님이 최후의 심판 때 그들에게 특별한 은혜를 베풀어 주실까? 우리는 모른다. 하지만 하나님이 자비롭고 공평하신 분이라는 것은 확실히 안다.

하나님이 예수님에 대해 듣지 못한 사람들을 지옥에 보내실지 묻기보다 "내가 예수님에 대해 말해 줄 수 있는 사람들은 누구일까?"라는 것이 더 좋은 질문이다.

복음을 전하는 것을 실천해 보라. 한 가지 아이디어는 로마서의 짧은 구절들을 암기하는 것이다.

- 모든 사람이 죄를 범하였으매 하나님의 영광에 이르지 못하더니(롬 3:23).
- 죄의 삯은 사망이요 하나님의 은사는 그리스도 예수 우리 주 안에 있는 영생이 니라(롬 6:23).
- 우리가 아직 죄인 되었을 때에 그리스도께서 우리를 위하여 죽으심으로 하나님께서 우리에 대한 자기의 사랑을 확증하셨느니라(롬 5:8).
- 누구든지 주의 이름을 부르는 자는 구원을 받으리라(롬 10:13).

모든 그리스도인은 다른 사람들에게 분명하게 복음을 전할 수 있어야 한다. 당신과 자녀들은 세상을 위한 빛이다. 지금 당신의 공동체에 영향을 미치기 위해 어떻게 할지 계획을 세우라.

**Q 질문** : 왜 예수님이 천국에 가는 유일한 길이에요? 왜 다른 종교는 안 되는 거죠?

1. 오늘날의 사회는 다원주의를 받아들인다. 다원주의는 '모두 옳다'고 주장한다. 관용이 최고의 미덕으로 여겨진다. 그것은 모든 종교 안에 진리가 있다고 인정하는 것이다. 다원주의는 동양 철학에서 유래한 것이고 성경적이지 않다.

2. 예수님 자신이 "나로 말미암지 않고는 아버지께로 올 자가 없느니라"(요 14:6)고 가르치셨다. 그리스도인들은 예수님의 주장에 대해 당황하거나 방어적인 자세를 취할 필요가 없다.

3. 신약성경은 예수님이 천국에 이르는 유일한 길이라고 가르친다. 복음서와 바울 서신들은 이 관점을 옹호한다.

4. 예수님이 천국에 이르는 유일한 길이라는 사실은 배타적인 것이 아니다. 인종, 연령, 종교, 문화, 성별에 상관없이 누구나 회개하고 믿을 수 있기 때문이다.

**A 희망을 담은 대답** : 천국에 가는 길이 있단다! 하나님은 모든 사람이 구원받기를 원하시고, 그래서 예수님을 보내셔서 모든 사람을 위해 죽게 하셨지. 예수님이 천국에 이르는 유일한 길이라는 사실이 복음이란다. 이 소식은 의아해할 일이 아니라 기뻐할 일이야.

# 예수님은
# 언제 오세요?

지금 모든 종교의 신자들이 직면하는 문제는 이것이다.
나에게 증거를 보여 달라.
_ 데이비드 벌린스키, 『악마의 계교 (The Devil's Delusion)』

"예수님이 언제 다시 오실 거라고 생각하세요?" 한 여름 캠프에서 질의 시간에 한 학생이 내게 이런 질문을 했다.

"정말 중대한 질문입니다, 그렇죠?" 내가 대답했다. "자, 대답을 들을 준비를 하세요."

수백 명의 십대들이 이 중요한 질문에 대한 내 대답을 들으려고 놀라울 정도로 조용해졌다. 나는 말했다.

"예수님은 처음 세상에 오셨을 때처럼, 정확히 알맞은 때에 오실 것입니다."

갈라디아서 4장 4절은 "때가 차매 하나님이 그 아들을 보내사 여자에게서 나게 하시고"라고 말한다. 그 구절은 말 그대로 예수님이 '정확히 적기에' 오셨다는 뜻이다. 그는 세상에 다시 오실 때도 가장 적절한 때에 오실 것이다.

그때가 언제일지 아는 사람은 이 세상에 아무도 없다. 많은 사람들이 예언을 했지만 거짓으로 드러났다. 예를 들어 1843년에 윌리엄 밀러는 14년간 성경을 연구한 끝에 그 해에 예수님이 재림하실 거라고 확신했다. 밀러는 그해 4월에 예수님이 오실 거라고 선포했고, 그를 따르는 무리들이 점점 많아졌다. 그는 사람들을 산꼭대기에 모이게 했다. 하늘로 올라가기에 더 유리할 거라고 생각해서였다. 어떤 사람들은 부활한 사람들과 같이 만나서 올라갈 생각에 묘지에 모이기도 했다.

4월이 지나가자 밀러의 추종자들은 약속된 날짜가 맞지 않았다는 사실에 슬퍼했다. 그들은 그 후로 몇 년 동안 웃음거리가 되었다. 윌리엄 밀러는 그리스도가 다시 오실 날짜 계산을 다시 해서 여전히 많은 추종자들을 유지했다. 1844년 3월 21일이라고 알리더니, 그 다음엔 그해 10월 22일이라고 했다. 그러나 이런 종말 예측에 참여했던 다른 그룹들처럼 밀러의 추종자들 역시 결국 깊은 실망에 빠졌다.[1]

그렇지만 모든 사람이 밀러의 실수를 통해 배운 것은 아니었다. 2011년에 라디오 토크쇼 진행자이자 성경 교사인 해롤드 캠핑이 5월 21일에 주님이 재림하실 거라고 예언했다.[2] 그날은 아무 일 없이 지나갔다.

### 그날을 기억해 두라고?

그리스도의 재림 날짜를 예측하려는 시도가 실패하면서 생기는 한 가지 불행한 결과는 종종 불신자들에게 기독교에 대한 부정적인 인상을 남긴다는 것이다. 믿음이 없는 일부 사람들은 그리스도인들을 비이성적이고 쉽게 속는 사람들로 간주한다. 이성적으로 보이던 수많은 신자들이 성경의 명백한 가르침들을 무시하고 세계 종말의 날짜를 정하는 지도자를 따르는데 당연히 좋게 보일 리가 없다.

정해진 날짜를 믿는 사람들 중에는 이 세상을 떠날 준비를 하려고 집과 사업체를 판 사람들도 있었다. 어떤 이들은 예언된 종말일이 되기 전에 평생 저축한 돈을 다 써버리기도 했다. 좋은 일에 쓰는 사람들도 있었지만 일부는 몇 주 동안 전 재산을 흥청망청 써버리기도 했다. 이런 행동들은 그리스도의 제자들에게 합당한 행동이 아니었고 세상에 부정적인 인상을 주었다.

하지만 종말의 때에 대해 알고 싶은 것은 자연스러운 현상이다. 제자들도 부활하신 예수님을 만났을 때 그의 재림에 대해 자세한 정보를 얻으려고 했다. 하지만 그 비밀은 아버지 속에 감춰져 있었다.

그들이 모였을 때에 예수께 여쭈어 이르되 주께서 이스라엘 나라를 회복하심이 이 때니이까 하니 이르시되 때와 시기는 아버지께서 자기의 권한에 두셨으니 너희가 알 바 아니요(행 1:6-7).

예수님은 종말에 대해 알고 있다고 주장하는 자들의 잘못된 가르침에 대해 경고하셨다.

이 천국 복음이… 온 세상에 전파되리니 그제야 끝이 오리라… 그 때에 사람이 너희에게 말하되 보라 그리스도가 여기 있다 혹은 저기 있다 하여도 믿지 말라 거짓 그리스도들과 거짓 선지자들이 일어나 큰 표적과 기사를 보여 할 수만 있으면 택하신 자들도 미혹하리라 보라 내가 너희에게 미리 말하였노라 그러면 사람들이 너희에게 말하되 보라 그리스도가 광야에 있다 하여도 나가지 말고 보라 골방에 있다 하여도 믿지 말라… 그러나 그 날과 그 때는 아무도 모르나니 하늘의 천사들도, 아들도 모르고 오직 아버지만 아시느니라(마 24:14, 23-26, 36).

당신의 자녀들에게 이야기해 줄 결론은 이렇다. 어떤 천사나 인간도 예수님이 언제 다시 오시는지 모른다. 심지어 예수님도 아버지만 아신다고 말씀하셨다!

### 자녀가 알아야 할 종말에 관한 핵심 용어 정리

- 종말론 – 마지막 때와 그리스도의 재림에 대한 연구. 말 그대로 "최후의 사건들"을 의미한다.
- 대환란 – 마태복음 24장 21-29절과 요한계시록 7장 14절에 따르면, 역사에 없던 파괴와 혼란이 일어나는 기간이다.
- 심판 – 신약성경에서 "심판날", "다가올 심판", "하나님의 심판", "하나님의 심판대", "영원한 심판"으로도 언급된다. 세상에 살았던 사람들은 모두 심판을 받을 것이며, 사탄과 그의 추종자들도 심판을 받을 것이다(계 14, 16, 20장).
- 그리스도의 천년 왕국 – 사탄이 결박되고 그리스도와 그의 헌신적인 제자들이 땅을 다스리게 될 천 년의 기간이다(계 20:1-7).
- 휴거 또는 재림 – 그리스도가 구름 속에서 세상에 다시 오시고, 그리스도인들이 그에게 모이는 때(마 24:30-31; 살전 4:13-18). 일부 세대주의자들은 눈에 보이는 그리스도의 재림 전에 은밀하게 그리스도가 오시는 것이 휴거라고 믿는다.

### 마지막 때의 징조들

"예수님은 언제 다시 오십니까?"라는 질문은 종말론이라는 빙산의 일각일지 모른다.(종말론은 마지막 때를 연구하는 것이다.) 당신의 자녀들은 금요일의 중요한 시험 전에 예수님이 오시지는 않을까 궁금할 수도 있다. 그러면 공부할 필요가 없을 테니 말이다. 혹은 지구가 곧 멸망할 것처럼 말하는 뉴스를 듣고, 그런 불안이 종말을 나타내는 것인지 궁금해할 수도 있다. 이 글을 쓰는 오늘만 해도 신문의 헤드라인은 온통 허리케인 샌디와 그로 인한 미국 북동부 해안의 대대적인 손상에 관한 것이다.

이 허리케인이 단순한 기후 현상 이상의 의미가 있다고 믿기 쉽지만 그리스도의 죽음 이후로 수천 개의 허리케인이 있었다. 어떤 특정한 기후 현상이 예수님의 재림을 예고하는 것인지 어떻게 알겠는가? 전쟁은 어떤가? 1차 세계대전이 분명히 종말의 징조라고 생각한 사람들이 많이 있었다. 온 세계가 전쟁을 하는 것은 전에 없던 일이었기 때문이다. 어떤 사건들이 성경의 연대표에서 중요한 의미가 있는지 어떻게 알겠는가?

종말에 관한 예언들이 신자들에게 혼란스럽게 보일 수 있다. 그러나 하나님은 우리가 혼란에 빠지는 걸 원치 않으신다. 해답은 있다. 그리스도의 재림에 대해 알 수 없는 것을 살펴보았으니, 이제는 우리가 알 수 있는 것들이 뭔지 보도록 하자.

### "많은 이들이 내 이름으로 올 것이다"

마태복음 24장에는 마지막 때에 관하여 예수님이 우리에게 주신 가장 자세한 정보가 담겨 있다.

예수께서 감람 산 위에 앉으셨을 때에 제자들이 조용히 와서 이르되 우리에게 이르소서 어느 때에 이런 일이 있겠사오며 또 주의 임하심과 세상 끝에는 무슨 징조가 있사오리이까 예수께서 대답하여 이르시되 너희가 사람의 미혹을 받지 않도록 주의하라 많은 사람이 내 이름으로 와서 이르되 나는 그리스도라 하여 많은 사람을 미혹하리라(마 24:3-5).

지난 몇 년 동안 많은 사람들이 자칭 예수 그리스도라고 했다. 예수님은 그의 제자들에게 그가 언제 다시 오실지는 말씀해 주지 않으셨고, 스스로 메시아라고 주장할 거짓 선지자들에 대해 경고하셨다. 예수님은 계속해서 이렇게 말씀하셨다. "난리와 난리 소문을 듣겠으나 너희는 삼가 두려워하지 말라 이런 일이 있어야 하되 아직 끝은 아니니라"(마 24:6).

예수님은 전쟁이 종말의 징조라고 말씀하지 않으셨다. 오히려 그와 정반대의 말씀을 하셨다. "아직 끝은 아니니라." 2차 세계대전 동안 사람들은 확실히 마지막 때가 왔다고 주장했다. 이전에는 전세계의 인구를 전멸시킬 만큼 충분한 무기가 없었기 때문이다. 배, 항공기, 탱크, 총기들이 극적으로 향상되었을 뿐만 아니라, 핵전쟁도 이 시기에 처음 등장했다.

전쟁과 전쟁의 소문들은 우리가 이 세상에 사는 동안 계속될 것이다. 그러나 예수님의 말씀을 기억하라. "아직 끝은 아니니라."

### 재난

예수님은 나라들 간의 폭력과 전쟁이 이 타락한 인류의 피할 수 없는 길임을 보여 주셨다. "민족이 민족을, 나라가 나라를 대적하여 일어나겠고 곳곳에 기근과 지진이 있으리니 이 모든 것은 재난의 시작이니라"(마 24:7-8).

지난 몇 년 동안 우리는 소위 전례 없는 지진과 기근이 세계 곳곳에서 일어나는 것을 보았다. 몇 년 전에 몇 차례의 허리케인이 플로리다를 아수라장으로 만들었고, 그 후 얼마 지나지 않아 허리케인 카트리나가 뉴올리언스의 대부분과 멕시코 만 주변의 다른 지역들을 파괴했다.

기근은 개발도상국가들에 늘 있어 왔다. 대부분 기근의 원인은 가뭄이나 다른 심각한 기후 패턴 때문이었다. 하지만 21세기에는 온 세계가 경제적, 정치적으로 서로 얽혀서, 미 연방준비제도 이사회가 정한 통화정책이 인플레이션에 영향을 미쳐 미개발 지역들의 식량부족 현상을 일으킬 수 있다.[3]

이런 현실들을 보며 불안해할 것이 아니라 동정심과 관심을 가져야 한다. 그리고 깨어서 부지런히 복음을 전해야 한다. 자녀들이 예수님이 언제 다시 오시냐고 물을 때 우리는 마태복음 24장에서 예수님이 말씀하신 재난을 겪고 있으며 그 재난이 얼마나 오래 계속될지는 아버지만 아신다는 것을 상기시켜 주어야 한다.


### 예수님이 오실 때

사도 바울은 그리스도의 재림을 둘러싼 사건들을 설명했다.

보라 내가 너희에게 비밀을 말하노니 우리가 다 잠 잘 것이 아니요 마지막 나팔에 순식간에 홀연히 다 변화되리니 나팔 소리가 나매 죽은 자들이 썩지 아니할 것으로 다시 살아나고 우리도 변화되리라 이 썩을 것이 반드시 썩지 아니할 것을 입겠고 이 죽을 것이 죽지 아니함을 입으리로다 이 썩을 것이 썩지 아니함을 입고 이 죽을 것이 죽지 아니함을 입을 때에는 사망을 삼키고 이기리라고 기록된 말씀이 이루어지리라(고전 15:51-54).

그리스도인의 궁극적인 승리는 예수님이 우리를 위해 다시 오실 때, 그리고 영생을 위해 설계된 새 육신을 입을 때이다. 데살로니가전서 4장 13-18절은 다양한 배경을 가진 기독교 신자들이 많이 논의해 온 말씀이다. 학자들은 이 구절에 대해 몇 가지 해석을 제시했지만, 전반적으로 이 본문의 중요성은 죽은 신자들에 관하여 위로를 준다는 데 있다.

형제들아 자는 자들에 관하여는 너희가 알지 못함을 우리가 원하지 아니하노니 이는 소망 없는 다른 이와 같이 슬퍼하지 않게 하려 함이라 우리가 예수께서 죽으셨다가 다시 살아나심을 믿을진대 이와 같이 예수 안에서 자는 자들도 하나님이 그와 함께 데리고 오시리라 우리가 주의 말씀으로 너희에게 이것을 말하노니 주께서 강림하실 때까지 우리 살아 남아 있는 자도 자는 자보다 결코 앞서지 못하리라 주께서 호령과 천사장의 소리와 하나님의 나팔 소리로 친히 하늘로부터 강림하시리니 그리스도 안에서 죽은 자들이 먼저 일어나고 그 후에 우리 살아 남은 자들도 그들과 함께 구름 속으로 끌어 올려 공중에서 주를 영접하게 하시리니 그리하여 우리가 항상 주와 함께 있으리라 그러므로 이러한 말로 서로 위로하라.

예수님의 재림의 약속은 사랑하는 이들을 잃어버린 자들을 위한 격려의 말씀이라는 것을 주목하라. 성경이 '잠자는' 신자들에 대해 말할 때는 이미 죽었으나 천국에서 다시 보게 될 자들을 말하는 것이다. 사랑하는 사람과의 이별에 직면한 많은 아이들에게 이 재회의 약속은 큰 위로가 된다.

### 우리는 마지막 때에 살고 있는가?

청취자 참여 라디오 프로인 "말씀 탐구하기"의 사회를 볼 때 종종 이런 질문을 받는다. "우리는 마지막 때에 살고 있습니까?" "적그리스도가 지금 살아 있습니까?" "요한계시록을 통해 우리가 지금 역사상 어느 지점에 있는지 알 수 있습니까?" "그리스도가 다시 오실 날과 시간을 정확히 알 수는 없어도 연도나 몇십 년 대, 혹은 몇 세기인지는 알 수 있지 않은가요?"

이런 질문에 대해 성경을 믿고 신실한 학자들도 각기 다른 대답을 한다. 그리고 건강한 학문적 논의를 훨씬 넘어서 종말론에 대해 강력한 주장을 하는 이들도 있다.

그 논란에 관여하기보다 예수님이 다시 오신다는 복음에 대한 적절한 반응을 이해하도록 아이들을 돕는 데 초점을 두는 게 좋다. 우리가 종말에 대해 서로 다른 관점을 가지고 있더라도, 우리의 신념에 대해 충분히 확신을 갖는 동시에 서로 사랑하고 존중할 수 있다. 내가 당신의 가정에게 권하고 싶은 일이 바로 그런 것이다.

좀 더 지도가 필요하다면 자녀들을 데리고 목사님과 이야기를 나누거나 예언들과 종말 사건들의 순서에 대해 더 조사해 볼 수 있다.

### 왜 종말에 대해 다양한 관점들이 존재할까?

성경에는 예수님의 재림이 가까워진 세상의 상태에 대해 자세한 내용들이 담겨 있다. 성경의 예언들은 복잡하고, 언어도 모호할 때가 종종 있다. 신구약 성경 모두 많은 예언의 말씀들이 담겨 있다. 한 학자는 구약성경에 재림과 관련된 구절이 1,845개 있다고 추정했다. 신약성경의 260장에 그리스도의 재림과 관련된 구절이

318개 있다. 놀랍게도 이것은 30구절 당 한 번씩 언급된 것이다. 신약성경 27권 중 23권이 그리스도의 재림을 언급하고 있다. 성경에 그리스도의 첫 번째 강림과 관련된 예언이 하나 나올 때 그의 두 번째 강림을 암시하는 구절은 약 8개 정도 나온다!⁴

이 모든 자료들을 종합해 볼 때 성경적인 해석에 다가가는 중요한 방법은 '균형'이라는 것을 기억해야 한다. 재림에 관한 성경 말씀을 실제보다 축소시켜서는 안 된다. 어떤 사람들은 예언을 오로지 상징적이고 비문자적인 것으로 치부해 버린다. 그렇지만 미래의 사건들에 대한 자신들의 견해가 유일하게 옳은 해석이라고 주장하는 사람들처럼, 성경 말씀을 실제보다 더 부풀리려 해서도 안 된다.

### 모르는 게 좋은 것이다

나는 아이들을 가르칠 때 종말의 사건들에 대해 다 알지 못하는 것을 긍정적인 관점으로 볼 수 있다고 말한다. 하나님은 우리에게 희망과 동기를 심어줄 만큼 미래에 대한 정보를 주셨다. 그러나 예언은 그리스도의 재림 날짜를 정확히 알 수 있을 만큼 확정적이지 않다. 만일 그랬다면 그리스도인들은 현실에 안주하게 될 것이고, 마지막 날 직전까지 기다렸다가 그리스도를 위해 살기 시작할 것이다.

일부 자유주의 학자들은 예수님의 재림 사상을 비웃거나, 그것이 단순히 영적인 운동일 거라고 믿는다. 하지만 성경은 예수님이 두 번째로 세상에 오시는 것이 결코 조용하고 소극적인 사건은 아닐 거라고 분명히 주장한다. 당신의 자녀들이 알아야 할 것이 바로 그것이다.

예수님은 다시 오실 때 하늘로부터 조용히 내려와 구유로 향하지 않을 것이다.

초림 때와는 완전히 대조적으로, 그리스도의 재림 때는 호령과 나팔소리가 날 거라고 성경은 말한다!(살전 4:16) 이 사건을 보지 못하는 사람은 아무도 없을 것이다! 하나님의 말씀은 예수님의 재림이 매우 극적인 사건일 것이며 그때 살아 있는 사람은 누구나 보게 될 거라고 선언한다.

### 휴거

휴거에 대한 믿음을 정통 신앙의 척도로 여기는 것은 기독교계에서 비교적 새로운 유행이라 할 수 있다. 그것은 헬 린지와 캐롤 C. 칼슨의 『지구 마지막 날(The Late Great Planet Earth, 1970)』이라는 유명한 책에서 소개되었다. 이 책이 출판되기 전에는 그 주제에 대해 그렇게 논란이 많지 않았다. 그러나 오늘날 그리스도인들 사이에서 가장 열띤 토론은 종말의 연대표와 휴거가 언제 일어날 것이냐에 관한 것이다. 좀더 큰 아이들은 휴거에 관한 다양한 관점들을 알 필요가 있다.

휴거라는 용어는 성경에 나와 있지 않지만, 그것은 예수님이 하늘에서 내려오시고 신자들이 그와 함께 구름 속으로 끌어 올려질 때를 의미한다(살전 4:13-18). 종말에 대한 전천년설은 휴거가 그리스도의 천년왕국 전에 일어날 거라고 가정한다. 대부분의 남침례교도와 복음주의 신학자들과 신학교들은 전천년 휴거를 지지한다. 대부분의 가톨릭교도, 루터교도, 개혁교회들은 후천년설이라는 다른 관점을 갖고 있는데, 이는 그리스도의 천년왕국 이후에 휴거가 일어날 것이라고 말한다. 좀 더 복잡하게 들어가면 이 두 학설 내에도 여러 가지 입장이 있다. 이를테면 대환란 전 휴거와 대환란 후 휴거, 부분적 과거주의 등이다.

> 휴거에 대한 내 의견은 이렇다. 어떤 사람이 예수님의 재림을 믿고 고대한다면 그 사람은 그리스도 안에서 내 형제요 자매이다. 우리는 함께 요한계시록 22장 20절 말씀을 말할 수 있다. "아멘 주 예수여 오시옵소서."

## 무료할 틈이 없다

그리스도인들은 영적으로 점점 더 어두워지는 세상을 바라보며 한가롭게 앉아 있어서는 안 된다. 안주하는 태도로 예수님의 재림을 기다려서는 안 되는 것이다. 예수님이 이 땅에 교회를 남겨 두신 것은 변화를 일으키기 위해서였다! 당신의 자녀들은 그리스도의 재림이 매일 믿음의 삶을 살기 위한 놀라운 동기 요인이 될 수 있다는 것을 알아야 한다.

그리스도인들은 예수님을 만날 때까지 바쁘게 지내야 한다. 자신이 받은 특별한 은사와 소명을 충실하게 사용함으로 부지런히 섬겨야 한다. 우리는 잃어버린 세상에 예수님을 전하고 그리스도의 몸인 주변 성도들의 필요들을 보살펴야 한다. 나중에 천국에서 우리의 섬김에 대한 상을 받게 될 거라는 사실을 기억하라.

당신의 자녀들은 성경이 가장 중요하다고 말하는 일에 무관심한 세상에서 자랄 것이다. 가장 헌신적인 그리스도인 가정들도 현대 문화가 끌어당기는 힘에 저항하며 싸운다.

너희를 위하여 보물을 땅에 쌓아 두지 말라 거기는 좀과 동록이 해하며 도둑이 구멍을 뚫고 도둑질하느니라 오직 너희를 위하여 보물을 하늘에 쌓아 두라 거기는 좀

이나 동록이 해하지 못하며 도둑이 구멍을 뚫지도 못하고 도둑질도 못하느니라 네 보물 있는 그 곳에는 네 마음도 있느니라(마 6:19-21).

예수님이 다시 오시는 것을 진심으로 믿을 때 우리는 자연스럽게 그분을 섬기게 될 것이다. 사도 바울은 예수님이 다시 오셔서 믿음을 지킨 자들에게 상을 주실 거라는 사실을 알고 믿음으로써 힘든 시간을 견디며 용기를 낼 수 있었다.

나는 선한 싸움을 싸우고 나의 달려갈 길을 마치고 믿음을 지켰으니 이제 후로는 나를 위하여 의의 면류관이 예비되었으므로 주 곧 의로우신 재판장이 그 날에 내게 주실 것이며 내게만 아니라 주의 나타나심을 사모하는 모든 자에게도니라(딤후 4:7-8).

"그 날에"와 "주의 나타나심을 사모하는 모든 자"라는 말에 주목하라. 우리는 하나님 앞에 서게 될 "그 날"을 생각하며 하루하루를 살아야 한다. 믿는 자에게 그리스도의 나타나심은 기쁨으로 고대할 일이다! 데살로니가전서 1장 3절을 생각해 보라. "너희의 믿음의 역사와 사랑의 수고와 우리 주 예수 그리스도에 대한 소망의 인내를 우리 하나님 아버지 앞에서 끊임없이 기억함이니."

여기에 쓰인 "소망"이라는 단어는 헬라어 "엘피스(elpis)"를 번역한 것이다. 앞에서 언급한 것처럼, 오늘날 소망은 바라는 생각이나 앞으로 일어날 가능성은 있지만 확실치 않은 것의 개념을 나타낼 것이다. 그러나 헬라어 "엘피스"는 확실히 일어날 사건을 기대한다는 의미를 담고 있다. 번역된 성경을 보는 우리는 어떤 사건이 일어나지 않을 가능성에 대해 의문을 가질 수 있지만, 원어의 의미는 절대로 깨지지 않을 약속을 나타냈다.

히브리서 6장 19절에도 그와 비슷한 확신이 나온다. "우리가 이 소망을 가지고 있는 것은 영혼의 닻 같아서 튼튼하고 견고하여."

그리스도의 재림에 대한 그리스도인의 소망은 우리에게 계속 동기를 부여하며 주님을 위해 최선을 다하도록 이끈다! 죽음에 의해서든 그리스도의 약속된 재림에 의해서든, 우리는 모두 언젠가 왕이신 예수님께 보고를 할 것이다. 그러므로 지금 영원히 가치 있는 일들에 우리 자신을 투자해야 하며, 우리 자녀들에게도 그와 같이 가르쳐야 한다.

### 요한계시록

한 기독교 컨퍼런스에서 한 청년이 나를 찾아와 요한계시록에 나오는 '모든 무시무시한 일들'에 대해 물었다. 요한계시록은 실제로 장차 세상에서 일어날 일들에 대한 충격적인 이미지들을 담고 있다. 그러나 마태복음 24장에 나오는 예수님의 말씀도 충분히 공포심을 일으킨다.

그러므로 너희가 선지자 다니엘이 말한 바 멸망의 가증한 것이 거룩한 곳에 선 것을 보거든 (읽는 자는 깨달을진저) 그 때에 유대에 있는 자들은 산으로 도망할지어다 지붕 위에 있는 자는 집 안에 있는 물건을 가지러 내려가지 말며 밭에 있는 자는 겉옷을 가지러 뒤로 돌이키지 말지어다(마 24:15-18).

"멸망의 가증한 것"이 무엇인지, 무엇이었는지, 또는 무엇일지에 대해 많은 추측이 있었다. 대부분의 주석가들은 로마 군대를 가리키는 듯한 누가복음 21장 20-24절을 언급한다. 로마 군대는 AD 70년에 예루살렘을 점령하고 유대인의 성전을 파괴했다(눅 21:5-6). 그들은 70년에 성전이 파괴된 이후부터 계속 마지막 때였다고 말한다. 다른 이들은 "멸망의 가증한 것"이 바위 사원(Dome of the Rock)이라고 불리는 회교 사원이라고 믿는다. 그것은 한때 유대인의 성전이 있었던 자리에 세워졌다.

이 책에서 이런 다양한 견해들을 다 살펴볼 수는 없다. 그러나 거룩한 땅에서 일어난 많은 사건들로 종말이 시작되었다는 것은 명백하다. 유대인의 성전 파괴, 그리고 그 전에 예수님의 십자가 죽음과 승리의 부활 사건이 있었다(마 27:32-54; 요 19:30-20:18).

앞서 말했듯, 종말의 징조 중 하나는 자칭 메시아 혹은 "기름 부음 받은 자"라고 주장하는 거짓 교사들이 나타나는 것이다. 많은 의의 사람들이 그리스도라 주장하는 거짓 교사들에게 속아 넘어갔다. 내가 살아온 시간 동안에도 거짓 교사들이 수천 명의 사람들을 잘못된 길로 인도했다.

재림 예수라 주장한 다윗파 교주 데이비드 코레시는 1993년에 텍사스 주 웨이코에서 방화참사 사건을 야기시켰다. 백여 명의 사람들이 거짓된 메시아를 따랐다는 이유로 때 이른 죽음을 맞았다. 1978년에 인민사원의 교주 짐 존스는 추종자들에게 독극물을 먹도록 명령해서 918명의 사람들이 집단 자살로 끝을 맺었다. 나는 그때 스쿨버스를 타고 가던 중에 라디오를 통해 이 비극적인 소식을 들었다. 끔찍한 뉴스에 평소에 시끌벅적하던 스쿨버스가 완전히 조용해졌다.

역사 속 거짓 메시아들의 이루어지지 않은 약속들과 대조적으로, 예수 그리스도는 자신의 재림에 대한 사실을 아주 자세히 알려 주셨다.

번개가 동편에서 나서 서편까지 번쩍임같이 인자의 임함도 그러하리라 주검이 있는 곳에는 독수리들이 모일 것이니라 그 날 환난 후에 즉시 해가 어두워지며 달이 빛을 내지 아니하며 별들이 하늘에서 떨어지며 하늘의 권능들이 흔들리리라 그 때에 인자의 징조가 하늘에서 보이겠고 그 때에 땅의 모든 족속들이 통곡하며 그들이 인자가 구름을 타고 능력과 큰 영광으로 오는 것을 보리라 그가 큰 나팔소리와 함께 천사들을 보내리니 그들이 그의 택하신 자들을 하늘 이 끝에서 저 끝까지 사방에서 모으리라(마 24:27-31).

그리스도의 재림에 관한 많은 세세한 부분들은 최고의 성경학자들조차 충분히 이해하지 못했다. 하지만 우리가 분명히 아는 것은 예수 그리스도가 언젠가 이 땅에 다시 오실 것이며, 모든 사람이 "구름을 타고 능력과 큰 영광으로 오시는" 그리스도를 보게 될 것이라는 것이다. 안타깝게도 성경은 그날을 준비하지 않는 사람들에 대해 분명히 경고하고 있다(마 7:21-23).

### 나는 언젠가 예수님을 만날 준비가 되어 있는가?

모든 사람이 마음속 깊은 곳에서는 언젠가 하나님을 대면하게 되리라는 것을 안다. 여기서 우리는 마침내 문제의 핵심에 이른다. 당신의 자녀들이 해야 할 질문은 "예수님이 언제 다시 오시느냐?"가 아니라 "내가 언젠가 예수님을 만날 준비가 되어 있는가, 또한 어떻게 하면 다른 사람들도 준비하도록 도울 수 있는가?"라는 것이다.

우리는 예수님이 언제 다시 오시는지 모른다. 그러나 다른 사람들에게 예수님에 대해 말해 주어야 한다는 것은 안다. 예수님도 정확한 재림의 때를 모르신다고 했으니, 이 세상 누구도 그것을 안다고 주장할 수 없음을 기억해야 한다. 후에 어떤 사람이 예수님의 재림에 관한 매혹적인 시간표를 제시하거든, 그 주제에 관한 성경의 입장을 기억하라. 그것은 정확한 날짜와 시간은 하나님께 맡기고, 매일 오늘이 그날인 것처럼 그리스도를 위해 수고하라는 것이다!(마 24:43-50)

이제 사실을 직시하자. 똑같이 하나님을 두려워하는 그리스도인들도 이 복잡한 내용에 대한 이해가 서로 다를 수 있다. 어떤 본문의 정확한 의미에 대해서는 의견이 분분하더라도, 구세주를 향한 그리스도인들의 사랑만큼은 다르지 않아야 한다.

성경의 예언들을 완전하고 정확하게 이해하는 것은 이 땅에서 불가능할 것이다. 그러나 다양한 그리스도인들이 과거시제, 현재시제, 미래시제의 이해를 강조하는 요한계시록의 해석을 두고 격렬한 논쟁을 해왔다.

그러면 누가 올바로 접근하는 것일까? 아마 세 가지 방법에 다 어느 정도 진리가 담겨 있을 것이다. 즉, 요한계시록에는 최소한 어느 정도의 역사가 담겨 있다. 거기에 묘사된 두려운 사건들로부터 영적인 원리들을 찾아내어 오늘날 우리의 삶에 적용할 수 있다. 그리고 그 책에 나오는 이미지들 중에 적어도 일부는 미래에 관한 것임을 모든 사람이 알고 있다(계 21:9-22:5을 읽어 보라).

당신의 자녀들에게 들려줄 요점은 이것이다. 그리스도는 언젠가 의기양양하게 세상에 다시 오실 것이며, 그를 사랑하는 이들이 함께 누릴 의와 기쁨의 영원한 세상으로 인도하실 것이다. 이 세상이 아무리 부패하더라도 모든 과거와 현재의 악들은 언젠가 청산될 것이다.

요약하면 이렇다. 걱정하지 말라! 하나님이 승리하신다!

**Q 질문** : 예수님은 언제 다시 오세요? 왜 종말의 때에 대한 이야기들이 다 다를까요?

1. 성경은 예수님이 다시 오실 날이나 시간은 아버지 외에 아는 이가 없다고 가르친다. 심지어 예수님도 모르신다. 그리스도의 재림에 대해 거짓 예언을 했던 사람들은 웃음거리가 되었고, 믿지 않는 자들에게 기독교에 대한 부정적인 이미지를 심어 주었다.

2. 기근과 지진은 종말의 징조에 속한다. 하지만 예수님은 이런 것들이 '산고'라고 말씀하셨다. 또한 그가 오시기 전에 전쟁과 전쟁의 소문들이 일어날 거라고 경고하셨으나, 그것이 반드시 종말의 징조는 아니다.

3. 그리스도인들은 그리스도 안에서 '잠들어 있는' 사랑하는 성도들을 다시 만날 거라는 사실에서 위로를 받아야 한다. 그리스도인들은 또한 끝까지 인내하며 예수님이 다시 오실 때를 준비해야 한다.

4. 예언은 해석하기 어렵기 때문에 종말의 사건들이 일어나는 순서에 대해 성경학자들마다 의견이 다른 것이다. 어떤 사람이 종말에 대해 다른 관점을 갖고 있다고 해서 그것 때문에 관계에 갈등이 생기게 하지 말라.

**A 희망을 담은 대답** : 예수님은 다시 오시지만, 하나님 아버지 외에는 아무도 그 날짜를 아는 이가 없단다. 그러니까 그리스도인들은 그 날짜를 예언하는 일에 초점을 두어서는 안 돼. 대신 예수님은 다시 오실 때까지 우리가 주어진 시간을 지혜롭게 사용하기를 원하셔. 그것은 복음을 전하고 서로 격려하라는 뜻이란다.

모든
크리스천 가정의
양육 필독서

**질문하는 아이
대답하는 부모**

THE 21 TOUGHEST
QUESTIONS
YOUR KIDS
WILL ASK ABOUT
CHRISTIANITY

Q & A

## 03

# 삼위일체와 성령에 대한 질문들

# 예수님도 계신데 어떻게 하나님이 유일한 하나님일 수 있어요?

삼위일체라는 용어가 성경에 나오지 않는다는 이유로
삼위일체 교리가 비성경적이라고 하는 어리석은 주장에 속지 말라.
_ F. F. 브루스, 성경학자

성 어거스틴이 『거룩한 삼위일체에 관하여 (On the Holy Trinity)』라는 신학 논문을 다 쓰고 나서 얼마 후에 북아프리카 해안의 지중해 바닷가를 걷고 있었다. 거기서 한 소년이 계속 양동이에 바닷물을 담아서 모래사장의 큰 구덩이에 갖다 붓고 있는 걸 보았다.

"왜 그러고 있니?" 어거스틴이 그 아이에게 물었다.

아이는 "지중해 바닷물을 구덩이에 붓고 있는 거예요"라고 대답했다.

"얘야, 그건 불가능한 일이야!"라고 어거스틴이 나무라며 말했다. "바다는 너무나 크고 네 구덩이는 너무나 작잖니."

그리고 나서 어거스틴은 산책을 계속하는데, 삼위일체에 관한 글을 쓰려고 애쓰던 자신의 모습이 그 아이와 많이 비슷하다는 생각이 들었다. 그 주제는 너무나 방대한데 그의 머리는 너무나 작았다![1]

당신도 삼위일체를 생각할 때 어거스틴 같은 기분이 들지 모른다. 그러나 포기하지 말라. 이 주제는 가르치기에 쉬운 것은 아니지만, 그래도 효과적으로 가르칠 수 있다.

### 구체적인 예로 설명하는 삼위일체

어떤 식으로든 삼위일체에 관한 구체적인 예시들은 하나님의 삼위일체 본성을 묘사하지 못할 뿐만 아니라 성경의 진리를 흐리기도 한다. 나는 물(물, 얼음, 수증기), 세 잎 클로버, 사람(아버지, 아들, 남편), 달걀(껍질, 노른자, 흰자)에 관한 예화들이 모두 신학적으로 문제가 있다고 생각한다. 그래서 아이들에게 그 예화들을 사용하는 걸 추천하지 않는다.

그렇지만 하나님 또는 삼위일체를 복잡한 문제로만 말하는 것도 원치 않는다. 그냥 어깨를 으쓱하며 "할 수 없지"라고 체념할 순 없다.

어린아이들이 추상적인 개념들을 받아들이지 못할 수 있기 때문에 조심스럽게 3화음의 예를 추천한다. 3화음에서는 각 음이 분명하지만, 그 음들이 서로 섞이면 독특하고 식별할 수 있는 소리를 만들어 낸다. 그 소리는 각각의 음을 따로 듣는 것보다 더 아름답고 완전하다. 마찬가지로, 하나님의 각 인격은 분명하지만 같이 합쳐지면 개별적인 세 인격과 구별되는, 완전하고 아름다우신 하나님이 되는 것이다.[2]

### 성경은 삼위일체에 대해 뭐라고 말할까?

어떤 사람들에게는 삼위일체가 형편없는 수학처럼 들린다. 어떻게 세 인격이 존재하는데 하나님이 오직 한 분이실 수 있지? 그것은 앞뒤가 맞지 않는다! 하지만 어거스틴의 말처럼 하나님이 자신에 대해 계시해 주신 것들 중에는 한정된 인간의 이해력으로 받아들일 수 없는 것들이 있다는 것을 알아야 한다.

이 사실은 우리를 불편하게 한다. 왜냐하면 우리는 채울 수 없는 호기심에 괴로워하는 이성적인 존재이기 때문이다. 우리의 마음은 이해하기를 갈망한다. 특히 그것이 영원한 문제일 때는 더욱더 그렇다. 그러나 삼위일체는 모순이나 역설이 아니라 성경에 분명히 계시된 아름다운 신비라는 것을 알아야 한다. 여기서 우리는 삼위일체 교리를 구성하는 성경 본문들을 살펴볼 것이다.

---

#### 삼위일체에 대한 오해

신학 용어 '삼위일체'는 라틴어 'trinitas'에서 왔다. 기독교 변증가이자 신학자인 터툴리안(Tertullian)은 그 용어를 사용한 최초의 교회 지도자들 중 한 사람이었다. 그는 하나님에 대해 "하나의 신성을 가진 삼위일체, 성부, 성자, 성령"이라고 했다.

삼위일체 개념은 교회 역사를 통틀어 분열을 초래하는 문제였다. 삼위일체에 대한 의견 충돌로 많은 이단들이 생겨났다. 사람들이 이 중요한 교리를 이해하려고 시도하면서 일어난 일이다. 여기 몇 가지 예들이 있다.[3]

**양태론(Modalism)** : 하나님은 한 인격이신데 역사를 통해 세 가지 형태로 자신을 계시하셨다는 것이다. 구약성경에서는 성부 하나님이었다. 그러다 성육신하셨을 때는 성자 하나님이었다. 그리스도가 승천하신 후로는 성령 하나님이셨다. 오순절연합교회와 연합사도교회에선 지금도 이 교리를 지지한다.[4] 여러 형태의 양태론은 시대에 따라 하나님이 다른 가면을 쓰시는 거라고 주장한다. 내가 구체적인 비유들이 잘못된 가르침으로 이어지는 것에 대해 경고할 때 가장 자주 등장하는 결과가 양태론이다.

**아리우스파(Arianism)** : 하나님은 너무나 순결하시고 무한하신 분이라 이 땅에 오실 수가 없었고, 그래서 아무것도 없는 데서 성자 예수님을 창조하셨다고 믿는다. 예수님은 최초의 피조물이자 가장 위대한 피조물이다. 그는 높임을 받으셨기 때문에 경배 받으셔야 마땅하나, 여전히 창조된 존재이다. 여호와의 증인에서는 이 이단의 변형된 형태를 가르치며, 예수님을 천사장 미가엘로 간주한다.[5]

**삼신론(Tritheism)** : 하나님이 실제로 분리된 세 존재라고 믿는다. 초기 그리스도인들은 세 신을 숭배한다는 이유로 비난을 받았다. 오늘날에도 일부 광신적 종교집단과 이슬람교 같은 종교들은 그리스도인들을 이단이라고 비난한다.

이 책에서는 이런 이단들을 자세히 다룰 수 없다. 다만 그 중 일부라도 알려주려는 것이다.

### 유일한 한 하나님이 계신다

첫째, 성경은 오직 한 하나님이 존재하신다고 말한다.

나는 하나님이라 나 외에 다른 이가 없느니라 나는 하나님이라 나 같은 이가 없느니라(사 46:9).

몸이 하나요 성령도 한 분이시니 이와 같이 너희가 부르심의 한 소망 안에서 부르심을 받았느니라 주도 한 분이시요 믿음도 하나요 세례도 하나요 하나님도 한 분이시니 곧 만유의 아버지시라 만유 위에 계시고 만유를 통일하시고 만유 가운데 계시도다(엡 4:4-6).

### 예수님은 하나님이시다

성경은 또한 우리에게 예수님이 하나님이시라고 말한다.

태초에 말씀이 계시니라 이 말씀이 하나님과 함께 계셨으니 이 말씀은 곧 하나님이시니라… 말씀이 육신이 되어 우리 가운데 거하시매 우리가 그의 영광을 보니 아버지의 독생자의 영광이요 은혜와 진리가 충만하더라(요 1:1, 14).

성경에서 예수님을 가리키는 이름 중 하나가 '말씀'이다. 그것은 헬라어 "로고스(logos)"에서 온 것으로, 1세기에 유대인들과 헬라인들에게 모두 익숙한 단어였다. 유대인들은 하나님의 말씀은 종종 의인화했다. 예를 들어 시편 147편 15절에 보면 "그의 명령을 땅에 보내시니 그의 말씀이 속히 달리는도다"라고 했다. 헬라인들에게 로고스는 우주를 다스리는 합리적 원칙 또는 마음을 나타내는 데 사용되었다.

따라서 요한이 예수님의 신성을 나타내기 위해 이 용어를 사용한 것은 매우 적절한 것이었다.

골로새서 2장 9절은 "그 안에는 신성의 모든 충만이 육체로 거하시고"라고 말한다. 이것은 예수님이 성부 하나님과 동등하시다는 분명한 주장이다. 그는 모든 면에서 성부 하나님보다 열등한 존재가 아니시다.

또한 우리는 십자가 사건 후 예수님이 제자들에게 나타나기 시작하신 것을 보게 된다. 열두 제자 중 한 명인 도마는 예수님이 제자들에게 나타나셨을 때 다른 제자들과 같이 있지 않았다. 제자들은 도마에게 자신들이 부활하신 주님을 보았다고 말했다.

8일 후 예수님이 다시 제자들에게 나타나셨는데 그때는 도마도 있었다. 예수님은 도마에게 그의 손목의 상처를 만져 보고 옆구리에 손을 넣어 보라고 하셨다. 도마는 "나의 주님이시요 나의 하나님이시니이다"(요 20:28)라고 소리쳤다.

의심이 많기로 명성이 높았던 도마가 예수님을 그의 주님이요 하나님으로 인정했다! 이것은 신약성경에서 예수 그리스도의 신성을 가장 강력하게 언급한 말씀 가운데 하나이다.

### 성령은 하나님이시다

성경은 또한 성령이 하나님이심을 계시한다.

베드로가 이르되 아나니아야 어찌하여 사탄이 네 마음에 가득하여 네가 성령을 속이고 땅 값 얼마를 감추었느냐 땅이 그대로 있을 때에는 네 땅이 아니며 판 후에도 네 마음대로 할 수가 없더냐 어찌하여 이 일을 네 마음에 두었느냐 사람에게 거짓말한 것이 아니요 하나님께로다(행 5:3-4).

초대 교회의 많은 신자들이 자기 땅과 재산을 팔아 그 돈으로 교회 안에 경제적으로 궁핍한 사람들을 도와주었다. 아나니아와 그의 아내는 그들의 소유 재산 중 하나를 팔아서 그 돈을 모두 교회에 드리기로 약속했다. 그러나 그 돈을 낼 때가 되자 아나니아가 그 중 일부를 감추고 거짓말을 했다. 나중에 베드로는 그에게 "사람에게 거짓말한 것이 아니요 하나님께로다"라고 말했다. 이렇게 간접적으로 베드로는 성령과 하나님을 동일시했다.

### 삼위일체의 세 인격

마지막으로 우리는 지상명령에서 삼위일체 세 분이 모두 함께 나타난 것을 본다.

> 그러므로 너희는 가서 모든 민족을 제자로 삼아 아버지와 아들과 성령의 이름으로 세례를 베풀고(마 28:19).

예수님이 지상명령을 주실 때 제자들에게 아버지와 아들과 성령의 이름으로 세례를 주라고 하셨다. 다시 말해 예수님은 제자들에게 개별적으로 아버지와 아들과 성령의 "이름들"로 세례를 주라고 하시지 않고 한 하나님, 통합된 개체로서 하나님의 이름으로 세례를 주라고 하신 것이다. 세례는 교회뿐 아니라 삼위일체의 세 인격과 모두 공식적으로 연합하는 행위였다. 예수님이 세례를 받으실 때도 삼위일체의 세 분이 모두 나타나신 것을 볼 수 있다.

> 예수께서 세례를 받으시고 곧 물에서 올라오실새 하늘이 열리고 하나님의 성령이 비둘기 같이 내려 자기 위에 임하심을 보시더니 하늘로부터 소리가 있어 말씀하시되 이는 내 사랑하는 아들이요 내 기뻐하는 자라 하시니라(마 3:16-17).

성령님은 비둘기의 형태로 나타나셨고, 성부 하나님은 하늘에서 귀에 들리는 음성으로 아들을 인정해 주셨다.

**우리가 금붕어라고 상상해 보자**

삼위일체에 대해 이야기하면서 어린아이들이 잘 이해하지 못할 때는 인간을 금붕어에 비유하는 것이 도움이 되기도 한다.

당신이 집에서 키우는 금붕어라고 상상해 보라. 당신의 세계는 어항 속의 물, 색색의 돌들, 파스텔색의 작은 도자기 성, 하루에 한 번 보이는 물고기밥이 전부다. 이 먹이를 가져다주는 커다란 형체는 신뢰할 만한 존재다.

여기서 금붕어가 아는 것은 이것이다. 그 형체는 크고 어항 밖에 살고 있다. 그 형체는 금붕어에게 먹이를 준다. 그 형체는 아마 금붕어를 해치지 않을 것이며 돌보아 줄 것이다. 그게 전부다.

여기서 금붕어가 모르는 것은 이것이다. 그 형체는 남자 인간이다. 그는 물이 아니라 공기 속에서 호흡하며, 생물학적 구조가 완전히 다르다. 그는 채소 장수이며, 바나나맛 아이스크림을 좋아하고, 아이큐가 130이며, 여자 친구가 싫어하는 향의 애프터쉐이브를 사용한다. 그리고 항상 복화술사가 되고 싶어 한다. 금붕어가 조금도 이해할 수 없는 그 형체에 관한 거대한 지식은행이 있다.

인간으로서 우리는 영원한 하나님을 한정된 시야로 바라본다. 우리는 애완용 금붕어와 같다. 우리가 우리를 보살펴 주는 거룩한 존재에 대해 아는 것은 정확하고 진실하나, 우리가 그분에 대해 모르는 것이 어마어마하게 많은 것이다. 그 방대한 미지의 사실 중 하나가 바로 삼위일체의 복잡한 부분이다.

이성만으로는 우리가 삼위일체를 이해하고 자녀들에게 설명하도록 도와줄 수 없지만, 그것은 좋은 출발점이다. 그리고 무한하신 하나님이 뚜렷한 세 인격 안에 존재하시면서 하나의 신성한 존재일 수 있다는 것은 전혀 불합리하지 않다.

삼위일체 같은 어려운 개념에 대해, 때때로 우리는 자녀들에게, 또 우리 자신에게 어항 밖에서 사고하도록 가르칠 수밖에 없다.

**Q** 질문 : 세 인격이 한 하나님이라고요? 1+1+1=1이라는 건가요? 성부 하나님과 함께 예수님과 성령님을 온전한 하나님으로 소개하는 이상한 수학 문제가 등장하는 것 같아요.

1. 삼위일체의 교리는 분명한 세 인격 안에 영원히 존재하는 한 하나님이 계신다고 말한다. 바로 성부, 성자, 성령이다. 이 분명한 세 인격은 한 하나님이시다. 성경은 "이스라엘아 들으라 우리 하나님 여호와는 오직 유일한 여호와이시니"(신 6:4)라고 말한다.

2. 삼위일체를 설명하기 힘든 이유는 하나님과 비교할 것이 아무것도 없기 때문이다. 하나님은 홀로 하나의 범주에 들어가신다.

3. 삼위일체에 관한 실제적인 예를 드는 것이 어린아이들에게는 도움이 될 수 있다. 세 음으로 이루어진 화음을 예로 드는 것을 추천한다. 그러나 자세히 살펴보면 결국 모든 예들이 삼위일체를 묘사하기엔 역부족이다.

4. 성경은 삼위일체를 직간접적으로 가르친다. 성경은 성부도 하나님, 예수님도 하나님, 성령님도 하나님이심을 보여 주고, 또 그 세 분이 연합하여 함께 일하시는 것을 보여 준다. 또 덧셈 대신 곱셈을 사용하면 수학 문제도 해결될 수 있다. 1×1×1=1이기 때문이다.

5. 인간의 이해는 한계가 있고 하나님은 무한하시기 때문에 우리는 하나님의 본성을 오직 한정된 만큼만 이해할 수 있다. 집에서 키우는 금붕어는 매일 먹이를 뿌려 주는 사람에 대해 '아는 것'이 한정되어 있다. 마찬가지로 우리도 우리의 생명과 존재의 근원에 대해 '아는 것'이 한정되어 있다.

**A** 희망을 담은 대답 : 삼위일체의 개념은 성경에 정확히 드러나 있어. 그러나 삼위일체에 관해 유한한 존재인 인간들이 무한한 하나님을 이해할 수 없는 부분들이 많이 있다는 걸 알아야 한단다.

# 내가 기도할 때
# 듣고 계신 분은 누구세요?
# 하나님, 예수님,
# 아니면 성령님?

1,527,503개의 응답받지 못한 기도 제목들이 있습니까?
이 일은 시간이 좀 걸릴 것 같군요. 커피를 좀 가져오는 게 좋겠네요.
_ 브루스, 〈브루스 올마이티(Bruce Almighty)〉

    길을 지나가다가 어떤 사람이 아무도 없는데 혼자 대화를 나누고 있는 것을 본 적이 있는가? 당신은 그 사람의 목소리가 들릴 만한 거리에 누가 있는지 둘러본다. 혹시 나에게 이야기하고 있는 걸까? 그건 아니다. 당신은 그 사람을 본 적도 없다. 그러다 드디어 보게 된다. 휴대폰에 연결된 무선 이어폰이 그 사람의 귀에 꽂혀 있는 것을. 휴!

    기도는 아이들에게 그와 같이 보일 수 있다. 우리는 기도할 때 누구에게 이야기하며, 누가 그 기도를 듣고 있는 걸까? 우리는 성부 하나님께 기도하는가, 아니면 성자 예수님, 혹은 성령님께 기도하는가?

많은 아이들이 실제로 경건한 기도의 순서를 알기 원한다. 다행히 우리에겐 성경의 지침이 있다. 기도에 관하여, 하나님과 예수 그리스도, 성령님의 차이를 이해하는 것이 중요하다. 그 과정에서 우리는 그리스도인의 기도 생활의 독특한 특징과 기능들을 몇 가지 살펴볼 것이다.

성경에서 기도를 찾아볼 때 가장 많은 구절에서 발견하는 것은 하나님이라는 용어가 성부 하나님을 나타내며, 성경에 나오는 기도들은 대부분 성부 하나님을 향하고 있다는 것이다. 신약성경에서 예수님의 죽음과 부활 이후에 드려진 대부분의 기도는 예수 그리스도의 이름으로 하나님 아버지께 드려진다. 우리는 각 예들을 살펴볼 것이다.

## 성부 하나님과 기도

잠들기 전 아이들과 함께 기도하는 시간은 삶에서 가장 행복한 일의 하나이다. 아이와 함께 어떻게 기도하느냐, 언제 기도하느냐, 얼마나 자주 기도하느냐가 아이의 태도와 미래의 기도 습관에 큰 영향을 끼친다.

마찬가지로 예수님은 산상수훈을 전하실 때 제자들의 기도 습관에 영향을 끼치기 원하셨다. 예수님은 어떻게 기도해야 하는지 가르쳐 주시고, 구체적으로 아버지께 기도드리는 법을 제자들에게 말씀해 주셨다. "너는 기도할 때에 네 골방에 들어가 문을 닫고 은밀한 중에 계신 네 아버지께 기도하라 은밀한 중에 보시는 네 아버지께서 갚으시리라"(마 6:6).

그리고 예수님은 지금 우리가 주기도문이라 부르는 기도문을 통해 아버지께 기도하는 법을 본보기로 보여 주셨다.

하늘에 계신 우리 아버지여
이름이 거룩히 여김을 받으시오며
나라가 임하시오며
뜻이 하늘에서 이루어진 것 같이
땅에서도 이루어지이다
오늘 우리에게 일용할 양식을 주시옵고
우리가 우리에게 죄 지은 자를 사하여 준 것 같이
우리 죄를 사하여 주시옵고
우리를 시험에 들게 하지 마시옵고
다만 악에서 구하시옵소서
나라와 권세와 영광이 아버지께 영원히 있사옵나이다 아멘(마 6:9-13).

이와 같이 기도의 본을 보여 주는 다른 구절들도 있다. 초대 교회 교인들은 아버지 하나님께 기도를 드렸다. 로마서에 보면 사도 바울이 동료 신자들을 위해 신실하게 기도하고 있다는 말로 서신서를 시작했다.

먼저 내가 예수 그리스도로 말미암아 너희 모든 사람에 관하여 내 하나님께 감사함은 너희 믿음이 온 세상에 전파됨이로다 내가 그의 아들의 복음 안에서 내 심령으로 섬기는 하나님이 나의 증인이 되시거니와 항상 내 기도에 쉬지 않고 너희를 말하며 어떻게 하든지 이제 하나님의 뜻 안에서 너희에게로 나아갈 좋은 길 얻기를 구하노라(롬 1:8-10).

바울은 분명히 아들과 구분해서 하나님을 언급하므로, 우리는 그가 아버지 하나님을 말하고 있다는 것을 알 수 있다. 마찬가지로 바울은 에베소의 교회에게 그들을 위해 "우리 주 예수 그리스도의 하나님, 영광의 아버지"께 간구하고 있다고 말했다(엡 1:17).

하나님 아버지께 기도할 때 그가 우리의 기도를 들으시고 "그의 뜻대로" 응답해 주시는 것을 확신할 수 있다(요일 5:14-15). 마태복음 7장 7절은 우리가 구하면 "주실 것"이라고 말한다. 하나님이 우리의 모든 기도를 그대로 들어주신다는 뜻은 아니다. 우리가 하나님을 찾고 우리의 갈망이 하나님의 뜻과 일치할 때, 요한일서 말씀처럼 무엇이든 구하는 것을 받을 것이다.

우리의 기도가 하나님의 뜻이나 하나님의 때에 맞지 않으면 하나님이 긍정적으로 응답해 주지 않으실 수도 있다. 그럴 때는 하나님이 우리의 기도를 듣지 않으신 것처럼 보인다. 하지만 하나님은 언제나 듣고 계시며, 우리의 모든 기도에 응답해 주신다. 비록 때로는 그 응답이 거절이나 '기다리라'는 것이지만 말이다. 하나님이 우리의 기도에 그의 뜻대로 응답해 주시는 이유를 우리가 항상 이해할 순 없지만, 그가 통치자이시며 우리에게 가장 좋은 것을 주기 원하신다는 사실을 안다.

예수님은 친히 하나님께 우리의 필요를 채워 달라고 간구하시며, 우리에게 아버지께 기도하도록 가르치셨다. 당신도 아버지께 자녀들의 필요를 채워 주시고 그들의 죄를 용서해 달라고 기도하며, 예수님처럼 자녀들에게 기도하도록 권면할 수 있다. 그러나 다른 형태의 기도도 있다.

### 예수 그리스도와 기도

예수님은 계속해서 제자들에게 기도하도록 가르치셨다. 그는 제자들이 다가오는 변화에 대비하게 하셨다. 예수님이 아버지께 돌아가신 후에 그들이 다른 방법으로 기도하기 시작할 거라고 말씀하셨다.

내가 진실로 진실로 너희에게 이르노니 나를 믿는 자는 내가 하는 일을 그도 할 것이요 또한 그보다 큰 일도 하리니 이는 내가 아버지께로 감이라 너희가 내 이름으로 무엇을 구하든지 내가 행하리니 이는 아버지로 하여금 아들로 말미암아 영광을 받으시게 하려 함이라 내 이름으로 무엇이든지 내게 구하면 내가 행하리라(요 14:12-14).

### 성령님과 기도

성경에서는 명확하게 성령님께 드리는 기도를 볼 수 없다. 그러나 성령님이 기도에 응답하시고 신자들의 필요에 응하시는 예들은 찾을 수 있다. 한 가지 예가 로마서 8장에 나온다.

이와 같이 성령도 우리의 연약함을 도우시나니 우리는 마땅히 기도할 바를 알지 못하나 오직 성령이 말할 수 없는 탄식으로 우리를 위하여 친히 간구하시느니라 마음을 살피시는 이가 성령의 생각을 아시나니 이는 성령이 하나님의 뜻대로 성도를 위하여 간구하심이니라(롬 8:26-27).

이 말씀은 성령님이 우리의 기도를 들으실 뿐만 아니라 더 나아가 우리가 어떻게 기도해야 할지 알지 못할 때 우리를 위해 중보해 주신다는 것을 보여 준다.

예수님이 더 이상 육신으로 신자들과 함께 계실 수 없게 되었을 때 성령을 보내어 그들과 함께하게 하셨다. 성령님은 우리의 상담자, 위로자, 인도자가 되어 주신다.

보혜사 곧 아버지께서 내 이름으로 보내실 성령 그가 너희에게 모든 것을 가르치고 내가 너희에게 말한 모든 것을 생각나게 하리라(요 14:26).

그러나 진리의 성령이 오시면 그가 너희를 모든 진리 가운데로 인도하시리니 그가 스스로 말하지 않고 오직 들은 것을 말하며 장래 일을 너희에게 알리시리라(요 16:13).

성경은 성령님이 신자들과 소통하시고 하나님의 백성들을 인도하며 감화하시는 인격적인 존재임을 보여 준다(행 13:2-3; 21:11). 성령님은 우리의 위로자, 상담자, 인도자이시므로 우리가 위로와 조언과 인도를 구할 때 그분께 기도하는 것은 매우 적절한 일일 것이다.

### 항상 기도하라

성부, 성자, 성령의 관계에 포함된 복잡한 사실들을 모두 이해할 수는 없지만 기도가 매우 중요하다는 것은 확실히 안다. 생각해 보라. 하나님은 우리에게 당신과 끊임없이 교제할 것을 권하신다. 이 얼마나 헤아릴 수 없는 축복인가!

많은 그리스도인들이 전지한 하나님은 모든 것을 아시므로 기도할 필요가 없다고 잘못 생각하고 있다. 어떤 이들은 "하나님이 이미 알고 계시는데 왜 나에게 필요한 것을 하나님께 말해야 하는가?"라고 묻기도 한다. 예수님은 제자들에게 기도하라고 말씀하실 때 이 문제를 다루셨다. 예수님은 "이방인과 같이 중언부언하지 말라"고 하셨다.

너는 기도할 때에 네 골방에 들어가 문을 닫고 은밀한 중에 계신 네 아버지께 기도하라 은밀한 중에 보시는 네 아버지께서 갚으시리라 또 기도할 때에 이방인과 같이 중언부언하지 말라 그들은 말을 많이 하여야 들으실 줄 생각하느니라 그러므로 그들을 본받지 말라 구하기 전에 너희에게 있어야 할 것을 하나님 너희 아버지께서 아시느니라(마 6:6-8).

이 말을 이해했는가? 예수님은 제자들에게 비록 하나님이 그들에게 필요한 것을 이미 알고 계시지만 그럼에도 기도해야 한다고 말씀하셨다. 우리는 예수님이 치르신 대속의 값으로 인해 담대히 하나님의 보좌에 나아갈 수 있고(엡 3:12), 여러 곳에서 기도하라는 가르침을 받는다.

소망 중에 즐거워하며 환난 중에 참으며 기도에 항상 힘쓰며(롬 12:12).

모든 기도와 간구를 하되 항상 성령 안에서 기도하고 이를 위하여 깨어 구하기를 항상 힘쓰며 여러 성도를 위하여 구하라(엡 6:18).

아무 것도 염려하지 말고 다만 모든 일에 기도와 간구로, 너희 구할 것을 감사

> 함으로 하나님께 아뢰라(빌 4:6).
>
> 쉬지 말고 기도하라(살전 5:17).

### 그 이름에 능력이 있다!

신약성경에는 사람들이 예수님의 이름으로 어떤 일들이 일어나기를 명하자 그대로 되는 예들이 많이 나온다! 하지만 그들은 하나님 아버지, 예수님, 혹은 성령님께 직접 기도하지 않았다. 어떻게 된 일일까?

우리가 거듭날 때 하나님의 능력을 보고 경험할 수 있는 성령 충만한 사람들이 된다. 그리스도인들은 실로 하나님의 큰 능력을 활용할 수 있다. 바울이 에베소 교인들을 위해 아버지께 드린 기도에는 "하나님의 모든 충만하신 것으로 너희에게 충만하게 하시기를"(엡 3:19) 갈망하는 마음이 담겨 있다.

우리는 하나님이 아니라는 것을 기억하는 것이 중요하며, 하나님이 우리의 요구대로 행하셔야 한다고 생각해선 안 된다. 전혀 그렇지 않다! 그러나 성령 충만한 신자들로서 우리는 이 땅에서 권위와 능력을 가지고 있다. 사도들이 예수님의 이름으로 사역할 때 나타낸 능력이 바로 이런 능력이다.

제 구 시 기도 시간에 베드로와 요한이 성전에 올라갈새 나면서 못 걷게 된 이를 사람들이 메고 오니 이는 성전에 들어가는 사람들에게 구걸하기 위하여 날마다 미문이라는 성전 문에 두는 자라 그가 베드로와 요한이 성전에 들어가려 함을 보고 구걸하거늘 베드로가 요한과 더불어 주목하여 이르되 우리를 보라 하니 그가 그들에게서 무엇을 얻을까 하여 바라보거늘 베드로가 이르되 은과 금은 내게 없거니와 내게 있는 이것을 네게 주노니 나사렛 예수 그리스도의 이름으로 일어나 걸으라 하고 오른손을 잡아 일으키니 발과 발목이 곧 힘을 얻고 뛰어 서서 걸으며 그들과 함께 성전으로 들어가면서 걷기도 하고 뛰기도 하며 하나님을 찬송하니 모든 백성이 그 걷는 것과 하나님을 찬송함을 보고 그가 본래 성전 미문에 앉아 구걸하던 사람인 줄 알고 그에게 일어난 일로 인하여 심히 놀랍게 여기며 놀라니라(행 3:1-10).

베드로는 "나사렛 예수 그리스도의 이름으로 일어나 걸으라"고 말했다. 그는 "하늘에 계신 아버지, 제발 이 사람을 고쳐 주소서"라든가 "사랑하는 주 예수님, 그의 불구인 다리를 고쳐 주소서"라고 말하지 않았다. 베드로는 단지 성령의 감동을 받아 믿음으로 그와 같은 선언을 했고, 그 사람은 나음을 입었다. 참으로 놀라운 치유였다! 성경은 그가 "걷기도 하고 뛰기도 하며 하나님을 찬송했다"고 말한다.

많은 사람들이 그런 기적이 어떻게 일어나는지 알려고 모여들었다. 이에 베드로는 다음과 같이 설명했다.

그 이름을 믿으므로 그 이름이 너희가 보고 아는 이 사람을 성하게 하였나니 예수로 말미암아 난 믿음이 너희 모든 사람 앞에서 이같이 완전히 낫게 하였느니라(행 3:16).

## 내가 기도할 때 누가 들으시지?

기도는 세상에서 살아가며 하나님이 원하시는 자녀들이 되기 위해 기본적으로 필요한 것이다. 하나님은 우리의 필요를 알고 계시고 성자와 성령님은 우리를 위해 중보하시지만(롬 8:27, 34), 우리에게 항상 기도하라고 하신다.

우리는 신약성경의 본보기를 바탕으로, 대개 예수 그리스도의 이름으로 성부 하나님께 기도를 드려야 하지만, 요청사항에 따라 삼위일체의 각 인격을 향해 기도해도 된다.

앞에서 보았듯이 삼위일체의 세 인격은 독특한 역할을 담당하시므로, 우리는 구체적인 필요에 근거하여 각 인격을 향해 기도할 수 있다.

예를 들어, 특별한 일이나 하나님의 능력이 필요한 상황들을 위해 기도할 때는 예수 그리스도의 이름으로 성부 하나님께 우리의 요구사항을 말씀드려야 한다. 언제, 어디로 이사를 가야 할지, 어디에서 교제를 나누어야 할지, 누구와 함께 시간을 보내야 할지에 관한 결정들은 모두 우리의 머리 되시는 예수님의 역할 범위 아래 들어갈 것 같다. 교회 내의 질서 또한 예수님의 권한 아래 있을 것이다. 우리가 어디에 가서 복음을 증거할지에 대해 인도하심을 구할 때나 위로와 조언을 구하거나 하나님의 진리를 깨닫게 해달라고 구할 때, 이런 간청은 성령님께 드릴 수 있다.

때로는 우리가 영감을 받으면 하나님의 자녀로서 우리의 권한을 발휘하여, 그리스도의 이름으로 명령하여 질병을(마귀의 능력을) 쫓아낼 수 있다! 하나님이 항상 우리의 요청을 들어주지는 않으실 것이다. 그분이 주권자이시며 무엇이 가장 좋은지 알고 계시기 때문이다. 하지만 우리가 참으로 하나님과 그의 큰 능력을 요구할 수 있고 때로는 하나님이 확실히 응답해 주신다는 것을 알고 용기를 내야 한다.

우리는 담대히 은혜의 보좌로 나아갈 수 있고(히 4:16), 자주 그렇게 해야 한다. 하나님의 말씀을 읽을 때 우리의 삶을 향한 그분의 뜻에 대해 알게 된다. 그러므로 우리는 사도 요한이 권면하는 바와 같이 확신을 가지고 효율적으로 기도할 수 있다.

그를 향하여 우리가 가진 바 담대함이 이것이니 그의 뜻대로 무엇을 구하면 들으심이라 우리가 무엇이든지 구하는 바를 들으시는 줄을 안즉 우리가 그에게 구한 그것을 얻은 줄을 또한 아느니라(요일 5:14-15).

**Q 질문** : 우리 하나님이 세 부분의 본성을 갖고 계시다면 각각 어떤 역할을 갖고 계세요? 세 인격 중 기도를 듣는 일을 담당하는 분은 누구세요? 우리는 누구에게 기도해야 하나요?

1. 성경에서 가장 많이 등장하는 기도의 대상은 바로 성부 하나님이다. 예수님 자신도 아버지께 기도했다.

2. 예수님은 예수님의 이름으로 아버지께 기도하라고 하셨다. 이것은 성부와 성자 간의 영원한 동반자 관계를 보여 준다.

3. 성경에는 성령님께 기도하는 사람들의 본보기가 없다. 하지만 성령님은 기도할 때 우리를 위해 중재하시며, 그것은 성령님도 기도를 들으신다는 뜻이다.

4. 성경에 기록된 기도의 형태는 다양하다. "예수님의 이름으로"라는 문구는 어떤 유형의 기도에도 꼭 들어가는 요소이다.

**A 희망을 담은 대답** : 성부, 성자, 성령, 삼위일체 중 어느 분께 기도해도 돼. 그렇지만 성경에는 여러 형태의 기도와 기도를 인도하는 법에 대한 구체적인 지침들이 있단다.

# 내가 계속 죄를 지으면 구원을 잃게 되나요?

오늘날 교회에서 성령님이 떠나셔도
우리가 하는 일의 95퍼센트는 계속 진행될 것이고 아무도 그 차이를 알지 못할 것이다.
그러나 신약의 초대 교회에서 성령님이 떠나셨다면
그들이 하던 일의 95퍼센트는 중단되었을 것이고 모든 사람이 그 차이를 알았을 것이다.
− A. W. 토저

    베스는 전과목 A를 받는 거의 완벽에 가까운 언니와 늘 관심을 독차지하는 귀여운 남동생 사이에 끼어 있는 둘째 아이였다. 베스의 존재는 종종 다른 두 형제에 의해 가려지곤 했다. 시간이 흐를수록 베스는 점점 더 내성적이 되었고, 부모님은 베스의 학교 생활기록부에 '수줍음이 많고 친구를 쉽게 사귀지 못함'이라고 자주 기록되는 것이 걱정이 되었다.
    세 아이 중 베스만 입양아라는 사실도 영향을 미쳤다. 그녀의 부모님은 일관된 사랑과 공평함으로 세 아이를 기르려고 노력했으나, 십대 후반이 되면서 베스는 자신의 형제자매들을 매우 원망하게 되었다. 그녀는 모든 가까운 관계들로부터 점점 멀어졌다. 고등학교를 졸업할 무렵이 되자 이전에 베스의 삶에서 큰 기쁨과 안정감을 주던 교회와 청소년 모임도 중요성을 상실했다.

17번째 생일날 베스는 부모님께 자신이 더 이상 하나님을 믿지 않는다고 선언했다. 교회 청소년 그룹 안에서의 친구 관계도 모두 사라져 버렸다. 형제들과 건강한 대화도 오가지 않았다. 부모와의 관계도 마찬가지였다.

"베스를 키우는 일은 늘 조금씩 힘들었어요. 우리가 그 아이의 친구들이나 옷차림, 태도, 성적, 정말로 우리를 걱정스럽게 하는 문제들, 특히 그녀와 하나님의 관계에 대해 대화를 하려고 하면 언제나 우리의 가슴을 아프게 하는 말을 했어요." 베스의 어머니는 말했다.

한때 성구암송을 정말 잘했던 베스는 이제 자기가 좋아하는 무신론자 철학자들과 작가들의 글을 더 잘 인용하게 되었다.

다행히도 영적, 감정적 싸움을 한 지 2년 반 만에 베스는 놀라운 변화를 경험했다. 두 번의 대학 진학 실패와 직장에서 초보적인 일들을 하면서 겪은 일들이 정신을 차리는 데 부분적으로 도움이 된 거 같다. 물론 그 사이에 능숙한 기독교 상담가와 함께 시간을 보내기도 했다. 세련되고, 반체제적이고, 회의적인 친구들은 결국 호소력을 잃었다. 베스가 자신이 버린 관계들과 환경을 갈망하기 시작했을 때 인내심을 갖고 기다려 준 가족과 교회는 그녀를 다시 받아들일 준비가 되어 있었다.

베스가 십대 후반의 가장 어두운 날들을 보내는 동안 그녀의 부모는 기도를 하면서도 걱정이 많았다. 부모가 걱정스럽게 이런 질문을 내게 하는 것은 그들이 처음이 아니었다. "우리 아이가 구원을 잃어버린 걸까요? 내 딸이 성령님을 모독하는 죄를 범했을까요?"

### 예수 그리스도에 대한 믿음 = 살아 계신 하나님의 자녀들

성령님이 신자를 떠나실까 하는 질문을 살펴보기 전에, 먼저 어떤 사람이 그리스도인이 될 때 일어나는 일들을 살펴보자.

성경은 이렇게 말한다. "영접하는 자 곧 그 이름을 믿는 자들에게는 하나님의 자녀가 되는 권세를 주셨으니 이는 혈통으로나 육정으로나 사람의 뜻으로 나지 아니하고 오직 하나님께로부터 난 자들이니라"(요 1:12-13).

예수 그리스도에 대한 믿음을 통해 우리는 하나님과 새로운 관계를 맺게 된다. 이 관계는 매우 친밀하고 확실하여, 사도 바울은 영감을 받아 이런 글을 썼다.

> 내가 확신하노니 사망이나 생명이나 천사들이나 권세자들이나 현재 일이나 장래 일이나 능력이나 높음이나 깊음이나 다른 어떤 피조물이라도 우리를 우리 주 그리스도 예수 안에 있는 하나님의 사랑에서 끊을 수 없으리라(롬 8:38-39).

아무것도 우리를 "우리 주 그리스도 예수 안에 있는" 하나님의 사랑에서 끊을 수 없다는 말씀에 주목하라.

진짜 교만은 우리의 죄가 너무 커서 예수님의 보혈로 덮을 수 없다고 생각하는 것, 또는 우리가 너무 자주 죄를 지어서 주님의 인내심이 바닥났다고 생각하는 것이다. 예수님은 우리의 대제사장이시며, 우리가 어떤 일을 해도 그분을 강등시킬 수 없다. 그분은 하루 24시간, 1년 365일, 해마다 우리를 위해 하나님의 보좌 앞에 나아가 우리를 위해 간구하신다(히 7:24-25).

### 내가 죄를 지어도 하나님은 여전히 나를 사랑하실까요?

어린 자녀들과 죄에 대해 이야기할 때 자주 나오는 관련 질문은 "내가 그리스도를 영접한 후에 죄를 짓더라도 하나님은 여전히 나를 사랑하실까요?"라는 것이다.

물론 그렇다! 하나님의 사랑은 조건이 없다. 누군가 이렇게 말했다. "당신이 무슨 일을 해도 하나님이 당신을 더 사랑하시게 만들 수 없고, 덜 사랑하시게 만들 수도 없다."

자녀들이 이런 질문을 할 때면 그들의 죄가 하나님께 얼마나 심각한가를 그들이 이해하고 있다는 걸 알 수 있다. 이 질문은 또한 그들의 삶 속에서 하나님이 역사하고 계시며 그들을 그리스도께 이끌고 계신다는 것을 보여 준다. 또 그들이 지금 사랑받을 수 없다고 느끼며 죄를 고백할 필요성을 느낀다는 것이다.

하나님의 무조건적인 사랑을 설명하는 한 가지 방법은 자녀들에게 부모의 사랑을 상기시켜 주는 것이다. 대부분의 부모는 자기 자녀들을 조건 없이 사랑한다. 일부 예외가 있긴 하지만, 이 책을 읽고 있는 당신은 아마 어떤 상황에서도 자녀를 사랑하는 부모일 것이다.

당신의 딸이 자기 방을 청소하지 않아도 당신은 여전히 딸을 사랑하는가? 당신의 아들이 거짓말을 할 때는 어떤가? 십대인 딸이 집에 와서 임신했다고 말한다면 어떨까? 그래도 당신은 그녀를 사랑할 것인가? 당신의 아들이 집에 와서 "엄마, 저는 게이인 것 같아요"라고 말한다면? 당연히 당신은 충격을 받겠지만, 그래도 여전히 그를 사랑할 것이다.

자녀들의 행동이 마음에 안 들어도 당신은 여전히 그들을 사랑한다. 당신은 자녀들의 삶이 잘되기를 가장 바라고 그들이 옳은 일을 행하는 것을 보기 원한다. 아이들이 그동안 배운 것에 저항한다면 당신은 마음이 아프겠지만, 그래도 여전히 그들을 사랑한다.

마찬가지로, 하나님은 우리가 죄를 범할 때에도 여전히 우리를 사랑하시는 사랑의 아버지이시다. 하나님은 우리가 그분께 돌이키고 잘못을 뉘우치길 원하시지만, 우리가 어떻게 하더라도 변함없이 우리를 사랑하실 것이다. 그분은 우리가 죄를 자백할 때 용서해 주기로 약속하신다. "나의 자녀들아 내가 이것을 너희에게 씀은 너희로 죄를 범하지 않게 하려 함이라 만일 누가 죄를 범하여도 아버지 앞에서 우리에게 대언자가 있으니 곧 의로우신 예수 그리스도시라"(요일 2:1).

다루기 힘든 자녀를 향한 하나님의 마음은 누가복음 15장에 나오는 탕자와 잃어버린 양의 비유에 잘 나타나 있다. 한 자녀가 없어지면 하나님은 그 자녀를 찾아내실 것이다. 한 아들이 집을 떠났다 돌아오면, 하나님은 두 팔 벌려 환영해 주실 것이다. 이 비유와 다른 예화들을 자녀들과 함께 공부해 보라. 그들이 사랑받지 못하거나 사랑받을 수 없다고 느낄 때마다 성령님께서 그들에게 그 이야기들을 상기시켜 주시도록 기도하라.

## 거듭난 사람이 성령을 모독할 수 있을까?

이제 신자들이 그리스도를 영접할 때 일어나는 일과 그 의미를 이해했으면, 성령님을 모독하는 문제를 살펴보도록 하자.

이 문제는 마가복음 3장 29절에 나오는 예수님의 말씀과 관련이 있다. "누구든지 성령을 모독하는 자는 영원히 사하심을 얻지 못하고 영원한 죄가 되느니라." 회의론자들은 이 구절을 일종의 신학적 결함처럼 대하며, 하나님이 특정한 죄는 용서하실 수 없거나 용서하려 하지 않으신다고 비난한다. 하지만 여기서 생각해 봐야 할 것은 "모독"은 정확히 무엇을 말하는가이다. 용서할 수 없는 죄가 있는가? 그리고 만일 우리가 선을 넘어 하나님의 용서를 받을 수 있는 지점을 넘어갔다면 어떻게 알 수 있는가?

성경에 나오는 신성모독의 예는 불경함이나 하나님을 비방하는 것을 의미한다. 하지만 그 용어는 또한 '거절'을 의미하기도 한다. 성령에 대한 모독을 언급하는 성경 구절들은 예수님이 세상에 계시는 동안 개인적으로 그분을 만났던 종교지도자들에 대한 두 가지 비난을 나타낸다. 첫째, 그들은 예수님을 메시아로 인정하지 않았고, 그 다음에는 사탄의 능력을 받은 자라고 예수님을 비난했다. 아무리 좋게 말하려 해도 그들은 예수님을 거절했다.

성경학자 배리 리벤탈은 노스캐롤라이나에 있는 남부 복음주의 신학교(Southern Evangelical Seminary)의 목회와 선교 대학원 책임자이다. 레벤탈은 성령에 대한 모독을 다루는 성경 구절에 관해 성령 모독에 대한 예수님의 불길한 경고가 예수님이 세상에 계시던 시대의 독특한 상황을 반영한 것이라는 데 대부분이 학자들이 동의한다고 말한다.

"예수님은 유대인 지도자들에게 자신이 메시아임을 밝히셨다"고 레벤탈은 설명한다. "반박할 수 없는 증거로, 그는 자신이 누구인지 입증하기 위해 필요한 일은 모두 다 하셨다." 종교 엘리트들은 구약성경을 상세히 알았고, 성육신하신 주님이 바로 그들 앞에 계셨으며, 그 유대인 지도자들은 오늘날 사람들이 경험할 수 없는 유례없는 계시를 맡은 자들이었기 때문이라고 레벤탈은 말한다. "그들이 완강하게 불신의 자세를 고집하고 그리스도의 사역을 마귀의 일로 여기며 하나님의 제안을 거절한 것은 변명의 여지가 없고 용서받을 수 없는 성령 모독죄였다."[1]

안타깝게도 일부 그리스도인들은 자신이 용서받을 수 없는 죄를 저질렀을지도 모른다는 두려움과 싸우고 있다. 요한일서 1장 7절 같은 구절들은 사람들이 회개와 믿음으로 하나님께 나아갈 때 "그 아들 예수의 피가 우리를 모든 죄에서 깨끗하게 하신다"는 것을 우리에게 상기시켜 준다. 그리고 로마서 8장 1절은 신자들에게 "이제 그리스도 예수 안에 있는 자에게는 결코 정죄함이 없다"고 확신시켜 준다.

예수님은 성령님이 세상에서 하시는 사역 중 하나가 사람들의 죄성과 구원의 필요성을 드러내는 것이라고 말씀하셨다(요 16:8-11). 죄에 대한 건강한 염려는 성령님이 여전히 한 사람의 삶 속에서 일하고 계신다는 증거이다. 죄에 대해 후회하는 마음이 드는 것은 그 사람이 용서받지 못할 죄를 범하지 않았다는 증거이다.

### 습관적인 죄

"할 수 있다고 해서 꼭 해야 하는 건 아니다"라는 말을 들어본 적 있는가? 그것은 사도 바울이 로마서 6장 1절에서 한 말을 좀 건방지게 표현한 말이다. "은혜를 더하게 하려고 죄에 거하겠느냐?" 이 질문에 대한 답은 당연히 "그럴 수 없느니라!"(롬 6:2)이다. 이 표현은 또한 "그런 일은 일어나지 않을 것이다!"라고 번역할 수도 있다.

바울이 오늘날의 언어로 말하면 이렇게 말했을 것이다. "지금 장난해?" 바울은 신자들이 죄에 대해 그런 경솔한 태도를 갖는 것은 말도 안 되는 일이라고 생각했다. 바울은 우리가 죄에 대해 죽었고, 그것은 곧 죄가 더 이상 신자를 지배하지 못한다는 뜻임을 상기시킨다. 죄가 더 이상 우리에게 영향을 끼치지 않거나 우리가 더 이상 죄의 유혹을 받지 않는다는 뜻이 아니다. 죄는 우리가 허용하는 만큼만 우리를 지배할 수 있다. 바울은 계속해서 이렇게 말한다.

그러므로 너희는 죄가 너희 죽을 몸을 지배하지 못하게 하여 몸의 사욕에 순종하지 말고 또한 너희 지체를 불의의 무기로 죄에게 내주지 말고 오직 너희 자신을 죽은 자 가운데서 다시 살아난 자 같이 하나님께 드리며 너희 지체를 의의 무기로 하나님께 드리라 죄가 너희를 주장하지 못하리니 이는 너희가 법 아래에 있지 아니하고 은혜 아래에 있음이라(롬 6:12-14).

하나님이 죄를 용서해 주신다고 해서, 우리가 죄를 지어야 하는 것은 아니다. 그러나 하나님께 그만두라는 마음의 감동을 받은 후에도 계속 죄의 길로 행하는 그리스도인들이 있다. 우리는 모두 하나님이 우리의 태도를 바꾸도록 요구하실 때 성경이 말하는 "깨달음"을 경험한 적이 있다. 그것은 성령의 자극, 양심의 괴로움이다. 그러나 우리가 하나님의 그 설득에 순종하지 않으면 어떻게 되는가? 많은 그리스도인들이 이런 의문을 가졌다. "내가 계속 죄를 범해도 성령님이 계속 나를 인도해 주실까?"

여기서 분명히 하자. 모든 그리스도인들은 죄를 짓는다. 요한일서 1장 9절은 죄를 자백하는 이들에게 하나님의 용서를 약속한다. 그리고 이 구절은 그리스도인들을 향해 쓰였다. 내가 이해한 성경 말씀으로는 거듭난 사람이 죄를 짓는다고 해서 구원을 잃어버리지 않는다. 나는 그렇게 믿는다. 성경은 우리가 유혹과 연약함, 죄들과 싸우더라도 그리스도를 따르는 자들은 자진해서, 그리고 반복적으로 그것들에 굴복해서는 안 된다는 걸 보여 준다.

습관적으로 죄를 선택한 결과 하나님과의 친밀한 관계를 상실하고, 영적 성장이 방해를 받으며, 기도생활에 빈혈이 생긴다. 또한 성경을 읽더라도 하나님의 말씀을 이해하고 적용하는 능력이 줄어드는 것도 흔한 일이다. 신약성경은 어떤 사람이 일정 기간 동안 하나님의 제안을 거부하면 그들의 마음이 굳어진다고 말한다. 이 굳은 마음은 기름이 들러붙은 심장이나 창자처럼 몸에서 감각이 없어진 조직에 비유할 수 있다(시 17:10; 119:70).[2] 우리가 불순종의 상태에 오래 머물수록 성령님의 음성을 알아들을 수 있는 능력이 점점 손상될 것이다(마 13:15; 엡 4:17-19).

습관적인 죄는 또한 다른 사람들의 관계에도 안 좋은 결과들을 가져올 수 있다. 상처받은 감정, 신뢰와 존경의 상실, 이런 것들은 감정적, 개인적인 영향의 일부에 불과하다. 특히 중독에 빠질 경우 상당한 신체적 영향이 있을 수 있다. 도박, 십일조 거부, 물질에 대한 욕구는 많은 그리스도인들에게 재정적인 결과들을 안긴다.

몇 가지 습관적인 죄들은 다른 사람들 눈에 보이지 않게 존재할 수 있다. 적어도 한동안은 그렇다. 나는 분노, 정욕, 질투, 교만, 미움, 인종적 편견, 심지어 불필요한 낙심이 떠오른다. 하지만 그 결과는 결국 다른 사람들에게 보이게 되어 있다.

로마서 6장 14절은 "죄가 너희를 주장하지 못하리니"라고 말한다. 요한일서 3장 9절은 신자들에게 습관적인 죄가 나타나지 말아야 한다고 말한다. "하나님께로부터 난 자마다 죄를 짓지 아니하나니 이는 하나님의 씨가 그의 속에 거함이요 그도 범죄하지 못하는 것은 하나님께로부터 났음이라"(시 19:13; 고전 10:13; 약 4:7도 살펴보라).

자녀들을 어떻게 가르쳐야 그들이 죄를 인식하고 하나님의 도움으로 그것을 이겨낼 수 있을까? 첫걸음은 하나님의 도움이 없으면 죄가 그들의 삶 속에(그리고 삶의 곳곳에) 슬그머니 들어온다는 것을 알도록 도와주는 것이다. 그리스도인들은 매일 하나님과 가까이 동행해야 한다. 그러려면 훈련과 헌신이 필요하다.

또 다른 열쇠는 그리스도인의 성숙이 저절로 이루어지지 않는다는 사실을 유념해 두는 것이다. 아이들은 자신의 영적 성장을 이루어 가는 법을 배워야 한다. 그들이 예수님과 사랑에 빠지면 이 세상의 유혹이 그리 강하지 않다는 걸 알게 될 것이다. 시간이 지날수록 의도적으로 하나님을 영화롭게 하는 선택들을 함으로써 그들의 삶에 유익이 있을 것이다.

마지막으로 아이들(물론 성인들도)은 나쁜 습관 대신 좋은 습관을 길러야 한다는 것을 알아야 한다. 요셉처럼 우리를 유혹하는 것들로부터 도망쳐야 한다(창 39:12-15). 우리가 "얽매이기 쉬운 죄"(히 12:1)를 극복하는 일에 대해 진지하게 생각한다면, 우리를 죄의 손아귀에 빠지게 할 수 있는 것들을 멀리할 것이다.

### 신성모독의 도전

"신성모독의 도전"(Blasphemy Challenge)이라는 인터넷 캠페인이 있었다. 그것은 사람들에게 하나님을 저주하거나 자신의 삶 속에서 성령의 역사를 부인하는 장면을 올리도록 하는 것이었다.

"신성모독의 도전"을 기획한 사람들은 청소년들 사이에 무신론을 촉진시키고자 하는 의도가 있음을 인정했다. 한 웹사이트에서는 십대들에게 개인적으로 하나님을 부인하는 장면을 녹화하여 기독교를 비하하는 다큐멘터리를 무료로 제작해 주겠다고 제안하기도 했다.

언론에서 이 이야기가 화제가 되자 프로젝트 주최자들은 그들이 기독교를 비판하는 것이 젊은이들 사이에서 관심을 이끌어 낸 것에 신이 났다.

17세인 고등학생 페리는 우주의 창조주를 모욕하고 그런 비디오들을 온라인에 올리는 또래의 아이들에 대해 이렇게 말했다. "하나님에 대해 가장 적대적으로 보이는 십대 아이들 대부분은 동시에 자신들이 이성적으로 사고하는 자들임을 강조하죠. 하지만 이성적인 사람이 추정될 뿐인 존재하지도 않는 이를 모독하려 하는 것이 이상하지 않아요?"

현대 무신론자들의 조롱이 대부분 기독교의 하나님에게 향한다는 건 흥미로운 일이다. "온라인에서 활동하는 무신론자들과 신성모독의 도전에 참여하는 십대들은 오로지 기독교만 반대해요. 다른 신앙에 대해서는 불평하는 내용이 거의 없죠"라고 페리는 말했다.

무신론자들이 조롱하는 것은 주로 그에 대한 반응을 보고 싶어 하기 때문이다. 따라서 젊은 그리스도인들은 적절한 사랑의 표현과 그리스도를 높이는 진실한 증언을 그들에게 보여 주어야 한다. 노골적인 신성모독의 증가는 우리가 진정한 그리스도인이 되려고 노력해야 한다는 것을 강렬하게 상기시켜 준다.

갈라디아서 5장 23절은 성령이 이끄시는 삶의 증거들, 즉 사랑, 희락, 화평, 오래 참음, 자비, 양선, 충성, 온유, 절제를 나열한 후에 "이같은 것을 금지할 법이 없느니라"고 말한다. 우리는 믿지 않는 세상의 신성모독에 대해 그리스도를 닮은 모습을 분명한 증거로 보여 주어야 한다.

성령으로 아니하고는 누구든지 예수를 주시라 할 수 없느니라(고전 12:3).

**Q 질문** : 내가 계속 죄를 지으면 성령님이 나를 떠나실까요? 무엇이 성령님에 대한 신성모독일까요? 내가 정말 나쁜 행동을 하면 하나님이 나를 사랑하지 않으실까요?

1. 우리의 구원은 우리의 행위가 아니라 오로지 그리스도의 십자가 사역에 근거한다. 하나님은 모든 믿음의 자녀들을 용서해 주시고 조건 없이 사랑해 주신다.

2. 바리새인들은 예수님의 신성을 부인했을 때 성령님께 신성모독의 죄를 범했다. 예수님 시대의 종교 지도자들은 예수님이 기적을 행하시는 것을 맨 앞에서 지켜보았으나, 예수님이 마귀를 위해 역사하고 계신다고 말함으로써 여전히 그를 부인했다. 마가복음 3장 29절에 묘사된 성령님에 대한 모독이 오늘날에도 나타날 수 있는지는 확실치 않다. 왜냐하면 지금은 예수님이 세상에 계시지 않기 때문이다.

3. 그리스도인들은 예수님의 이름을 비방하는 무신론자들을 접할 때 악에 대해 그리스도와 같은 반응을 보이며 사랑으로 친절하게 대응해야 한다.

**A 희망을 담은 대답** : 부모가 그렇듯, 하나님은 우리가 죄를 지을 때도 여전히 우리를 사랑하시는 아버지이시지. 하나님은 우리가 무슨 일을 저지르든 간에 돌아와 회개하기를 원하시고, 우리의 악한 선택이 종종 고통스러운 결과들을 초래하더라도 여전히 우리를 사랑하실 거야. 하나님은 우리가 죄를 자백하면 용서해 주겠다고 약속하셨단다.

모든
크리스천 가정의
양육 필독서
───────
질문하는 아이
대답하는 부모

THE 21 TOUGHEST
QUESTIONS
YOUR KIDS
WILL ASK ABOUT
CHRISTIANITY

Q & A

04

성경에 대한
질문들

# 성경은 정말
# 하나님의 말씀이에요?

**교회가 말씀을 잃어버렸다면
그것은 단순히 병든 것이 아니라 목이 잘린 것이다.**
_ 존 칼빈

"성경은 정말 하나님의 말씀일까?"라는 질문에 대해 "하나님이 그렇게 말씀하셨 잖아. 나는 그것을 믿고 그것으로 만사 해결이야!"라며 만족하는 그리스도인들이 있다. 혹은 "목사님이 그렇게 말했으니 그런 거야!"라고 말하기도 한다. 하지만 질 문하는 아이나 믿지 않는 세상에게 그런 설명은 충분치 않다.

기독교는 논리와 상식을 창 밖으로 던져버린 것 같다는 비판을 받곤 한다. 예수님 은 가장 큰 계명이 무엇이냐는 질문을 받으셨다. 그 질문에 답하면서 예수님은 인간 이 복잡한 존재라는 걸 지적하셨다. 즉, 우리는 마음과 목숨과 뜻을 가지고 있다.

예수께서 대답하시되 첫째는 이것이니 이스라엘아 들으라 주 곧 우리 하나님은 유일한 주시라 네 마음을 다하고 목숨을 다하고 뜻을 다하고 힘을 다하여 주 너의 하나님을 사랑하라 하신 것이요(막 12:29-30).

하나님은 우리의 마음과 지성이 하나님을 사랑하고 예배하는 일에 몰두하기를 원하신다. 하나님은 우리가 맹목적인 신앙을 갖는 걸 원치 않으신다. 단지 다른 사람이 믿으라고 했다는 이유로 직접 시험해 보지도 않고 믿어선 안 된다. 성경적인 믿음은 맹목적인 믿음과 달리 하나님의 말씀을 연구하며 이해하고 믿으려고 진지하게 노력하는 것을 기반으로 한다. 성경은 우리의 면밀한 조사를 견딜 수 있고, 어떠한 시험에도 견딜 것이다.

디모데후서 2장 15절은 "너는 진리의 말씀을 옳게 분별하며 부끄러울 것이 없는 일꾼으로 인정된 자로 자신을 하나님 앞에 드리기를 힘쓰라"고 말한다. 우리가 하나님의 말씀을 공부하고 옳게 분별하고 실천하면 맹목적인 믿음은 필요하지 않게 된다. 그 대신 우리는 실제 삶 속에서 사실로 입증된 성경적인 믿음을 갖게 될 것이다.

이 성경적인 믿음의 추구를 하나님의 말씀인 성경에 적용하자. 우리는 성경을 믿을 수 있는가? 그것은 정말로 하나님으로부터 왔는가? 그것이 사실임을 어떻게 알 수 있는가?

### 현대의 성경은 원본과 같은 것인가?

누군가 "본래 성경 사본들은 분실되었고 우리가 가진 것은 모두 복사본의 복사본들이다. 여러 번 번역되고 재번역된 것은 믿을 만하지 않다"고 하면 그것은 어느 정도 맞는 말일 수 있다.

불행히도 우리는 성경 저자들이 기록한 원본을 갖고 있지 않다. 그것은 우리가 성경의 정확성을 100퍼센트 객관적으로 입증할 수 없다는 뜻이다. 우리에겐 명백한 증거가 없다. 우리가 갖고 있는 것은 복사본의 복사본이며, 그 과정에서 서기들이 아무리 주의를 했어도 분명 실수가 있을 수 있다. 그러나 사본들을 갖고도 우리는 성경이 정확하다는 것을 매우 합리적이고 신뢰할 수 있게 입증할 수 있다.

역사의 한 기간 동안, 성경은 특정 지역의 정치적, 혹은 사회적 조건에 따라 변질될 위험이 있었다. 정치적 또는 종교적 통치자들이 그들의 지역에 들어온 첫 사본을 입수했다면 그들 자신의 신념이나 이익에 맞게 어떤 부분을 고치거나 추가하거나 삭제했을 가능성이 언제나 있었다. 실제로 역사는 이것이 사실임을 증명한다. 세계 곳곳에서 수백 권의 사본과 수천 권의 단편들이 발견되었고 많은 것들이 서로 일치하지 않기 때문이다. 20세기 중반까지 가장 오래 살아남은 구약성경 사본들은 약 AD 900년부터 전해 내려온 것으로, 처음 기록된 지 몇 백 년이 지났다.

이 모든 것들이 구약성경의 부정확성을 확증하는 것 같다. 하지만 1947년에 그 모든 것을 뒤바꾸는 사건이 일어났다. 베두인족 목자들은 사해의 북서안에서 우연히 쿰란이라는 고대 공동체를 알게 되고 일생일대의 발견을 했다.

거기서 7개의 동굴이 발견되었는데, 그 안에 약 BC 200년에서 AD 70년의 문서로 추정되는 두루마리들이 800개 넘게 있었던 것이다. 에스더서만 빼고 구약성경의 모든 책들이 발견되었다. 어떤 경우에는 각각의 책들에 대한 여러 권의 복사본이 발견되기도 했다. 이 두루마리들은 그 지역에 사는 유대인 종파의 책들인데 AD 70년 경에 안전한 보관을 위해 그 동굴 안에 둔 것 같았다.[2]

학자들은 이 두루마리들이 대대로 전해지거나 복사된 성경과 비교해 중요한 차이점이나 오류를 드러낼까 봐 불안해했다. 그런데 집중적으로 연구한 결과 현재의 성경과 거의 일치한다는 사실을 알고 깜짝 놀랐다! 이사야서의 복사본들을 비교하면서 그들은 다음과 같은 사실을 발견했다.

> 쿰란에서 나온 본문은 우리의 표준 히브리어 성경과 95퍼센트 이상이 정확히 글자 그대로 일치했다. 나머지 5퍼센트 변형된 부분은 주로 잘못 쓰거나 철자가 변경된 경우였다. … 게다가 우리가 사용하는 본문과 쿰란 본문 간의 중요한 교리적 차이도 없었다. … 이것은 필사자들이 성스러운 본문을 정확하게 베껴 썼다는 것을 강력하게 입증하며, 성경 본문의 진실성에 대한 우리의 확신을 강화해 준다.[3]

그러므로 한때는 성경 말씀이 점점 더 희석되던 시기가 있었지만, 현대의 학자들은 사해사본에서 나온 본문들과 수많은 사본들을 모아서 원본에 최대한 가까운 사본을 만들어 내려 했다. 일부 학자들의 의견에 따르면, 그 결과 99퍼센트까지 정확한 본문이 탄생했다.[4]

### 성경에 나오는 말씀들은 정말로 하나님의 말씀인가?

학자들은 고대의 기록들에 근거하여 나중에 만들어진 성경 사본들의 정확성을 단언할 수 있었지만, 그것 역시 "성경에 나오는 말씀들이 정말 하나님의 말씀인가?"라는 질문에 답이 될 수는 없다.

그 질문에 답하기 위해서는 제일 먼저 성경을 보아야 한다. 많은 사람들이 오랫동안 주장해 온 바에 의하면, 성경은 하나님이 아니라 불완전한 인간들에 의해 쓰였으므로 반드시 오류가 포함되어 있다. 하지만 성경이 어떻게 생겨났는지에 대해 성경 자체의 변호를 들어봐야 하지 않겠는가?

사도 베드로는 이렇게 기록했다. "먼저 알 것은 성경의 모든 예언은 사사로이 풀 것이 아니니 예언은 언제든지 사람의 뜻으로 낸 것이 아니요 오직 성령의 감동하심을 받은 사람들이 하나님께 받아 말한 것임이라"(벧후 1:20-21).

"오직 성령의 감동하심을 받은 사람들이 하나님께 받아 말한 것임이라"는 본문을 주목하라. 원 저자이신 하나님이 사람들에게 그분의 말씀을 기록하라고 하셨다. 1500년이 넘는 기간 동안 3개 언어로, 약 40명의 다양한 배경을 가진 저자들이 성경을 기록했다. 그래서 그렇게 어휘와 문체가 다양한 것이다. 하지만 그럼에도 불구하고 성경의 핵심 메시지는 놀라울 정도로 서로 조화를 이루며 통일성을 보여준다.

디모데후서에서 사도 바울은 성경이 하나님의 영감으로 쓰였다는 베드로의 주장을 되풀이한다. "모든 성경은 하나님의 감동으로 된 것으로 교훈과 책망과 바르게 함과 의로 교육하기에 유익하니 이는 하나님의 사람으로 온전하게 하며 모든 선한 일을 행할 능력을 갖추게 하려 함이라"(딤후 3:16-17).

바울은 갈라디아 교회를 향해 훨씬 더 단호하게 말했다. "형제들아 내가 너희에게 알게 하노니 내가 전한 복음은 사람의 뜻을 따라 된 것이 아니라 이는 내가 사람에게서 받은 것도 아니요 배운 것도 아니요 오직 예수 그리스도의 계시로 말미암은 것이라"(갈 1:11-12).

사람들이 가만히 앉아서 하나님이 그들을 통해 말씀하기 원하신다고 느끼는 대로 기록한 것이 아님을 성경 자체가 강력히 증거하고 있다는 것을 알 수 있다. 그보다 우리가 성경에서 얻은 이미지는 하나님이 이 사람들을 택하여 그가 기록하기 원하시는 것을 정확히 기록하게 하셨고 성령님이 그들을 통해 역사하신 것이다.

### 성경은 사실인가?

비평가들은 하나님의 영감으로 쓰였다고 성경에 적혀 있다는 이유로 성경이 사실이라고 말하는 것은 순환론에 불과하다고 주장한다. 그것은 아무것도 입증해 주지 않는다. 그들의 말이 맞다! "성경이 하나님의 말씀이라고 말하니까 틀림없이 그런 것이다"라고 말하는 것으론 충분치 않다. 그것은 논증되어야 할 명제를 논증의 근거로 제시하는 오류이며 이것으론 회의론자들을 설득할 수 없다. 다시 말하지만 하나님은 맹목적인 신앙을 원치 않으신다!

하나님이 그의 진리를 분별하라고 당신에게 주신 지성을 사용하기 원하신다는 것은 성경에 분명히 나타나 있다. 그리고 하나님은 당신이 경험을 통해 그것을 시험해 보기 원하신다.

> 너희는 이 세대를 본받지 말고 오직 마음을 새롭게 함으로 변화를 받아 하나님의 선하시고 기뻐하시고 온전하신 뜻이 무엇인지 분별하도록 하라(롬 12:2).

새로운 방식으로 생각함으로써, 즉 하나님의 말씀을 새로운 방식으로 바라봄으로써 당신의 마음을 새롭게 하기 원한다면 모래성 같은 맹목적 신앙에 의존할 필요가 없을 것이다. 당신은 성경 말씀대로 살 것이며, 그 결과 하나님은 실제로 계시고 그의 말씀은 신뢰할 만하며 예수 그리스도의 모든 공적은 우리가 즐겁게 누리기 위한 것임을 입증할 것이다.

"범사에 헤아려 좋은 것을 취하라"(살전 5:21)는 말씀을 생각하라. 여기서 "헤아려"에 해당하는 헬라어는 "도키마조"(dokimazo)이며, "시험해 본다(어떤 것이 진짜인지 아닌지 알아본다)"는 뜻이다.[5] 당신이 지적으로 정직하게 성경을 읽고 그 교훈들을 실천할 때 다음과 같이 말한 예레미야 선지자의 심정을 느낄 것이다. "내가 주의 말씀을 얻어먹었사오니 주의 말씀은 내게 기쁨과 내 마음의 즐거움이오나"(렘 15:16).

하나님의 말씀을 실천할 때 그 말씀의 지혜나 능력의 근원을, 즉 하나님을 부인할 수 없다!

> 내 아들아 네가 만일 나의 말을 받으며
> 나의 계명을 네게 간직하며
> 네 귀를 지혜에 기울이며
> 네 마음을 명철에 두며
> 지식을 불러 구하며
> 명철을 얻으려고 소리를 높이며
> 은을 구하는 것 같이 그것을 구하며
> 감추어진 보배를 찾는 것 같이 그것을 찾으면
> 여호와 경외하기를 깨달으며
> 하나님을 알게 되리니
> 대저 여호와는 지혜를 주시며
> 지식과 명철을 그 입에서 내심이며(잠 2:1-6).

본문에서 우리가 "은을 구하는 것 같이" "감추어진 보배를 찾는 것 같이" 명철을 찾아야 한다는 말씀을 주목하라. 이것은 대부분의 그리스도인들이 습관처럼 행하는 것을 훨씬 넘어서는 것이다. 사람들은 가끔 한 번씩 성경을 집어 들고 아무 생각 없이 성경을 펴서 몇 구절 읽고 나서는 영적인 의무를 다했다고 생각한다. 이 잠언 말씀은 우리가 하나님의 말씀을 공부하고 진리를 추구하는 일에 많은 노력을 기울여야 한다는 것을 보여 준다.

　이것은 마음과 영혼 깊이 하나님을 알아가는 것이다. 마가복음 12장 29-30절 말씀을 기억하는가? 당신은 오직 머리로만 하나님을 경험할 수 없다. 당신의 모든 것을 투자해야 한다. 그렇지 않으면 참된 영적 지식을 얻지 못할 것이다.

　예를 들어 씨 뿌리는 자와 씨앗의 비유를 생각해 보라. 어떤 씨앗은 길가에, 어떤 씨앗은 돌밭에 떨어졌고, 어떤 씨앗은 가시덤불 가운데서 자랐으며, 어떤 씨앗은 좋은 땅에 떨어졌다. 예수님은 씨앗이 하나님의 말씀을 나타내며, 여러 종류의 땅은 말씀을 듣는 사람들을 나타낸다고 설명하셨다.

그런즉 씨 뿌리는 비유를 들으라 아무나 천국 말씀을 듣고 깨닫지 못할 때는 악한 자가 와서 그 마음에 뿌려진 것을 빼앗나니 이는 곧 길 가에 뿌려진 자요 돌밭에 뿌려졌다는 것은 말씀을 듣고 즉시 기쁨으로 받되 그 속에 뿌리가 없어 잠시 견디다가 말씀으로 말미암아 환난이나 박해가 일어날 때에는 곧 넘어지는 자요 가시떨기에 뿌려졌다는 것은 말씀을 들으나 세상의 염려와 재물의 유혹에 말씀이 막혀 결실하지 못하는 자요 좋은 땅에 뿌려졌다는 것은 말씀을 듣고 깨닫는 자니 결실하여 어떤 것은 백 배, 어떤 것은 육십 배, 어떤 것은 삼십 배가 되느니라 하시더라 (마 13:18-23).

"말씀을 듣고 깨닫는 자"는 "결실"한다고 예수님이 말씀하셨다. 불행히도 네 종류의 땅 중에 한 군데에서만 실제로 씨앗이 자라 열매를 맺는다. 우리와 우리의 자녀들은 좋은 땅이 될 수 있다! 당신이 하나님과의 관계로 인해 열매를 맺을 때 당신의 삶은 하나님의 말씀이 참인 것을 증거하는 것이다. 당신이 직접 그 결과를 보기 때문에 다른 누구도 그것을 믿지 못하게 설득할 수 없다.

### 망원경의 힘

카나리아 제도의 일부인 라팔마(La Palma) 섬은 사화산 꼭대기에 설치된 망원경으로 유명하다. 카나리아 대형망원경(The Gran Telescopio Canarias)은 세계에서 가장 성능 좋은 망원경 중 하나이다. 그것은 스페인 왕 후안 카를로스의 의뢰로 2009년에 완성되었다. 망원경은 해발 2,400미터에 위치해 있기 때문에 구름보다 위에 있다. 이곳에서 천문학자들은 가로막힌 것 없이 북반구 하늘과 남반구 일부를 볼 수 있어, 세상의 다른 어느 곳도 여기에 비할 데가 없다.[6]

하나님의 말씀은 우리의 '망원경'이다. 그것은 인간의 능력으로 볼 수 없는 광경까지 보게 해준다. 카나리아 대형망원경이 막힌 것 없이 하늘을 보게 해주듯, 성경은 우리의 눈을 들어 다른 방법으로는 알 수 없는 사실들을 보게 해준다. 서로 경쟁하는 인간의 관점과 계속 변하는 견해들을 초월하여, 성경은 하나님의 뜻과 영원한 진리를 나타낸다.

하나님의 말씀은 살아 있고 활력이 있어 좌우에 날선 어떤 검보다도 예리하여 혼과 영과 및 관절과 골수를 찔러 쪼개기까지 하며 또 마음의 생각과 뜻을 판단하나니 (히 4:12).

여기서 "활력이 있어"에 해당하는 헬라어 단어는 "에네르게오(energeo)"로 "일하고 있다" 또는 "능력을 발휘한다"는 뜻이다.[7] 영어의 "energy"와 "energetic"은 이 단어에서 유래했고 서로 연관된 용어들이다. 우리가 하나님의 말씀을 믿을 때 확실한 에너지로 충만해지며 종종 영원한 진리의 힘과 활력을 느낄 수 있다.

많은 사람들이 스포츠 경기나 콘서트에 열광하거나 자신이 열정을 느끼는 일

> 을 한다. 그러나 성경은 안에서 밖으로 거룩한 에너지를 공급해 준다. 우리의 생각과 마음으로 하나님의 메시지를 받아들일 때 성령을 통해 우리의 유한한 마음이 무한하신 하나님과 연결된다. 우리가 살아 있는 하나님의 말씀의 에너지에 계속 접속되어 있을 때 아무도 그것이 진짜가 아니라고 우리를 설득하지 못할 것이다. 왜냐하면 우리가 하나님의 약속을 믿는 데서 오는 열매와 유익들을 직접 누리고 있기 때문이다.

### 생각이 과대평가되고 있는가?

예수님과 복음에 대한 사실들을 알려면 하나님 말씀의 진리에 대한 객관적인 믿음이 필요하다. 그러나 믿음은 지적인 추구 이상의 것이다. 그것은 또한 마음도 포함한다. 사도 바울은 우리에게 이와 같이 경고한다.

그러므로 내가 이것을 말하며 주 안에서 증언하노니 이제부터 너희는 이방인이 그 마음의 허망한 것으로 행함 같이 행하지 말라 그들의 총명이 어두워지고 그들 가운데 있는 무지함과 그들의 마음이 굳어짐으로 말미암아 하나님의 생명에서 떠나 있도다(엡 4:17-18).

바울이 이 편지를 쓴 대상인 에베소의 신자들은 그가 전에 "그리스도 예수 안에 있는 신실한 자들"(엡 1:1)이라고 묘사한 바로 그 신자들이다. 에베소서에는 놀랍고 영광스러운 진리들이 많이 담겨 있으나, 바울은 또한 신자들에게 하나님의 생명에서 분리되지 말도록 경고하는 일이 반드시 필요하다는 걸 알았다.

우리가 잘못된 선택들을 하고("이방인들처럼 행하고") 하나님의 말씀과 성령보다 세상의 관점("그 마음의 허망한 것")으로 삶을 바라볼 때 삶이 얼마나 굉장한 것인지를 망각할 수 있다. 즉 우리의 아버지이신 하나님이 계신다! 우리의 주요, 구원자이시며, 대제사장, 천국의 전조이신 예수 그리스도가 계신다. 또 우리는 "우리 기업의 보증"(엡 1:14)이 되시는 성령님께 인침을 받았다. 그리스도가 재림하여 우리가 그와 함께 하늘나라에서 영원히 살게 될 날을 기다리고 있다. 우리는 영생을 위해 설계된 새 육신을 입게 될 것이다!

우리의 자녀들이 우리의 삶 속에서 성령의 열매를 보고 그들도 하나님을 따르는 법을 배울 때 맹목적인 신앙이 아니라 견고한 성경적 신앙을 갖게 될 것이며 "사랑 가운데서 뿌리가 박히고 터가 굳어"(엡 3:17)질 것이다.

**Q 질문** : 성경은 정말 하나님의 말씀인가요? 우리는 성경을 믿을 수 있나요? 성경은 정말로 하나님으로부터 나왔나요? 우리는 성경이 사실이라는 걸 어떻게 알 수 있나요?

1. 세계 곳곳에서 수백 개의 성경 사본들과 수천 개의 단편들이 발견되었고, 많은 것들이 서로 일치하지 않는다. 하지만 그렇다고 해서 우리가 어떤 사본들이 믿을 만한 것인지 알아낼 수 없다는 뜻은 아니다. 사해사본 덕분에 우리는 믿을 만한 구약성경 사본들을 갖고 있다는 것을 확신할 수 있다. 그것은 특히 교리의 영역에서 신뢰할 만하다.

2. 성경은 하나님의 성령이 거룩한 사람들을 통해 역사하여, 그들이 정확히 하나님이 원하시는 말씀을 기록했다고 가르친다.

3. 성경을 많이 공부할수록 그것이 사실이라는 걸 이해하기가 더 쉬워진다. 성경 말씀은 독자들이 영적인 것들을 제대로 이해할 수 있게 도와준다.

**A 희망을 담은 대답** : 우리에겐 믿을 만한 성경 본문이 있어. 성경 말씀을 시험해 보는 가장 좋은 방법은 그 말씀대로 사는 거란다. 성경대로 사는 그리스도인들은 그 안에 담긴 원칙들과 정보가 사실임을 확신할 뿐만 아니라, 또한 다른 사람들에게 하나님의 말씀이 살아서 역사하고 있음을 보여 주지. 바로 그들의 삶 속에서 열매가 나타나기 때문이야.

14. 성경은 정말 하나님의 말씀이에요?

# 성경에 나오는 기적들은 진짜 일어난 일이에요?

기적은 뽀루지와 같다.
일단 찾기 시작하면 생각했던 것보다 더 많이 발견하게 되기 때문이다.
_ 레모니 스니켓, 『석탄 덩어리 (The Lump of Coal)』

성경의 기적들 가운데 물과 관련된 것이 얼마나 많은지 생각해 본 적 있는가? 이스라엘 백성들은 바위에서 마실 물을 얻었다. 예수님과 베드로는 물 위를 걸었다. 엘리야는 철도끼 머리가 물 위로 떠오르게 했다. 또 하나님의 능력을 보여 주기 위해 장작에 물을 부었고, 젖은 장작에 불이 붙었다. 하나님은 모세를 통해 홍해가 갈라지게 하셨다. 또 하나님은 기드온의 양털이 젖게도 하시고 마르게도 하셨다.

물과 관련된 기적들은 하나님이 물리적 세계에 직접 관여하신 성경 말씀의 일부분을 나타낼 뿐이다. 환상적이고 기적적인 성경 이야기들은 분명 존재한다. 하지만 우리는 그것들을 정말로 믿어야 하는가? 성경의 기적들을 실제 일어난 일들로 받아들여야 하는가?

한 마디로, 그렇다. 많은 사람들이 여기에 동의하지 않을 거라는 사실을 안다. 언젠가 당신의 자녀들도 그럴지 모른다. 그러므로 좀 더 깊이 살펴보도록 하자.

## 이야기인가 거짓말인가?

아이들만큼 어른들도 "성경의 기적들이 사실일까?"라는 질문을 많이 한다. 충분히 그럴 수 있다. 아이들은 호기심에서 질문을 하지만, 어른들은 단지 기적들만이 아니라 성경 전체의 진리를 추구하기 때문에 그 질문을 하는 것이다. 성경의 모든 기적들이 사실이라면 더 나아가 성경 전체가 진리라는 증거를 갖는 것이며, 그것이 사실이라면 성경의 모든 교훈과 지침대로 살아야 할 의무를 느끼게 된다.

우리가 참으로 그 기적들이 진실이라고 믿을 때, 즉 그것들이 역사적으로 정확하고 실제 일어난 일이라고 믿을 때 하나님이 과거뿐 아니라 오늘날 우리의 삶 속에도 살아 역사하고 계심을 깨닫게 된다.

우리 아이들이 노아와 홍수, 다니엘과 사자굴, 예수님이 물 위를 걸으시고, 물을 포도주로 바꾸시고, 병자들을 고쳐 주시고, 죽은 지 3일 된 사람을 살리시고, 하늘로 올라가신 일 등 성경의 기적들을 배우는 동안, 많은 아이들이 또한 산타클로스, 부활절 토끼, 이빨 요정들이 모두 진짜 있다고 듣는다. 그 이야기들은 악의 없이 그저 재미있고 우리 아이들을 즐겁게 해주는 귀여운 것들로 보인다.

그러나 아이들은 사실인 성경 이야기와 동화의 판타지를 구분하기가 어렵다. 많은 기적들을 만화와 전래동요 속에 끼워 넣는 것은 도움이 되지 않는다. 아이들이 산타클로스가 실제 존재하지 않는다고 믿기 시작할 때 성경 이야기들과 성경 인물들의 진실성 또한 의심하기 시작할 위험이 있다. 이때 아이들은 마치 신념 체계가 무너지는 것 같은 기분이 들 수 있다.

한 아이가 엄마에게 "산타클로스가 진짜 있어요?"라고 물었다. 엄마는 웃으면서 아이에게 사실대로 대답해 주었다. "아니. 그건 재미있는 이야기일 뿐이야." 아이는 혼란스러운 표정이 되었다.

우리는 이 어린아이의 뇌가 이런 추론을 따라갈 것을 추측해 볼 수 있다. "산타클로스가 사실이 아니면 부활절 토끼는? 부활절 토끼가 사실이 아니라면 아마 이빨요정도 없을 거야! 이게 모두 진짜가 아니면, 예수님은? 나에게 이런 것들을 말해 준 사람은 엄마였어! 그럼 엄마가 전부 거짓말을 한 걸까?"

아이들은 자라면서 자신이 속았다고 느끼면 지극히 방어적이 될 것이다. 부모가 의도적으로 자녀들에게 거짓말을 한 것은 아니다. 이런 어린이 동화들을 사실처럼 말하고 그 후 성경 이야기들도 사실이라고 말함으로써 영적인 의심이 자라나는 자리를 마련해 준 것이다.

성경 이야기들이 사실이며 실제 일어난 일들이라는 것을 자녀들에게 이해시킬 때 매우 주의해야 한다. 내 말을 오해하지 말라. 동화는 물론 아름다운 이야기들이다. 자녀들의 상상의 비누 방울을 터트리라는 말이 아니다. 다만 아이들이 이야기 속 인물들에 대해 사실을 알게 될 때 동화는 아름답고 재미있는 이야기들이지만 예수님은 실제 존재라는 것을 알도록 도와주어야 한다!

## 신약성경의 기적들

신약성경은 적어도 36가지 예수님의 기적들을 기록하고 있다. 이 기적들 중에는 자연을 다스리는 예수님의 능력(마 8:23-27), 치유의 능력(마 9:20-22; 막 1:40-45; 눅 13:10-

17; 요 4:46-53), 귀신을 쫓는 능력(눅 9:37-42), 그리고 전지하심(요 1:48)이 포함된다. 예수님은 동물들을 다스리는 힘(마 17:24-27)과 식물들을 다스리는 힘(마 11:20-26)까지 보여 주셨다. 악한 영들에게도 능력을 발휘하셨고(마 8:28-34), 어떤 방법으로도 치유할 수 없던 병에 걸린 사람들을 단번에 고쳐 주셨다(눅 17:11-19). 예수님의 기적들은 그것을 받아들이는 이들에게 복을 주었고 현장의 목격자들을 깜짝 놀라게 했으나, 그 목적은 한 가지 분명한 사실을 납득시키기 위한 것이었다. 바로 예수 그리스도가 하나님이시라는 것이다.

예수님이 제자들을 세우시고 복음을 전하기 위해 그들을 파송하신 후에도 기적들은 계속 일어났다. 보호와 구원의 기적들이 있었다(행 5:19; 12:10; 16:26). 하나님이 사도들을 통해 행하신 치유의 기적들이 있었다(행 3:7-11; 5:12-16; 14:8-18). 죽은 자가 부활하는 기적이 있었다(행 9:39-42; 20:8-12). 하나님이 기적적으로 그 자신을 개인들에게 계시해 주신 예들도 있고(행 10:9-22), 마귀들로부터 해방된 기적들도 있다(행 16:18). 사도행전에는 하나님이 기적적으로 지진을 일으키심으로써 그의 목적을 이루신 이야기가 두 번이나 나온다(행 4:31; 16:26).

위의 목록들이 전부는 아니지만, 언급된 기적들은 하나님이 역사 속에서 행하신다는 것을 우리에게 상기시켜 준다. 하나님은 자신을 드러내시고, 우리에게 그의 능력과 권위를 상기시켜 주시며, 그의 메시지를 전하는 자들에게 초자연적인 도장을 찍어 인정해 주신다. 기적은 또한 나중에 죄와 타락의 결과들이 사라지고 "다시는 사망이 없을"(계 21:4) 때 천국이 어떤 모습일지를 살짝 보게 해준다. 이런 의미에서 기적은 회복을 도와준다. 하나님은 시간과 역사 속으로 들어오셔서 "시간을 돌려" 타락 전에는 어떠했는지, 또 예수님의 재림 후는 어떠할 것인지를 우리에게 보여 주셨다. 기적은 지금 이 땅에서 천국을 살짝 들여다보는 것과 같다. 하나님이 "친히 그들과 함께"(계 21:3) 계실 그때를.

신약성경에 묘사된 기적들은 가능할 뿐만 아니라, 그것이 실제임을 믿을 이유가 충분하다.

## 애굽에서의 기적들

우리는 8장에서 출애굽과 재앙과 유월절에 대해 이야기했다. 지금은 기적의 진실성에 초점을 맞추어 그 이야기를 다시 살펴보려 한다.

성경 역사에서 가장 기적이 많이 일어난 기간 중 하나가 이스라엘 백성들이 애굽의 노예에서 풀려날 때였다(출 1-14장). 야곱(또한 이스라엘로 알려진)이 살았던 때부터 약 400년 동안 그의 후손들이 굉장히 많아졌고(약 백만 명), 애굽인들은 그들을 두려워하여 노예로 삼았다(출 1:7-14). 이스라엘 백성들은 오랫동안 속박을 당하며 고생했다. 하나님이 그들을 구원하기 위해 모세를 부르실 때까지 말이다. 하나님은 모세에게 바로 앞에 가서 "내 백성을 보내라 그러면 그들이 광야에서 나를 섬길 것이니라"(출 7:16)고 말하라고 하셨다.

바로는 계속 히브리인 노예들을 풀어 주지 않았고, 잠깐 동안 그들의 하나님께 예배드리는 것도 허용하지 않았다. 하나님은 바로에게 여러 번 경고하셨고 마침내 모세와 그의 형제 아론을 통해 애굽이 끔찍한 재앙들을 겪기 시작할 거라고 말씀하셨다. 그런데도 바로는 이스라엘 백성들을 보내지 않았다. 그래서 재앙이 시작되었다. 나일강 물이 피로 변하고, 개구리들이 땅을 침범했다. 이, 파리, 전염병이 찾아왔다. 애굽인들의 몸이 종기로 뒤덮였다. 우박과 메뚜기 떼 재앙도 있었다.

마지막 재앙은 모든 집마다 장자가 죽는 것이었다. 유대인들은 하나님의 명령대로 흠 없는 어린양의 피를 문설주에 발랐고, 죽음의 천사가 그들을 지나갔다. 하지만 그렇게 하지 않은 모든 애굽인 가정의 장자가 죽었고, 그 중엔 바로의 아들도 포함되어 있었다.

마침내 바로는 고집을 꺾고 이스라엘 백성들을 보내 주었다. 하지만 그들이 떠난 즉시 바로는 마음을 바꾸어 그들을 쫓아갔다. 이스라엘 백성들은 믿음 없음을 드러내며 겁에 질려 그들을 죽음으로 이끈 모세를 원망했다. 출애굽기 14장 10-12절에서 그들의 불평을 볼 수 있다.

하나님이 이스라엘을 애굽에서 구해 내기 위해 행하신 그 모든 기적들을 목격하고도, 이스라엘 백성들은 여전히 믿음의 위기를 경험했다. 삶과 죽음이 걸린 곤경에 처했기 때문이다. 그들은 믿음보다 두려움을 택했다. 하나님의 보호하심을 믿는 대신 그들의 감각이 말하는 것을 믿은 것이다. 출애굽기 말씀을 읽으면, 백성들이 그들을 구원하는 하나님의 능력을 믿지 못하는 것에 하나님이 실망하시는 것을 느낄 수 있다.

여호와께서 모세에게 이르시되 너는 어찌하여 내게 부르짖느냐 이스라엘 자손에게 명령하여 앞으로 나아가게 하고 지팡이를 들고 손을 바다 위로 내밀어 그것이 갈라지게 하라 이스라엘 자손이 바다 가운데서 마른 땅으로 행하리라 내가 애굽 사람들의 마음을 완악하게 할 것인즉 그들이 그 뒤를 따라 들어갈 것이라 내가 바로와 그의 모든 군대와 그의 병거와 마병으로 말미암아 영광을 얻으리니(출 14:15-17).

모세는 하나님이 시키신 대로 행했고, 하나님은 그의 약속대로 행하셨다. 출애굽기 14장은 하나님이 이스라엘을 애굽 군대로부터 구원하신 놀라운 사건들을 묘사하고 있다. 하나님이 지시하신 대로 모세가 바다 위로 두 손을 들자 하나님이 바닷물을 가르셨다. 이스라엘 백성들은 마른 땅으로 홍해를 건널 수 있었다. 예언한 대로 애굽인들이 그들을 따라왔으나, 하나님은 신실하게 그의 자녀들을 보호해 주셨고 바로의 군대는 물에 빠져 죽었다.

재앙과 홍해의 구원을 통한 하나님의 기적적인 개입은 이스라엘 백성들을 위해 역사의 길을 영원히 바꾸어 놓았다. 그들은 마침내 다시 약속의 땅을 그들의 것으로 요구했고, 그들의 나라를 세웠으며, 그들을 인도하여 힘든 시간을 지나게 하신 하나님에 대한 믿음을 확고히 했다. 이스라엘 백성들이 이 기간 동안 받은 하나님의 율법이 그들의 삶의 기준이요 믿음의 기반이 되었다. 그들은 출애굽의 과정에서 하나님의 신실하심을 보았기 때문에 미래에도 하나님을 신뢰할 수 있다는 것을 알았다.

오늘날도 수많은 경건한 유대인들과 많은 그리스도인들이 특별한 저녁식사를 함으로써 유월절을 기념한다. 이것은 사실상 예수님이 십자가에서 돌아가시기 전날 밤에 제자들과 함께 기념하신 저녁식사, 즉 성만찬이었다. 유월절 이야기는 또한 미래 이야기의 한 장면이기도 하다. 완전한 어린양이신 예수님이 우리의 죄를 없애 주려고 희생당하신 것이다.(유월절과 기념의식에 대해 더 알려면 8장의 "예수, 우리의 유월절 어린양"을 참고하라.)

## 구전 vs. 목격자의 증언

대부분의 종교에는 기록되기 전에 대대로 구전되어 내려온 사건들이 있다. 그러나 성경의 사건들은 대부분 일어난 직후에 글로 기록되었다. 조금 전에 읽은 유월절 이야기도 모세에 의해 기록된 것으로 알려져 있다.

구전에 의해 대대로 전해 내려 온 이야기들과 목격자들이 기록한 이야기들은 큰 차이가 있다. 구전은 아무리 온전히 전하려고 주의를 기울인다 해도, 이야기를 할 때마다 조금씩 바뀔 수 있기 때문이다. 과장되거나, 헛갈리거나, 심지어 다른 이야기들과 섞이기도 한다. 법정에서는 이것을 전문증거(hearsay)라고 한다.

하지만 어떤 사건을 목격자가 기록한 경우, 우리는 대대로 그 문서를 찾아서 같은 이야기를 다음 세대에게 읽어 줄 수 있다. 이것은 사건을 직접 경험한 사람이 기록한 것이기 때문에 더 신뢰할 수 있다.

### 믿음의 결과

누군가 당신에게 바람 같은 건 없다고 말한다면 당신은 제정신인가 생각할 것이다. 그 사람이 당신에게 바람이 실제로 존재한다는 것을 증명해 보라고 한다면 밖으로 데리고 나가 그가 스스로 바람을 느낄 때까지 기다리면 된다.

하지만 그가 나가지 않고 창문도 없는 방 안에 있겠다고 고집을 부린다면, 그리고 바람이 존재한다는 것을 입증하여 그들로 믿게 할 책임이 당신에게 있다면, 당신은 아마 오랫동안 납득하지 못하는 사람과 함께 있게 될 것이다. 그러나 비록 눈에 보이는 증거를 대지 못하더라도, 당신의 마음속으로는 여전히 바람이 존재한다는 것을 안다.

그런 사람은 토네이도로 파괴된 현장에 데리고 가더라도 여전히 의심할 근거를 찾으면서 불도저가 지나가며 나무를 뿌리째 뽑고 차들을 전복시켰으며 헛간과 집들의 지붕과 담들을 무너뜨렸을지 모른다고 말할 것이다. 그런데 대화를 나누는 동안 또 다른 토네이도가 일어나 바람의 위력을 직접 눈으로 보면 갑자기 믿게 되고, 분명 다른 사람들에게도 자신의 경험을 이야기할 것이다. 토네이도 전에 오는 징조들을 자녀들에게 이야기하고, 심지어 다음에 집을 살 때는 비상대피소를 지어 달라고 할지도 모른다.

이방인들은 하나님의 손이 그의 자녀인 유대인들을 기적적으로 보호해 주시는 것을 목격했다. 유대인들은 기적들을 직접 경험했고, 하나님께 그들의 미래를 맡기고 예배와 충성을 드리기에 합당하다는 걸 알았다.

그런데 그들은 모든 걸 잊어버렸다. 하지만 하나님은 그들이 잊으면 생각나게 하시고 꾸짖기도 하셨다. 그들이 회개하고 주님께 돌아오면 다시 그들의 필요를 공급해 주시고 보호해 주셨다. 성경에 기록된 사건들은 우리가 교훈을 얻기 위함이며, 우리의 유익을 위해 쓰인 것이다. 미래의 모든 세대들이 이를 통해 배우고 하나님을 경외하며 행하기 위함이다(고전 10장).

토네이도의 결과들처럼 하나님이 사람들과 상호작용을 하신 결과들은 오늘날에도 분명히 볼 수 있다. 병 속에 담아 의심하는 자들마다 열어서 보여 줄 수 있는 건 아니지만, 당신은 더 좋은 것을 가지고 있다. 하나님의 말씀을 실천하는 것만으로도 그것이 사실이라는 걸 확실히 보여 줄 수 있고, 또 성경에 기록된 기적들이 사실임을 확신할 수 있는 것이다. 당신 자신의 삶 속에서 하나님의 손길을 경험하기 때문이다. 성령님과 직접 관계를 가지면 성령님을 부인할 수가 없고, 당신의 자녀들에게도 그 믿음을 물려줄 수 있다.

어떤 사람들은 성경의 가르침들을 실천할 때 하나님이 그들의 삶 속에서 역사하시는 결과를 볼 수 있다는 것을 알기 때문에 기독교에 이끌렸다. 마찬가지로 그들이 성경의 지혜와 반대되는 행동을 일삼았던 지난날을 돌아볼 때 그들의 불순종의 결과들을 볼 수 있을 것이다. 그들이 하나님의 뜻에 불순종하고 있다는 것조차 몰랐더라도 말이다.

줄리아는 코카인에 중독되어 몇 년 동안 노숙자로 살았다. 코카인 중독 때문에 그녀의 가족, 건강, 모든 삶이 파괴되었다. 어느 날 그녀는 한 사람이 공원에서 예수님에 대해 전하는 것을 들었다. 하나님이 마약에 취해 몽롱한 그녀의 의식을 뚫고 들어가셨고, 그녀는 그날 자신의 삶을 하나님께 바쳤다. 그녀는 공원에서 나와 마약중독 치료를 받았다. 3년이 지난 지금 그녀는 맑은 정신에 직장도 있고 가정도 있다. 만약 줄리아에게 하나님이 기적을 행하실 수 있냐고 묻는다면 한바탕 잔소리를 들을 것이다! 그녀는 자신의 삶 속에서 하나님의 역사를 체험했기 때문에 하나님이 기적을 행하신다는 것을 안다. 다른 방법으로는 아무도 그녀에게 그런 확신을 주지 못했을 것이다.

### 하나님이 기적을 일으키신다고 믿는 것은 합리적인가?

성경의 기적들에 관한 질문은 실제로 두 종류로 나눌 수 있다. 우리는 이런저런 기적에 대해 의문을 제기할 수 있다. 하지만 그보다 하나님이 기적을 행하실 수 있는가를 먼저 생각해 보아야 한다.

C. S. 루이스는 그의 책에서 하나님이 존재하신다면 기적은 가능할 뿐만 아니라 당연히 기대해야 하는 것이라고 지적했다.[1] 사실 기적에 대한 모든 주장들을 묵살할 논리적 근거는 없다. 하나님이 이 유한한 세계에 들어오셔서 초자연적인 일을 행하실 수 있는가? 당연히 그렇다. 그분은 하나님이시다. 더 근본적인 질문은 "기적이 가능한가?"가 아니라 "우리가 이런 기적을 받아들일 합당한 이유가 있는가?"이다.

왜 우리는 성경의 기적 이야기들이 신뢰할 만하다고 믿어야 하는가? 세 가지 이유를 제시해 보겠다.

1. 문맥이 그것을 보증한다. 성경은 다음과 같은 일들을 이루기 위해 (인간의 연약함과 사탄의 반대를 비롯하여 온갖 저항을 무릅쓰고) 역사하시는 하나님의 이야기이다. 하나님은 이스라엘 나라를 일으키고, 하나님의 기록된 말씀을 주시고, 그의 아들을 보내어 세상을 위한 구원 계획을 시행하게 하셨다. 이런 일들을 이루기 위해 하나님이 개입하시는 것은 적절해 보인다.

2. 성경의 기적들은 가능할 뿐만 아니라 이치에 맞다. 하나님은 존재하신다. 따라서 기적들은 가능하다. 성경의 기적들은 우리가 하나님에 대해 아는 바와 일치한다. 여러 면에서 기적들은 하나님의 능력, 지혜와 사랑을 나타낸다. 성경의 기적들 중에 하나님의 본성이나 논리를 약화시키는 것은 없다. 예를 들어, 하나님이 기적적으로 '네모난 원'을 만드시거나 '한쪽만 끝이 있는 막대기'를 만드셨다는 글은 성경에 없다. 하나님은 구원의 가치가 있고, 그의 능력과 영광을 드러내는 기적들을 행하신다.

3. 믿을 만한 증인들이 성경의 기적들을 확증해 준다. 그중에는 하나님이 하시는 일을 반대하는 자들도 있었다. 예를 들어, 바로왕은 애굽에 재앙이 일어나게 하신 하나님을 인정하고 불평했다. 또한 고대 그리스도인, 유대인, 헬라인, 로마인의 자료들이 예수님의 부활을 입증해 주었다.[2]

### 믿음의 보상

히브리서 11장 6절은 "믿음이 없이는 하나님을 기쁘시게 하지 못하나니 하나님께 나아가는 자는 반드시 그가 계신 것과 또한 그가 자기를 찾는 자들에게 상 주시는 이심을 믿어야 할지니라"고 말한다.

우리가 간절히 하나님을 찾을 때 하나님이 우리에게 상을 주실 것이다! 하나님이 "계시며 자기를 찾는 자들에게 상 주시는 이심"을 스스로 입증해 보일 때 더 큰 평안을 경험할 것이며 의심과 두려움이 줄어들 것이다. 당신의 믿음이 확실히 하나님께 뿌리를 내리고 있기 때문이다. 우리의 역할을 다할 때 그런 분명한 증거를 얻을 수 있다. 우리가 어떻게 하면 되는가? 이 구절의 첫 부분은 "믿음이 없이는 하나님을 기쁘시게 하지 못하나니"라고 말한다. 믿음은 어디에서 오는가? 성경은 "믿음은 들음에서 나며 들음은 그리스도의 말씀으로 말미암았느니라"(롬 10:17)고 말한다.

신뢰와 확신을 뜻하는 믿음은 분명한 근거가 있어야 한다! 하나님은 절대 맹목적인 믿음을 요구하지 않으신다. 하나님은 그의 약속과 인격에 근거한 성경적인 믿음을 추구하라고 하신다. 아브라함이 "모든 믿는 자의 조상"(롬 4:11)이라고 불리는 이유는 하나님이 그에게 아들 이삭을 바치라고 하셨을 때 그가 순종했기 때문이다(창 22장). 아브라함은 하나님의 약속을 믿었고, 하나님이 이삭을 죽음에서 살리실 수 있다고 생각했다. 히브리서는 그것을 이렇게 말한다.

아브라함은 시험을 받을 때에 믿음으로 이삭을 드렸으니 그는 약속들을 받은 자로되 그 외아들을 드렸느니라 그에게 이미 말씀하시기를 네 자손이라 칭할 자는 이삭으로 말미암으리라 하셨으니 그가 하나님이 능히 이삭을 죽은 자 가운데서 다시 살리실 줄로 생각한지라 비유컨대 그를 죽은 자 가운데서 도로 받은 것이니라(히 11:17-19).

이것이 믿음이다! 당신의 삶을 위한 하나님의 뜻을 알고 따르는 것이 믿음이다. 아브라함이 먼저 믿음을 보인 것이 아니었다. 창세기에 보면 하나님이 먼저 아브람을 부르셔서(나중에 아브라함이라고 이름을 바꾸어 주셨다) 그를 따르라고 하셨다.

여호와께서 아브람에게 이르시되 너는 너의 고향과 친척과 아버지의 집을 떠나 내가 네게 보여 줄 땅으로 가라 내가 너로 큰 민족을 이루고 네게 복을 주어 네 이름을 창대하게 하리니 너는 복이 될지라 너를 축복하는 자에게는 내가 복을 내리고 너를 저주하는 자에게는 내가 저주하리니 땅의 모든 족속이 너로 말미암아 복을 얻을 것이라 하신지라(창 12:1-3).

하나님이 아브라함으로 큰 민족을 이루게 하셨다! 우리는 그 증거를 갖고 있는가? 이스라엘 백성들이 그의 후손들이다. 그 일이 일어날 가능성만 갖고 생각해 보자. 아브라함의 시대에 얼마나 많은 사람들이 세상에 살고 있었을까? 수천 명? 수만 명? 수십 만 명? 그보다 더 많이? 당신은 얼마나 많은 사람들이 살았다고 들었는가? 수천 년을 거슬러 올라갈 수 있는 유산을 물려 준 사람들은 얼마나 되었을까? 그러나 우리는 아브라함에 대해 알고 있고, 그로 인해 큰 민족을 이루게 되었다는 사실을 알고 있다!

그리고 하나님은 "너를 축복하는 자에게는 내가 복을 내리고"라고 말씀하셨다. 세계의 다른 나라들이 이스라엘과 함께했다면 그들도 복을 받았을까? 그렇다! 하나님이 아브라함에게 하신 약속의 뒷부분을 다시 보라. "땅의 모든 족속이 너로 말미암아 복을 얻을 것이라."

이것은 그리스도가 오시기 수백 년 전에 기록된 것이며, 예수님은 아브라함의 직계 후손이었음을 기억하라. 예수님은 세상의 죄를 위한 대가를 치르셨다. 아마 세상에서 가장 자주 인용되는 성경 구절이 바로 아브라함을 통해 온 세상 사람들이 어떻게 복을 받았는지를 보여 줄 것이다. "하나님이 세상을 이처럼 사랑하사 독생자를 주셨으니 이는 그를 믿는 자마다 멸망하지 않고 영생을 얻게 하려 하심이라 하나님이 그 아들을 세상에 보내신 것은 세상을 심판하려 하심이 아니요 그로 말미암아 세상이 구원을 받게 하려 하심이라"(요 3:16-17).

우리에겐 참으로 더 많은 증거가 필요한가? 나는 그렇다고 생각한다. 우리가 부활의 증인이 되어야 한다. 살아 계신 구세주를 섬기며 그분이 우리 안에서 행하사 "자기의 기쁘신 뜻을 위하여 소원을 두고 행하게 하심"(빌 2:13)을 나타내는 산 증거가 되어야 한다. 우리가 그렇게 행하고 자녀들도 그렇게 행하도록 가르칠 때 의심이 틈타지 못할 것이다. 우리는 하나님의 말씀, 즉 그 안에 기록된 모든 기적들이 기록된 당시처럼 오늘날도 사실임을 입증할 것이다!

### 왜 부활의 기적을 믿는가?

아마 성경에 기록된 가장 중요한 기적은 예수님의 부활일 것이다. 당신의 자녀가 이 사건이 실제 일어났다고 믿는다면 그것이 믿음의 기반이 되어 다른 것들도 믿게 될 것이다. 다음 사실들은 모두 그리스도가 죽은 자들 가운데서 부활하셨음을 입증한다.

- 하나님의 존재는 곧 기적들이 일어날 수 있음을 의미한다.
- 그리스도는 죽임을 당했다가 죽은 자들 가운데서 살아날 것을 예언하셨다

(마 16:21; 17:23; 막 10:33-34; 눅 18:31-33).

- 제자들 안에 일어난, 거의 즉각적이고 완전한 변화는 예수님의 부활로 설명될 수 있다.
- 목격자들의 증언은 예수님이 죽음에서 살아나셨음을 확증해 준다(여자들, 베드로, 바울, 야고보, 도마).
- 부활하신 그리스도를 본 500명에 이르는 많은 이들의 증언들이 부활을 확증해 준다.
- 적대적인 증언들도 예수님이 죽음에서 살아나셨음을 확증해 준다(유대인, 헬라인, 로마인).
- 그리스도의 신성에 대한 기독교의 가르침이 부활 직후에 곧 등장했다.
- 믿는 유대인들이 토요일에서 주일로 예배일을 변경했다.
- 초기 그리스도인들의 용기와 복음을 위해 죽음을 각오한 태도가 그리스도의 부활에 대한 주장을 뒷받침해 준다.
- 반대에도 불구하고 기독교가 전세계에 폭발적으로 전파된 것도 부활이 일어났다는 증거를 보여 준다.
- 오늘날까지 2천 년 넘게 기독교가 유지되어 온 것도 부활의 증거이다.
- 삶을 변화시키는 복음의 능력은 부활의 가장 강력한 증거 중 하나이다.

**Q 질문** : 성경의 기적들은 실제로 일어난 일이에요? 아니면 산타클로스처럼 꾸며 낸 이야기들이에요?

1. 하나님은 전능하시다. 하나님이 기적을 행하실 때는 단순히 하나님 자신으로 존재하시는 것이다. 하나님은 기적적으로 이스라엘 백성들을 애굽의 노예 생활에서 해방시켜 주셨고, 그의 백성들을 향한 사랑과 공급을 입증해 보이셨다.

2. 성경은 주로 증인들에 의해 기록되었다. 그것은 이야기꾼이 달라질 때마다 이야기의 세세한 부분들이 달라지는 구전이 아니다. 이것이 역사에 관한 성경 이야기의 개연성을 강화해 준다.

3. 우리의 삶 속에서 하나님이 역사하시는 것을 경험할 때 성경의 기적들을 믿기가 더 쉬워진다. 하나님은 믿음에 대해 보상해 주신다. 아브라함은 하나님을 믿었고, 그의 믿음이 그에게 의로 간주되었다.

**A 희망을 담은 대답** : 하나님은 그의 자녀들의 삶 속에서 역사해 오셨고 지금도 역사하고 계셔. 우리는 하나님이 그런 기적들을 행하실 수 있다는 것을 알고 또 그 사건들을 직접 본 증인들에 의해 기록되었다는 것을 알기에 성경의 기적들을 믿을 수 있어. 우리가 하나님을 믿을 때 하나님이 우리에게 복을 주시고, 우리 또한 증인이 되어 하나님이 우리의 삶을 어떻게 변화시키셨는지 다른 사람들에게 전하기를 원하신단다.

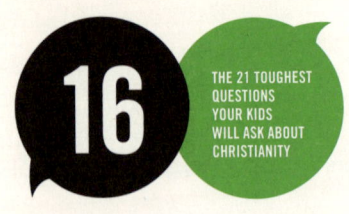

# 성경을 어떻게 이해할 수 있어요?

바보도 알 수는 있다.
요점은 이해하는 것이다.
_ 알버트 아인슈타인

"미심쩍어도 일단 좋은 쪽으로 믿어 보라"는 말이 있다. 어떤 상황에 대해 모든 사실을 알지 못하면(특히 어떤 사람의 인격이나 동기가 의심스러우면) 좀 더 알아볼 수 있을 때까지 판단을 유보해야 한다. 이 말은 원래 수백 년 전에 의사들이 지어낸 말이다. 의사가 진단에 대한 확신이 없을 땐 환자에게 해가 될 수 있는 잘못된 약을 주기보다 차라리 환자가 "좋은 쪽으로 믿게" 하는 게 낫다는 것이다.[1] 그리고 일단은 판단을 내리기 전에 기다리면서 모든 사실을 수집해야 한다.

나는 오늘날 많은 아이들이 성경을 좋은 쪽으로 믿어야 한다고 생각한다. 우리 문화는 성경에 대해 의심하고 종종 넘겨짚도록 가르친다.

한 학생은 내게 "이렇게 오래된 것이 아직도 의미가 있을 수 없어요"라고 말했다. 이런 편견에 대한 최고의 해결책 중 하나가 무엇인지 아는가? 매우 간단하다. 성경을 읽는 것이다. 실제로 사람들이 성경을 읽기 시작하면 성경에 대한 인식과 관점이 긍정적으로 바뀔 수 있다는 것이 정말 놀랍다.

혹시 당신이나 또는 자녀가 성경을 지루하게 느낀다면 그것은 다음과 같은 이유 때문일 수 있다.

- 성경을 읽지 않았다.
- 성경을 믿지 않는다.
- 성경을 이해하지 못한다.

거의 모든 크리스천의 집에 성경책이 있음에도 불구하고 많은 사람들이 성경을 낯설게 느끼고 의미를 찾는 걸 힘들어한다. 당신의 자녀도 그 중 하나일지 모른다. 만일 그렇다면 이 방법을 시도해 보자.

한 달 동안 매일 잠언 한 장을 자녀와 같이 읽는다. 하루에 십 분만 시간을 내면 되고, 31일이면 책 전체를 다 읽게 된다. 그 다음 3주 동안은 요한복음 21장을 한 장씩 읽는다. 점점 성경 읽는 재미에 빠질 것이다. 이런 경험은 자녀가 매일 몇 분이라도 성경을 읽고 싶게 만들고, 말씀의 의미를 점점 더 깊이 이해하게 할 가능성이 높다.

성경을 매일 3장, 주일엔 5장씩 읽으면 해마다 성경을 일독할 수 있다. 당신과 자녀가 성경을 읽기 시작하면서 마음을 열고 성경을 '좋은 쪽으로 믿어 본다면' 놀라울 정도로 이해가 잘되는 것을 발견할 것이다.

### 성경을 읽지 않았다면, 이렇게 하라

사람들이 성경을 지루하다고 생각하는 첫 번째와 두 번째 이유를 해결하기 위해 책이나 다른 뭔가가 해줄 수 있는 일은 실제로 아무것도 없다. 당신이나 혹은 당신의 자녀들이 성경을 읽지 않기로 선택한다면 하나님도 강요하실 수 없다. 실제로 당신이 성경을 배우지 않거나 무지한 상태로 남아 있기 원한다면 그렇게 하는 수밖에. "만일 누구든지 자기를 선지자나 혹은 신령한 자로 생각하거든 내가 너희에게 편지하는 이 글이 주의 명령인 줄 알라 만일 누구든지 알지 못하면 그는 알지 못한 자니라"(고전 14:37-38).

오늘날의 문화에서 우리는 너무 바쁘다 보니 하나님의 말씀을 읽고 공부하는 것 외에 다른 일들이 더 우선시된다. 그러나 하나님의 말씀을 배우는 것은 선택이 아니라 필수다. 내가 이 구절을 반복해 이야기하는 것은 그리스도인의 삶의 열쇠이기 때문이다. "너는 진리의 말씀을 옳게 분별하며 부끄러울 것이 없는 일꾼으로 인정된 자로 자신을 하나님 앞에 드리기를 힘쓰라"(딤후 2:15).

"힘쓰다"로 번역된 헬라어 "스포우다조(spoudazo)"는 "자신의 힘을 다하다"라는 뜻이다.[2] 킹제임스 성경에서 이 단어를 선택한 것은 이 구절의 문맥 때문이지만, 문법적으로 강조점은 노력을 다하는 것에 있고, 그 노력은 "진리의 말씀을 옳게 분별"하는 쪽으로 향해야 한다. 성경 읽기의 책임은 각 개인에게 있으니, 각자 시간을 내서 읽어야 한다. 부모들은 자녀들이 성경 읽을 시간을 계획하도록 도와주어야 한다.

우리의 육체가 성장하고 제대로 기능하려면 건강한 음식이 필요하듯 우리의 믿음도 건강하고 온전해지려면 하나님의 말씀이라는 음식이 필요하다(히 5:12).

### 가족이 함께 성경 공부하는 방법

- 매일 가족 성경공부를 위한 시간을 정해 둔다. 적절한 시간은 각각의 가족마다 다를 것이다. 아침이나 저녁식사 시간이 될 수도 있고, 아침의 첫 시간, 또는 자기 전이 될 수도 있다. 몇 시인지는 중요하지 않다. 중요한 것은 꾸준히 지속하는 것이다! 이것을 우선순위로 삼으라. 매일 하고, 가장 어린 사람부터 가장 나이 많은 사람까지 모두 참여하라(정 안 되면 전화로라도). 짧은 구절을 읽고, 질문을 하고, 자녀들이 질문을 하고 자신의 생각을 나누도록 격려한다. 그날 일어난 일이나 일어날 일에 그 교훈을 적용할 방법을 찾아본다. 그리고 함께 기도하라. 가족 성경 공부 시간은 복잡한 일이 아니며 큰 계획이 필요한 것도 아니다. 여러 경건서적과 웹사이트들을 활용해도 좋고 그냥 성경의 한 권을 선택해서 통독하는 것도 괜찮다.

- 성경 암송은 어린이들과 어른들에게 반드시 필요하다. 시편기자는 "내가 주께 범죄하지 아니하려 하여 주의 말씀을 내 마음에 두었나이다"(시 119:11)라고 말했다. "성령의 검"(엡 6:17)이 없으면 우리가 어떻게 복음을 변호할 수 있겠는가? 가족이 한 구절을 택하여 모두 외우게 하라. 단기적으로 외우는 것이 아니라 완전히 습득할 수 있게 각 구절당 일주일 이상 시간을 주라. 아주 어린 아이들도 한 구절의 조각조각들을 외울 수 있다. 외운 구절들을 잊지 않기 위해 게임 형식으로 지난주에 외운 구절들을 복습하라.

- 당신의 교회에서 제공하는 성경 가르치기 프로그램에 참여하라. 당신의 교회에 이런 프로그램이 없다면 새로 시작하거나 근처 교회의 프로그램에

참석하는 것도 생각해 보라.

- 실생활에서 성경 구절이나 이야기를 적용할 수 있을 때 가르칠 수 있는 기회를 찾으라. 당신의 자녀가 거짓말을 하는 것을 포착한다면 "네 이웃에 대하여 거짓 증거하지 말지니라"(신 5:20)라는 계명을 상기시켜 준다.

### 성경을 믿지 않는다면, 이렇게 하라

성경이 사실이라고 믿지 않는다면 믿지 않는 이유를 스스로 질문해 보아야 한다. 당신이 성경의 정확성이나 진실성에 대해 타당한 질문들을 갖고 있기 때문인가? 아니면 기적을 의심하는 걸까? 열린 마음으로 성경이 사실임을 입증하는 증거를 정직하게 살펴보았는가?

성경에 대해 타당한 의심을 갖고 있다면, 계속 질문하고, 찾고, 두드리라. 그러면 하나님께서 그의 말씀을 신뢰할 수 있다는 것을 보여 주실 것이다(마 7:7).

당신은 단지 성경이 어떻게 살아야 한다고 말하는 부분이 마음에 들지 않기 때문에 성경이 사실이라고 믿기를 거부했을 수도 있다. 내가 만난 어떤 사람은 성경이 죄를 지적하기 때문에 믿지 않기로 선택했다고 말했다. 성경은 그런 사람들을 다음과 같이 묘사한다.

악을 행하는 자마다 빛을 미워하여 빛으로 오지 아니하나니 이는 그 행위가 드러날까 함이요 진리를 따르는 자는 빛으로 오나니 이는 그 행위가 하나님 안에서 행한 것임을 나타내려 함이라 하시니라(요 3:20-21).

성경은 마음의 행위를 드러내는 밝은 빛이다. 그 빛이 우리의 악한 행위를 드러내면 두려움을 빛을 피해 달아나거나 아니면 죄를 자백하고 하나님의 용서를 받을 수 있다. 그 빛이 우리의 선한 행동을 드러낼 때는 우리가 한 일들이 '하나님을 통해' 나온 것임을 다른 사람들도 명백히 보게 될 것이다.

다행히 부모인 당신은 자녀가 성경을 접하도록 강하게 영향을 미칠 수 있다. 집에서 성경을 읽어서 자녀들이 말씀을 듣게 함으로써 그들이 말씀을 사랑하는 아이로 자라도록 도울 수 있다.

또 이렇게 생각해 보라. 처음부터 사탄은 사람들이 하나님의 말씀을 의심하게 만드는 확실한 실적을 갖고 있었다. 사탄이 당신의 자녀들로 하여금 하나님의 말씀을 의심하게 만들고 생명을 주는 예수 그리스도와의 관계를 발견하지 못하게 방해할 수 있다. 그 생명의 관계는 바로 하나님이 그들에게 주기 원하시는 것인데 말이다.

하나님의 대적이 당신의 자녀들의 마음속에 하나님의 말씀에 대한 의심의 씨앗을 뿌리지 못하게 하라. 의심이 싹이 나고 자라서 가시덩굴이 되면 아이의 믿음을 질식시키고 하나님이 그들의 삶 속에서 맺기 원하시는 열매를 망가뜨릴 수 있다.

### 성경을 이해하지 못한다면, 이렇게 하라

하나님의 말씀을 칼에 비유하는 인기 많은 이 구절을 다시 살펴보자. "하나님의 말씀은 살아 있고 활력이 있어 좌우에 날선 어떤 검보다도 예리하여 혼과 영과 및 관절과 골수를 찔러 쪼개기까지 하며 또 마음의 생각과 뜻을 판단하나니"(히 4:12).

헬라어로 "살아 있다"는 "자오(zao)"이고 "활력이 있어"는 "에네르게오(energeo)"이다.[3] 14장에서 영어 "energy"와 "energetic"이 헬라어 어원인 "energeo"에서 왔다고 설명한 것을 기억할 것이다. 우리가 자녀들에게 성경 공부를 위해 시간을 따로 떼어놓도록 가르칠 때 부모 먼저 본을 보여야 한다. 그러면 하나님의 말씀을 통해 하나님을 경험함으로써 오는 기쁨과 흥분, 에네르게오를 참으로 경험하게 될 것이다.

하나님의 말씀은 살아 있는 에너지이지만, 그것을 "옳게 분별"(딤후 2:15)함으로써 우리가 접속되어 있어야 한다. 그래야 그 에너지가 우리의 믿음을 충전해 줄 수 있다. 시간을 내어 성경을 공부하고 정직한 문법적 기술을 적용하지 않으면 하나님의 능력을 잃어버릴 위험이 있다.

### 중요한 기초가 되는 성경공부 방법

자녀가 스스로 하나님의 말씀을 공부하는 습관을 기르도록 도와주라. 습관이란 건 교사나 목사, 또는 부모가 해줄 수는 없다. 아이들이 자신의 믿음 생활에 대해 책임을 지도록 도와주라. 모든 그리스도인은 적어도 몇 가지 기본적인 성경공부 방법을 익혀야 한다.

성경 본문을 공부할 때 6가지 고려할 점이 있다. 이 기본적인 방법들은 "진리의 말씀을 옳게 분별"(딤후 2:15)하는 데 반드시 필요한 것이다.

이제부터 하나씩 살펴보자.

### 1. 문맥을 본다.

성경을 읽을 때 문맥이 중요한 열쇠다. 성경 본문을 제대로 이해하는 첫 걸음은 문맥 속에서 읽는 것이다. 때로는 직접적인 문맥만 보아도 한 구절을 이해하는 데 도움이 되기도 하지만, 몇 장 또는 그 이상을 바라보는 더 넓은 관점이 필요할 때도 있다. 성경의 각 단어는 문장의 일부분이며, 각 문장은 일반적으로 더 큰 단락의 한 부분이거나 더 큰 전체에 들어맞는 생각의 단위임을 명심하라. 우리는 우리 자신과 우리의 자녀들을 위해 상당히 많은 시간을 떼어 놓아야 한다. 그래서 정기적으로 성경을 읽으면서 성경에 나오는 인물, 장소, 주제들에 익숙해져야 한다.

### 2. 그 시대의 예절과 관습을 고려한다.

이해가 되지 않는 어떤 구절들은 때로 쓰인 시대 특유의 표현을 접하거나 번역본에서 다른 의미를 가진 단어들이 사용되었기 때문이다. 어떤 기록된 사건들은 우리에게 이상하게 보이기도 하고 또 그 당시 문화를 이해하지 못해서 핵심을 놓치기도 한다.

예를 들어, 예수님은 한 죄인이 회개할 때 하늘의 천사들이 얼마나 기뻐하는지를 설명하기 위해 다음과 같은 예화를 사용하셨다.

어떤 여자가 열 드라크마가 있는데 하나를 잃으면 등불을 켜고 집을 쓸며 찾아내기까지 부지런히 찾지 아니하겠느냐 또 찾아낸즉 벗과 이웃을 불러 모으고 말하되 나와 함께 즐기자 잃은 드라크마를 찾아내었노라 하리라(눅 15:8-9).

우리는 은이 비싸다고 생각할 수 있으나, 조금만 찾아보면 예수님 시대에 이 동전이 고작 몇 센트의 가치가 있었다는 걸 알 수 있다. 오늘날의 가치로 환산하면 기껏해야 1달러쯤 될 것이다. 그렇다면 왜 그 여인은 이 잃어버린 동전 하나 때문에 잔치를 열려고 할까?

알고 보니 예수님 당시 중동지역의 문화에서 열 드라크마는 신부의 지참금에 포함된 보석 장신구에 붙어 있었다고 한다(약혼반지를 생각해 보라). 현대 여성이 약혼반지에 박힌 돌을 잃어버렸다면, 그 돌이 고유의 가치보다 감정적으로 훨씬 더 큰 가치를 갖고 있다는 걸 이해할 수 있을 것이다. 마찬가지로 예수님은 회개하는 죄인들이 하나님께 이러한 가치가 있다는 것을 이해하도록 돕기 위해 이 예화를 사용하신 것이다.

고대 중동지역의 사고방식으로 성경을 이해하는 데 도움을 줄 수 있는, 성경의 관습과 예절에 관한 책들이 많이 있다. 이런 책들을 자녀들과 함께 읽으면 좋다. 성경 본문의 의도를 알려 주고, 우리를 당혹스럽게 만들 만한 구절들을 설명해 줄 것이다.[4]

### 3. 어떤 단어나 문구가 성경의 다른 곳에서도 사용되었는지 알아본다.

때로는 구절의 문맥이나 그 시대의 예절과 관습들도 특정 단어나 문구, 또는 정서를 이해하는 데 도움이 안 될 때가 있다. 예를 들어, 우리가 잘 아는 "육체의 가시"라는 문구를 살펴보자. 고린도후서 12장에서 사도 바울은 자신이 받은 계시가 "지극히 크므로" 자만하지 않기 위해 "육체에 가시"를 갖게 되었다고 말했다.

여러 계시를 받은 것이 지극히 크므로 너무 자만하지 않게 하시려고 내 육체에 가시 곧 사탄의 사자를 주셨으니 이는 나를 쳐서 너무 자만하지 않게 하려 하심이라 이것이 내게서 떠나가게 하기 위하여 내가 세 번 주께 간구하였더니 나에게 이르시기를 내 은혜가 네게 족하도다 이는 내 능력이 약한 데서 온전하여짐이라 하신지라 그러므로 도리어 크게 기뻐함으로 나의 여러 약한 것들에 대하여 자랑하리니 이는 그리스도의 능력이 내게 머물게 하려 함이라(고후 12:7-9).

바울의 가시가 무엇인가에 대해 많은 추측이 있어 왔지만, 추측으로 성경을 이해하지 말고 성경의 다른 곳에서 가시에 관한 구절을 찾아보는 것이 이 문구의 의미와 문맥을 이해하는 데 도움이 될 수 있다.

성경에서 가시를 언급하는 다른 부분은 민수기 33장 55절이다. "너희가 만일 그 땅의 원주민을 너희 앞에서 몰아내지 아니하면 너희가 남겨둔 자들이 너희의 눈에 가시와 너희의 옆구리에 찌르는 것이 되어 너희가 거주하는 땅에서 너희를 괴롭게 할 것이요."

또 다른 참조 구절은 사사기 2장에 나온다. "너희가 내 목소리를 듣지 아니하였으니 어찌하여 그리하였느냐 그러므로 내가 또 말하기를 내가 그들을 너희 앞에서 쫓아내지 아니하리니 그들이 너희 옆구리에 가시가 될 것이며 그들의 신들이 너희에게 올무가 되리라 하였노라"(삿 2:2-3).

구약성경에서 이스라엘 땅은 하나님이 야곱의 아들들에게 주신 선물이었다. 각 경우에 "너희 옆구리에 가시"라는 표현은 이스라엘이 거주하는 땅에 사는 믿지 않는 사람들을 가리킨다. 하나님은 이스라엘 백성들에게 그 땅에서 가나안인들을 제거하지 않으면 그들이 문제를 일으키고 하나님의 백성들의 옆구리에 가시가 될 거라고 경고하셨다.

고린도후서의 "육체에 가시"라는 문구를 생각할 때 구약성경의 의미를 적용해 볼 수 있다. 그렇다면 바울의 가시는 그에게 문제를 일으키는 불신자들과 관련된 말이 아니었을까 싶다. 이 본문의 바로 앞장인 고린도후서 11장 23-27절에서 바울은 불신자들의 손에 당한 박해를 이야기했다. 바울이 그의 가시를 제거해 달라는 기도는 박해를 당하지 않게 해달라는 부탁이었다. 우리는 또한 하나님이 바울에게 그의 은혜가 족하다고 말씀하신 이유를 알 수 있다. 예수님은 그리스도인들을 세상의 믿지 않는 사람들에게 보내셨다. 예루살렘과 유다, 사마리아, 그리고 땅 끝까지(행 1:8). 그러므로 하나님은 가시를 제거해 달라는 바울의 기도를 들어주실 수 없었다. 불신자들은 바울의 선교지에 속한 이들이었기 때문이다.

성경에서 어떤 단어나 문구가 언급된 다른 부분을 찾아보려면 성경어휘사전을 사용해야 한다. 성경 프로그램이나 온라인 자료들도 있다.[5] 어디를 어떻게 찾아보아야 하는지 알면, 유용한 도구를 가지고 성경을 더 깊이 탐색해 볼 수 있다. 우리 세대가 어릴 때 사전이나 백과사전을 활용하는 법을 배운 것처럼 당신의 자녀들은 어휘사전 사용법을 쉽게 배울 수 있다. 아마 아이들은 당신보다 먼저 컴퓨터 프로그램들을 이해할 것이다.

### 4. 히브리어와 헬라어 용어들을 찾아보고 의미를 알아본다.

성경을 배우는 학생들에게 자국어가 아닌 본래 성경 언어의 의미를 살펴볼 줄 아는 것이 도움이 된다. 당신이 생각하는 것만큼 어렵지 않으니 미리 겁먹을 필요 없다. 유용한 책들과 쉽게 접할 수 있는 온라인 스터디 도구들 덕분에 관심 있는 학생들은 누구나 히브리어(구약성경)나 헬라어(신약성경) 단어 뒤에 감춰진 풍성한 의미를 풀 수 있다.

성경 어휘사전은 기독교 서점에서 쉽게 구할 수 있고, 컴퓨터 성경공부 프로그램도 있다. 이것들은 대부분 사용하기 쉽고 아이들도 금방 익숙해질 수 있다.

대부분의 헬라어와 히브리어 참고자료에는 번역된 뜻이 포함되어 있어서, 굳이 헬라어나 히브리어 단어를 익히거나 발음하는 법을 배우지 않아도 된다. 많은 어휘사전들 또한 발음 안내가 포함되어 있어서 특정 헬라어나 히브리어 단어를 발음

하는 법을 알려 준다.

설교 시간에 헬라어 단어를 인용하는 많은 목사들도 헬라어 신약성경을 유창하게 읽을 줄 아는 건 아니다. 그들도 당신과 내가 사용할 수 있는 똑같은 자료들을 가지고 있을 뿐이다. 이 열쇠들을 사용하여 헬라어와 히브리어를 공부하고, 또 자녀들에게 그것을 사용하는 법을 가르쳐 주는 것은 매우 중요하고 당신과 자녀들이 충분히 할 수 있는 일이다.

### 5. 비유적 표현을 알아본다.

성경에는 비유적 표현이 많이 나온다. 하나님은 자신의 말씀을 설명하기 위해 비유를 사용하신다. 하나님이 성경이라는 한 권의 책을 통해 우리에게 자신을 계시하기로 하셨다고 한다면, 비유 언어를 최대한 많이 사용하셔야 했다는 것이 이해가 된다. 각각의 비유는 서로 다른 점을 강조하는 데 적합하다.

성경의 비유적 표현들에 관한 참고 서적도 찾을 수 있을 것이다. 이런 서적을 아이들과 함께 활용하면 무척 재미있다. 아이들은 성경에 나오는 패턴을 인식할 뿐 아니라 다양한 비유적 표현들에 대해 배우는 걸 즐거워하기 때문이다. 비유는 성경을 더 깊이 이해하도록 돕는다.

하나님의 말씀을 공부하는 데는 노력이 필요하다. 하지만 그것은 보물찾기와 비슷할 수 있다. 먼저 다양한 비유적 표현을 배우고, 다음으로 그것이 강조하는 바를 살펴본다.

때로 비유적 표현은 빈칸을 채워 넣는 것과 같을 수 있다. 예를 들어, 당신의 아이가 과자를 몰래 먹는다든가 동생을 민다든가 가구에 올라가는 등 나쁜 짓을 하려는 걸 본다면 아이를 엄한 눈으로 쳐다보며 단호한 목소리로 "하지 마!"라고 말할 것이다. 다른 행동을 추가로 할 필요가 없다. 당신의 아이는 "하지 마!"라는 한

마디 말로 "네가 지금 하려는 일을 하지 마! 그건 잘못된 것이고, 그렇게 하면 분명히 결과가 따를 거야"라는 뜻으로 모두 이해할 것이기 때문이다. 비유적 표현의 생략을 통해 한 단어로 모든 정보가 전달된다.

### 6. 본문의 세세한 부분들에 주의를 기울인다.

세세하고 또 세세한 부분! 하나님 말씀의 세세한 부분들에 주의하는 것을 우리가 배울 뿐 아니라 우리 자녀들에게도 그와 같이 하도록 가르쳐야 한다. 성경의 모든 단어가 중요하다는 것을 인식하고 또한 생각의 흐름에 영향을 미치는 성경의 단어들을 알 필요가 있다.

"그러나", "하지만", "무엇보다", "그러므로", "만일", "그러면", "어쩌면", "아마도" 같은 단어들은 성경 본문에 포함된 전제 조건이나 흐름의 변화를 나타낼 수 있다.

또한 우리는 장의 구분이 성경이 쓰인 지 오랜 후에 추가된 것임을 기억해야 한다. 일부 성경에 포함된 소제목들도 마찬가지다.

히브리서 저자는 "이러므로"라는 단어로 12장을 시작했다. "이러므로 우리에게 구름같이 둘러싼 허다한 증인들이 있으니 모든 무거운 것과 얽매이기 쉬운 죄를 벗어 버리고 인내로써 우리 앞에 당한 경주를 하며"(히 12:1). "이러므로"라는 단어가 두 생각을 연결하는 접속사이기 때문에 우리는 그 생각의 연결점이 무엇인지를 알아내야 한다.

히브리서 11장은 믿음의 장으로 불리기도 한다. 노아, 아브라함, 사라, 요셉, 모세, 라합, 그리고 큰 믿음으로 알려진 많은 사람들의 이야기가 나온다. 이 신실한 자들이 히브리서 12장 1절에 언급된 "증인들"이다. 우리는 믿음의 경주를 할 때 그들의 본을 보고 영감을 받아야 한다. 이러한 흐름을 따라가지 않으면 우리는 연결점을 보지 못하고 하나님 말씀의 복잡함을 더 깊이 이해하지 못할 것이다.

"그러므로" 같은 단어를 보면 그 단어가 무엇을 위해 있는지를 알아내라!

### 성령의 역할

성령의 역할은 하나님의 말씀을 이해하는 데 매우 중요하다. 우리가 이미 살펴본 두 가지 성경 본문이 이것을 잘 설명해 준다.

"진리의 성령이 오시면 그가 너희를 모든 진리 가운데로 인도하시리니"(요 16:12-13)

"보혜사 곧 아버지께서 내 이름으로 보내실 성령 그가 너희에게 모든 것을 가르치고 내가 너희에게 말한 모든 것을 생각나게 하리라"(요 14:25-26).

요한복음 16장 말씀은 성령이 오시기 전에는 이해할 수 없었던 것들을 이해하도록 도와주실 진리의 성령이 필요함을 말한다. 요한복음 14장에서는 성령이 예수님의 말씀을 생각나게 해주시고 모든 것을 가르치실 것이라고 한다. 성령님이 계시다고 해서 우리가 하나님의 말씀을 공부할 필요성이 없어지는 것은 아니다. 그러나 성령은 우리를 깨우쳐 주시고, 지혜를 주시며, 이 세상에서 올 수 없는 깊은 관점을 갖게 해준다. 많은 경우에 하나님은 우리 안에 계신 성령을 통해 어떤 구절이나 본문을 기억나게 하실 것이다. 우리가 성경을 읽을 때 믿을 만하고 일관성 있는 문법적 기술을 적용해야 하지만, 또한 그 과정에서 하나님이 우리를 인도하시고 지도하시며 영감을 주시도록 해야 한다.

우리는 또한 성령이 우리와 우리 자녀들을 인도해 주시도록 기도해야 한다. 고린도전서 2장 14절은 "육에 속한 사람은 하나님의 성령의 일들을 받지 아니하나니 이는 그것들이 그에게는 어리석게 보임이요, 또 그는 그것들을 알 수도 없나니 그러한 일은 영적으로 분별되기 때문이라"고 말한다. 오직 하나님의 능력으로만 성경을 바르게 이해할 수 있다.

### 말씀으로 변화된다

이 장을 통해 흥미롭고 지혜와 능력이 가득하여 삶을 변화시키는 책으로서 하나님의 말씀을 더 깊이 이해하게 되었기를 바란다. 당신과 당신의 가족들이 성경의 진리들을 배우고 매일매일 그 말씀대로 살려고 노력할 때 점점 변화를 경험할 것이다.

점차 하나님은 그의 말씀을 사용하여 우리가 종교적인 사람들이 되지 않고 지극히 높으신 하나님의 자녀들이 되도록 인도하실 것이다! 하나님의 교훈을 담은 생명의 책이 당신에게 연애편지처럼 읽히기 시작할 것이며, 매일 아침에 깰 때마다 하나님이 당신의 아버지시요, 예수 그리스도가 당신의 형제이며, 성령님이 당신의 모든 걸음을 인도하려 하신다는 사실에 설렐 것이다.

성경을 읽을 때 세세한 부분들에 주의하고, 반드시 몰입해서 읽으라. 읽는 내용을 제대로 이해하지 못한 것 같으면 다시 읽으라! 몇 구절을 읽더라도 깊이 이해하고 묵상하며 다른 구절이나 관련 주제들과 비교해 보는 것이, 30분 동안 읽고도 실제로 읽은 내용을 이해하지 못하는 것보다 낫다. 하나님의 말씀을 공부하는 것은 우리가 평생 자녀들에게 가르쳐야 할 꼭 필요한 훈련이다.

**Q 질문** : 성경을 어떻게 이해할 수 있어요?

1. 성경을 이해하는 가장 좋은 방법은 열심히 몰입해서 읽는 것이다. 익숙해지다 보면 성령의 도움으로 점점 더 잘 이해가 될 것이다. 우리의 믿음이 건강하고 온전해지려면 하나님의 말씀이라는 음식이 필요하다.

2. 때로 사람들이 성경 읽기를 기피하는 이유는 죄를 깨닫게 하기 때문이다. 성경은 선하든 악하든 마음의 행위를 드러내는 밝은 빛이다. 당신이나 당신의 자녀가 성경을 읽지 않으면 죄가 슬며시 들어와 믿음을 약화시키기 쉽다.

3. 당신의 성경 읽기를 도와줄 6가지 도구가 있다.
   - 문맥을 본다.
   - 그 시대의 예절과 관습을 고려한다.
   - 어떤 단어나 문구가 성경의 다른 곳에서도 사용되었는지 알아본다.
   - 히브리어와 헬라어 용어들을 찾아보고 의미를 알아본다.
   - 비유적 표현을 알아본다.
   - 본문의 세세한 부분들에 주의를 기울인다.

**A 희망을 담은 대답** : 진심으로 하나님의 말씀을 이해하고자 하는 사람은 성령을 따를 거란다. 성경 말씀이 너의 삶에 영향을 끼칠 때 지혜와 능력이 가득하고 삶을 변화시키는 책이라는 걸 알게 될 거야.

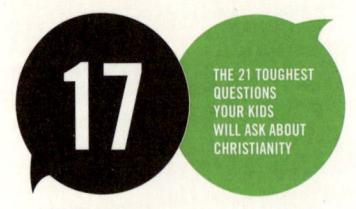

## 친구가 성경은 모순이 있대요. 그게 사실이에요?

> 오늘날은 교회 역사의 어느 시대보다 성경에 모순이 가득하다고 믿을 근거가 부족하다. 그러나 비판적인 철학 이론들은 매우 천천히, 힘들게 죽어 가고 있다.
> _ R. C. 스프라울, 『믿음의 이유 (Reason to Beleive)』

성경을 '외통수'에 걸리게 하려는 웹사이트가 수십 개가 있다. 성경을 비판하는 글을 올리는 개인 블로그도 수백 개에 이른다. 그런 사이트에는 하나님에 대한 장황한 비판과 주장이 담긴 에세이가 다양하게 올라와 있다.

성경이 틀렸음을 입증하는 결정적인 증거가 있는 사이트가 있을까? 그에 대한 답은 "없다"이다. 이런 비판의 글들이 성경이 모순된다는 사실을 새롭게 밝혀냈을까? 다시 말하지만 아니다. 그 사이트들 중 다수는 단순히 다른 사이트에서 가져온 주장들을 반복하는 것에 불과하다. 나는 그런 의심을 가진 사람들의 고민을 듣기 위해 10년 동안 회의론자의 책들을 읽어 왔지만, 명백한 답을 제시하거나 새롭고 독창적인 문제를 제기하는 글을 본 적이 없다. 성경 구절에 대한 도전적인 질문 대부분이 기독교가 생긴 지 처음 몇 세기 동안 이미 제기된 것들이고, 이미 답을 얻은 것들이다.[1] 솔로몬이 말했듯이 "해 아래에는 새 것이 없다"(전 1:9).

당신의 자녀들이 스스로 성경을 공부하고 성경의 진실성을 입증할 때까지는 '어쩌면 세상이 옳고, 성경은 하나님의 말씀이 아닐지도 몰라'라는 무언의 두려움을 갖고 있을 수 있다. 하지만 자녀들이 성경을 공부하게 되고, 하나님의 말씀을 그들의 삶에 적용하며, 그 안에서 하나님이 역사하신 열매를 보게 된다면, 오히려 성경에 대한 확신을 잃기가 더 어렵다. 그러나 그것이 사실이더라도 불신자들은 여전히 그리스도인 자녀들에게 영향을 끼치려 한다!

하나님과 우리의 대적인 사탄은 수천 년 동안 성경에 반대하는 교활한 주장을 미세하게 조정해 왔다. 어떤 사람들의 마음속에서는 사탄이 매우 설득력 있는 주장을 한다. 나는 종종 성경의 권위를 거부하고, 깨달음을 얻어 종교의 속박에서 자유로워졌다고 하는 사람들과 대화를 나눈다. 점점 주류 대학의 교수들이 성경에 반대하는 주장을 함으로써 의도적으로 우리 젊은이들의 믿음을 파괴하려 한다.

### 어두운 음모

당신의 자녀들이 진리를 배우는 걸 방해하려는 마귀의 음모가 존재한다. 성경이 그것을 확증한다(고후 4:4). 해결책은 성경을 더 많이 읽는 것이다. 하나님의 말씀은 우리가 그리스도 안에서 누구인지, 그가 십자가 위에서 우리를 위해 무엇을 이루셨는지 말해 준다. 예수님을 죽음에서 살리신 그 능력에 우리가 접근할 수 있다는 것을 보여 준다. 그 능력은 우리의 삶을 변화시킬 수 있다. 성경은 신자들이 결국 천국에서 예수님과 함께 영원히 살게 될 것을 약속하며, 우리 영혼의 최대 적인 사탄과 그리고 그의 거짓말을 믿는 사람들을 기다리고 있는 끔찍한 최후에 대해 경고한다. 우리의 원수는 우리 마음에서 새로운 사실을 알게 하는 계시적 진리들을 제거하여 우리를 어두움 가운데 두기 원한다.

만일 우리의 복음이 가리었으면 망하는 자들에게 가리어진 것이라 그 중에 이 세상의 신이 믿지 아니하는 자들의 마음을 혼미하게 하여 그리스도의 영광의 복음의 광채가 비치지 못하게 함이니 그리스도는 하나님의 형상이니라 우리는 우리를 전파하는 것이 아니라 오직 그리스도 예수의 주 되신 것과 또 예수를 위하여 우리가 너희의 종 된 것을 전파함이라 어두운 데에 빛이 비치라 말씀하셨던 그 하나님께서 예수 그리스도의 얼굴에 있는 하나님의 영광을 아는 빛을 우리 마음에 비추셨느니라 (고후 4:3-6).

### 무슨 해석인가?

당신의 자녀들이 성경주해(exegesis)와 자기해석(eisegesis)의 차이점을 알면 도움이 될 것이다. 먼저 이 용어들을 살펴보며 그 중요성을 알아보자.

주해, 또는 주석적 연구는 성경 본문이 스스로 말하게 하는 것이다. 그것은 원어(히브리어나 헬라어)를 주의 깊게 읽고 연구하는 것을 포함한다. 주해라는 단어는 말 그대로 "밖으로 이끌다"라는 뜻이다.[2] 성경 본문을 읽고 원어로 무슨 뜻인지를 공부하라. 그것은 어떤 진리를 가르치는가? 본래 저자가 말하려 했던 것은 무엇인가? 이것이 나의 신앙생활에 어떻게 적용되는가?

성경에 대한 정반대의 접근법은 자기해석이다. 이것은 자신의 견해에 근거하여 성경 구절을 해석하는 것이다. 자기해석이라는 단어는 문자적으로 "안으로 이끌다"라는 뜻이다.[3] 이 방법의 위험성은 우리가 자신의 사상과 해석을 성경 본문에 주입시켜 우리가 원하는 의미로 만들어 버리는 데 있다.

주제별 성경 연구는 자기해석을 사용하기 쉽다. 그것은 어떤 생각을 제시한 다음에 그것을 뒷받침하는 성경 구절을 찾는다. 그 구절이 그 사상에 대한 유효한 증거를 제시할 수도 있고 아닐 수도 있다. 본문에 대한 주의 깊은 주해는 그것이 당신의 사상을 뒷받침하는지, 또는 특정 결론을 강요하기 위해 문맥에서 억지로 끄집어낸 것인지를 보여 줄 것이다.

조금 큰 아이들은 용어색인, 어휘사전, 해설 등을 정기적으로 사용해야 한다. 학교에서 사전이나 백과사전을 사용할 수 있으면 이런 자료들을 활용할 수 있다.

자녀들이 새로운 기술에 관심이 많은 것을 이용하여, 이미 이야기했던 소프트웨어 프로그램들을 활용하게 하라. 당신의 자녀들은 아마 컴퓨터 사용에 능숙해서 그 프로그램들을 금방 이해할 것이다. 스마트폰, 전자책 단말기, 앱을 다운로드할 수 있는 다른 기기들을 가지고 있다면 그 안에 성경을 넣어 준다. 다양한 성경 번역과 몇 가지 버전의 읽기 계획이 포함되어 있는 앱이 많이 있다.

복음에 대한 공격은 종종 창세기로 거슬러 올라간다. 성경의 첫 번째 책은 다른 어떤 책보다 더 많은 비난을 받아 왔다. 심지어 많은 그리스도인들도 생명의 기원에 대한 다윈의 견해를 받아들였다. 자녀들은 화석과 고고학적 발견물들이 추정상

수백만 년이 되었다고 배운다. 그들의 믿음이 공격을 당하고 성경에 대한 의문들이 생겨난다. 하지만 하나님의 말씀을 버리기 전에 몇 가지 기억해야 할 것이 있다.

첫째, 성경이 커다란 짐승들에 대해 말하는 부분이 그동안 사람들이 보았던 모습과 맞지 않는다는 이유로 성경이 무시를 당하던 때가 있었다. 욥기 41장에서 리워야단이라는 짐승에 대해 나온다. 이것이 정확히 어떤 종류의 짐승을 말하는 것인지 나는 모른다. 하지만 확실히 내가 자연 다큐멘터리 프로에서 본 짐승들보다는 공룡에 더 가깝게 들린다.

화석을 발견하기 전에는 많은 사람들이 존재를 입증할 수 없는 피조물들에 대한 성경의 묘사를 믿는다는 이유로 조롱을 받았다. 그런데 멸종된 종들의 화석이 많이 발견된 후 비평가들은 성경이 이 피조물들에 대해 충분한 정보를 포함하고 있지 않다고 말한다. '과학적인' 단체가 어떻게 입장을 번복하는지 아는가? 최초의 과학자들은 성경이 존재하지도 않았던 피조물들에 대해 이야기한다고 했다가, 그 다음에는 성경이 그것들에 대해 충분히 말하지 않는다고 한다!

두 번째로 기억할 것은 성경이 생물학 교과서가 아니라는 것이다. 성경은 하나님과 잃어버린 인류를 구해 내고 세상을 하나님과 화해시키는 하나님의 아들에 관한 사랑 이야기이다. 하지만 다윈의 진화론에 관한 것이나 일반적으로 용인되는 이론들은 형편없이 부족하다.

'과학'에 따르면 땅은 한때 바위가 녹았다가 식어서 굳은 것이다. 바다는 증발해서 응결되었다가 땅으로 내려온 물에 의해 형성되었다. 기본적으로 당신은 결국 무익한 바위와 증류한 물이 되는 것이다. 이런 상태에서는 우리가 생명을 얻을 수 없고, (수천까진 아니더라도) 수백만 가지의 다양한 동물과 식물, 곤충, 포유동물 등으로 온 세상을 덮는 생명의 풍요로움은 분명 있을 수 없다.

만일 진화론이 사실이라면 화석 기록은 종의 수가 점점 늘어나는 것을 보여 주어야 한다. 그렇지 않은가? 처음엔 아무것도 없다가 모든 것이 '진화'했다면, 그 수가 점점 더 늘어났을 것이다. 그러나 그 기록은 무엇을 보여 주는가? 화석 연구는 사실상 먼 옛날로 거슬러 갈수록 생물의 종류가 더 다양했음을 보여 준다. 시간이 흐르면서 많은 종들이 멸종된 것을 발견한다. 그것은 모든 것이 창조되었다가 점차 부패하기 시작했음을 말해 준다. 그러면 성경은 이것에 대해 뭐라고 말하는가? "피조물도 썩어짐의 종 노릇 한 데서 해방되어"(롬 8:21).

세 번째로 기억할 것은 진화론을 입증하는 것으로 알려진 화석 기록들, 이를테면 "잃어버린 고리(missing links)" 같은 것들은 의도적으로 변질되고, 잘못 전달되고, 혹은 단순히 지어낸 것들이라는 것이다.[4] '선사시대' 인간의 모든 '세대들'이 작은 뼛조각 하나에 근거를 두기도 한다. 어떤 때는 과학자들이 수백만 마일 떨어진 곳에서 발견된 뼈들을 결합하여 선사시대 인간의 한 '유형'을 만들었다.

과학적인 단체는 이런 오류와 위조 사실을 알고 있지만 신화가 계속 전해지게 하고 있다. 그렇지 않으면 진화론에 오류가 있음을 인정하는 것이 되기 때문이다. 진화론이 틀렸다는 것이 밝혀지면, 창조 뒤에 있는 더 큰 힘에 관한 가설을 세울 수 있는 문이 열릴 것이고, 그 문은 하나님에 대한 믿음으로 인도할 것이다. 아이러니하게도 수많은 과학자들이 처음엔 무신론자나 불가지론자였다가 하나님을 믿게 되었다. 그들은 복잡한 생물학을 연구하다가, 그렇게 복잡한 생물들이 무작위로 생겨날 가능성이 얼마나 희박한 것인지를 알게 되었다.

이 책에서는 창조론과 진화론을 깊이 있게 비교하며 다룰 수 없다. 다만 성경의 진실성에 대한 공격이 종종 창세기에서 시작된다는 것을 지적하기 위해 이 이야기를 한 것이다. 진화론을 가르친 지 거의 1세기 반이 지난 지금, 어른들과 십대들, 심지어 어린아이들 안에도 하나님의 말씀에 대한 불신이 깊이 배어 있다. 당신의 자녀들이 창세기 말씀을 믿지 못한다면 성경 이야기 전체에 대한 믿음이 위태롭다.

> 하나님은 말씀하셨고, 더듬거리지 않으신다. 진리의 하나님은 우리에게 진리의 말씀을 주셨고, 그 말씀엔 거짓이 하나도 없다.
> 
> _ 노만 가이슬러, 『비평가들이 물을 때 (When Critics Ask)』

모세에 의해 쓰여진 창세기는 많은 중요한 기독교 교리들을 위한 기본 틀을 제공한다. 인류의 타락과 죄가 세상에 들어온 것을 이해하지 못하면 복음을 온전히 이해할 수 없다. 인류의 타락을 믿지 못하면 십자가를 믿지 못한다. 그래서 예수님의 말씀에 "모세를 믿었더라면 또 나를 믿었으리니 이는 그가 내게 대하여 기록하였음이라"(요 5:46)고 하신 것이다.

우리 주님은 구약성경에서 모세가 세상이 어떻게 타락하게 되었는지 기록하고, 하나님이 어떻게 인류를 구원하여 우리를 하나님과의 영원한 관계 속으로 이끌려고 계획하셨는지를 예언했다고 지적하셨다. 만일 에덴동산에서 인간이 타락하지 않았다면 왜 예수님이 실제로 죽으셔야만 했겠는가?

## 눈에 띄는 모순점들 다루기

인터넷을 잠깐만 검색해 보면 글쓴이들이 서로 모순된다고 확신하는 성경 구절들의 목록이 많이 보일 것이다. 그것들을 대충 읽어 보면 당신과 당신의 자녀들도 궁금증이 생길 수 있다.

### 누구에게, 언제 쓰였는가?

앞장에서 우리는 "진리의 말씀을 옳게 분별"(딤후 2:15)하기 위한 여러 가지 비결들을 설명했다. 이런 공부 방법들을 제대로 적용하면 이해하기 어렵고 모순된 것처럼 보이는 대부분의 구절들을 읽으면서 서로 잘 맞출 수 있다.

성경 안에서 서로 충돌하는 것처럼 보이는 많은 부분을 가장 쉽게 해결하는 방법 중 하나는 그 본문이 누구에게, 언제 쓰였는지를 파악하는 것이다.

성경 전체를 볼 때 기본적으로 하나님이 말씀하시는 세 종류의 청중이 있는 것을 볼 수 있다. 유대인, 헬라인 또는 이방인[5], 그리고 그리스도가 부활하신 후 교회 또는 그리스도의 몸(구원받은 유대인들과 이방인들)이다. 사도 바울은 고린도전서 10장 32절에서 셋을 모두 언급했다. "유대인에게나 헬라인에게나 하나님의 교회에나 거치는 자가 되지 말고."

표면적으로 보면 다음 구절들이 모순되는 말처럼 보일 것이고, 또 성경을 대충 넘겨보기만 하면 오류가 있다는 결론을 내리게 될 것이다.

본문 A : 동산 각종 나무의 열매는 네가 임의로 먹되(창 2:16).

본문 B : 모든 산 동물은 너희의 먹을 것이 될지라 채소 같이 내가 이것을 다 너희에게 주노라(창 9:3).

본문 C : 너희는 소나 양이나 염소의 기름을 먹지 말 것이요 스스로 죽은 것의 기름이나 짐승에게 찢긴 것의 기름은 다른 데는 쓰려니와 결단코 먹지는 말지니라 사람이 여호와께 화제로 드리는 제물의 기름을 먹으면 그 먹는 자는 자기 백성 중에서 끊어지리라 너희가 사는 모든 곳에서 새나 짐승의 피나 무슨 피든지 먹지 말라 무슨 피든지 먹는 사람이 있으면 그 사람은 다 자기 백성 중에서 끊어지리라(레 7:23-27).

본문 D : 내가 주 예수 안에서 알고 확신하노니 무엇이든지 스스로 속된 것이 없으되(롬 14:14).

이 구절들은 모두 여기에 제시된 것처럼 문맥과 상관없이 따로 읽으면 모순되는 것처럼 보인다. 우리는 고기를 먹어도 되는 걸까 안 되는 걸까? 그러나 조금 더 깊이 들어가서 이 말씀이 누구에게 언제 쓰였는지를 살펴보면 그 말씀을 이해하는 열쇠를 찾을 수 있다.

본문 A에서, 하나님은 누구에게 각종 나무의 열매를 임의로 먹으라고 하셨는가? 아담과 하와다. 본문 B에서 볼 수 있듯이, 노아와 대홍수 전까지는 인간이 짐승의 고기를 먹는 것이 허용되지 않았다.

나중에 하나님이 아브라함, 이삭, 야곱과 그들의 후손들(유대인들)을 따로 구분하여 하나님의 택한 백성으로 삼으셨다. 이때 하나님이 그들에게 새로운 음식에 관한 율법을 주셨다. 본문 C는 그 율법의 작은 부분이다. 그 글이 누구에게 쓰였는지 더 잘 이해하기 위해 앞 구절을 살펴보자. "여호와께서 모세에게 말씀하여 이르시되 이스라엘 자손에게 말하여 이르라 너희는 소나 양이나 염소의 기름을 먹지 말 것이요"(레 7:22-23).

우리는 하나님이 모세를 통해 율법의 일부인 음식에 관한 새 규정을 이스라엘 백성들에게 가르치신 것을 알 수 있다.

겉으로 보이는 성경의 모순 때문에 당혹스럽다고 해서, 이 책의 저자가 잘못했다고 말할 순 없다. 다만 사본에 문제가 있거나, 번역이 잘못됐거나, 당신이 이해하지 못한 것일 수 있다.

_ 성 어거스틴, 『마니교도 파우스투스에 대한 반박 (Reply to Faustus the Manichaean)』

예수님이 부활하신 후 베드로는 환상 속에서 이제 신자들이 모든 음식을 먹어도 된다는 말을 들었다(행 10:9-33). 따라서 본문 D에서 바울이 진심으로 이제 모든 음식을 먹어도 된다고 단언하는 것을 듣는다. 예수님이 율법을 완성하셨기 때문에(마 5:17) 교회는 더 이상 음식에 관한 규정을 따를 의무가 없어진 것이다.

따라서 이 구절들은 전혀 모순이 아니다. 다만 성경 역사에서 각기 다른 시대에 각기 다른 청중들에게 전해졌을 뿐이다. 좋은 스터디 기법들을 사용함으로써 우리는 이 진리를 드러냈다.

### 기억하라, 문맥이 왕이다

성경을 비방하는 자들이 눈에 띄는 모순점들을 찾아내는 또 한 가지 방법은 문맥에서 완전히 분리시키는 것이다. 다음 구절들을 살펴보자.

나더러 주여 주여 하는 자마다 다 천국에 들어갈 것이 아니요(마 7:21).

누구든지 주의 이름을 부르는 자는 구원을 받으리라(행 2:21).

어떻게 된 걸까? 예수님은 "주여 주여" 하는 자마다 다 구원을 받지는 못할 거라고 하셨으나, 베드로는 주의 이름을 부르는 자는 누구든지 구원을 받을 거라고 했다. 각 본문을 문맥 속에서 읽는다면 전혀 모순이 없다는 걸 이해할 것이다.

베드로는 예루살렘의 큰 무리에게 설교를 하고 있었고, 복음을 제시하며 사람들에게 예수 그리스도를 온전히 믿으라고 설득하고 있었다. 이것은 복음전도운동과 같은 것이었다. 그는 요엘 선지자의 말을 인용하여 예수의 이름을 부르는 자는 누구나 구원을 받을 수 있다고 주장했다. 그리고 계속해서 3천 명의 사람들에게 회개하고 세례를 받으라고 호소했다(행 2:38, 41).

마태복음 7장 21절의 문맥을 보면 예수님은 거짓 선지자들, 구원받았다고 주장하지만 구원받지 못한 사람들을 알아보는 법에 대해 말씀하고 계셨다. 예수님은 이 사람들이 양의 옷을 입은 이리와 같고, 우리는 그들이 맺는 열매를 보고 알 수 있다고 말씀하셨다. 그 다음에 "나더러 주여 주여 하는 자마다 다 천국에 들어갈 것이 아니요"라는 말씀으로 이어진 것이다. 예수님은 모든 사람이 구원을 받을 수 없다고 말씀하지 않으셨다. 모든 사람이 구원을 받게 되진 않을 거라고 말씀하신 것이다.

이 구절과 비슷한 구절들을 문맥 속에서 자세히 읽어 보면 모순이 사라진다.

### 상호보완적인가 모순인가?

자동차 사고가 나면 대개 증인들이 많이 있다. 사고 차량 뒤와 앞, 또는 건너편에 있던 다른 차들에 탄 사람들, 거리의 보행자들, 교통 카메라들도 저마다 자기만의 독특한 관점으로 사건을 보았을 것이다. 경찰이 각 증인들을 인터뷰해 보면 실제 일어난 일의 완성되고 정확한 그림이 나온다. 한 명의 이야기가 다른 모든 이야기들과 맞지 않으면 경찰은 그 사람이 거짓말을 하고 있다는 걸 알게 된다.

신약성경의 첫 네 권, 마태복음, 마가복음, 누가복음, 요한복음은 복음서라 불린다. 그것은 예수님의 지상에서의 삶과 사역을 기록하고 있다. 많은 경우에 두 명, 혹은 그 이상의 저자들이 같은 사건을 자신만의 독특한 관점으로 이야기한다. 마태복음 8장, 마가복음 5장, 누가복음 8장에 나오는 가다라 지방의 귀신 들린 남자의 이야기도 여기에 해당된다. 회의론자들은 이 세 본문에서 모순처럼 보이는 것들을 지적한다.

또 예수께서 건너편 가다라 지방에 가시매 귀신 들린 자 둘이 무덤 사이에서 나와 예수를 만나니 그들은 몹시 사나워 아무도 그 길로 지나갈 수 없을 지경이더라(마 8:28).

예수께서 바다 건너편 거라사인의 지방에 이르러 배에서 나오시매 곧 더러운 귀신 들린 사람이 무덤 사이에서 나와 예수를 만나니라(막 5:1-2).

그들이 갈릴리 맞은편 거라사인의 땅에 이르러 예수께서 육지에 내리시매 그 도시 사람으로서 귀신 들린 자 하나가 예수를 만나니 그 사람은 오래 옷을 입지 아니하며 집에 거하지도 아니하고 무덤 사이에 거하는 자라(눅 8:26-27).

마태복음에서는 두 사람이 있었다고 말하는데 반해, 마가복음과 누가복음은 한 사람을 언급한다. 어떤 사람은 그것이 모순이라고 말할 것이다. 모순은 하나의 명제가 다른 명제를 불가능하게 만드는 것이다. 이 경우에 마가와 누가가 한 사람을 언급한 것은 그곳에 두 사람이 있지 않았다는 뜻이 아니다. 그들은 단지 한 사람을 언급한 것뿐이다. 한 사람이 다른 사람보다 목소리가 커서 그 한 사람만 언급한 것은 아닐까? 만약 그들이 "오직 한 명의 귀신 들린 사람"이라고 말했다면 모순이 있을 것이다. 자세한 부분을 생략하거나 포함시키는 것은 모순으로 간주되지 않는다.

이 본문에서 모순이라고 말하는 또 한 가지는 지역 이름이다. 마태는 그곳을 가다라 지방이라고 했고, 마가와 누가는 거라사인의 지방, 거라사인의 땅이라고 했다. 이 차이는 단순한 필기의 오류일 수 있다. 성경 주해들을 보면 다른 사본에 나오는 몇 가지 다른 철자들을 언급하는데, 다 비슷하다. 이런 자세한 부분은 교리를 위협하지 않는다. 따라서 그것을 문제 삼는 것은 사실상 사소한 것으로 흠을 잡는 것이다. 앞에서 그리스도인들은 하나님의 말씀이 원본에선 오류가 없다고 믿지만, 변형된 사본에는 철자가 틀리는 것 같은 작은 오류들이 있다고 말한 것을 기억하라.

대부분의 주해들은 다른 가능성을 뒷받침한다. 즉 거라사라는 마을이 있었는데, 그곳이 가다라라는 도시에 속해 있었다는 것이다. 따라서 거라사 사람들은 거라사인(마가복음과 누가복음)이라고 부를 수도 있고 가다라인(마태복음)이라고 할 수도 있으며, 둘 다 맞는 이름일 것이다. 그것은 맨해튼과 뉴욕의 관계와 같은 것이다. 맨해튼은 뉴욕시 안에 있는 자치구이다. 맨해튼에 사는 사람들은 맨해튼 사람이라고 할 수도 있고 뉴욕 사람이라고 할 수도 있다. 둘 다 맞는 말이다.

그러므로 이 이야기들은 서로 모순되는 것이 아니라 보완해 주는 것이다. 세 본문을 모두 읽으면, 각각의 이야기에서 볼 수 없는 완성된 이야기를 보게 될 것이다.

## 성경에 모순이 있는가? 가지고 와 보라!

당신은 자녀들에게 무엇을 믿도록 가르칠 것인가? 신뢰할 만하고 오류가 없는 것으로 드러난 하나님의 말씀인가, 아니면 불순한 동기를 가지고 성경이 모순으로 가득하다고 주장하는 사람의 말인가? 하나님의 말씀을 의심하려 하는 자들은 당신의 자녀들이 하나님을 알지 못하게 하려고 애쓰는 자들임을 명심해야 한다.

지금까지 사람들이 말하는 성경의 모순점들을 몇 가지 제시하고 그것들을 반박하는 법을 보여 주었다. 그 모든 것은 결국 말씀을 정확하고 완벽하게 공부하는 것으로 귀결된다. 어떤 사람들은 성경을 공부하고 하나님 말씀의 진실성을 변호하는 것이 매우 힘든 일이라고 말할 것이다. 맞는 말이다. 하지만 그만큼 노력하며 추구할 가치가 있다.

**Q 질문** : 학교 친구는 성경이 모순된다고 말해요. 그게 사실인가요? 성경에 오류가 있나요? 이렇게 오래된 책을 믿어도 되는 건가요? 성경에 오류가 있다는 증거들을 나열하는 웹사이트들은 어떻게 설명할 수 있어요?

1. 성경을 폄하하는 웹사이트들은 굉장히 많다. 하지만 그 사이트들의 주장과 소위 모순의 증거들은 전혀 새로운 것이 없다.

2. 성경은 신뢰할 수 없다고 그리스도인들을 설득하려 하는 불신자들은 판단력이 흐릿해진 것이다.

3. 스터디 도구들을 활용하여, 성경 본문에서 모순처럼 보이는 것들을 해결할 수 있다. 성경을 해석할 때 학자들은 목표로 하는 청중, 문맥, 본문의 목적, 그리고 본문이 상호보완적인지 모순되는지 등을 고려한다.

**A 희망을 담은 대답** : 너에게 어려운 성경 구절들의 긴 목록을 보여 주면 혼란스러울 수 있어. 하지만 주의 깊게 성경을 공부해 보면 성경이 믿을 만한 것임을 스스로 입증한다는 걸 확신할 수 있게 될 거야.

모든
크리스천 가정의
양육 필독서

질문하는 아이
대답하는 부모

THE 21 TOUGHEST
QUESTIONS
YOUR KIDS
WILL ASK ABOUT
CHRISTIANITY

Q & A

# 05

## 교회에 대한 질문들

# 왜 이렇게 위선자 같은 그리스도인들이 많죠?

1세기에 팔레스타인에서 기독교는 믿는 자들의 공동체였다.
그것이 그리스로 가서 하나의 철학이 되었다.
로마로 가서는 하나의 제도가 되었다.
유럽으로 가서는 하나의 문화가 되었다.
그리고 미국으로 가서 사업이 되었다.
_ 샘 패스코, 성공회 사제

약간 거만하게 보이는 교회 집사가 소년들에게 그리스도인의 삶의 중요성을 강조하는 이야기를 하면서 이렇게 물었다. "사람들이 나를 그리스도인이라고 부르는 이유가 뭘까?" 잠시 침묵이 흐른 후 한 아이가 대답했다. "아마 그 사람들이 집사님을 모르기 때문일 거예요."

이런 사람들을 만난 적이 있는가? 그리스도인이라고 주장하지만 그리스도인답게 행동하지 않는 사람들이 있다. 교회가 그런 위선자들로 가득하다는 것은 누구나 아는 사실이다.

이 장의 질문 뒤에 감춰진 신화를 바로잡음으로써 이 대화를 시작해 보자. 모든 그리스도인들이 다 위선자는 아니다. 하지만 교회 안의 위선자들이 분명 존재한다. 이것이 위험한 이유는 많은 불신자들이 이런 위선을 핑계로 예수 그리스도의 교회를 거부한다는 데 있다.

## 위선의 정의

두 종류의 위선을 살펴볼 것이다. 먼저 각각의 위선을 정의한 다음, 자녀들이 위선이라는 덫을 핑계로 기독교를 떠나지 않도록 우리가 어떻게 도와줄 수 있는지 알려줄 것이다.

"위선"이라는 용어를 정의하는 첫 번째 방법, 그리고 성경에서 좀 더 자주 사용되는 의미는 "연기를 하는 것" 혹은 "가면을 쓰는 것"이다. 그것은 마음의 신념과 맞지 않는 외적인 행동들에 대해 더 많은 것을 말해 준다. 이것은 하나님을 따른다고 주장하지만 마음속으로는 그렇지 않은 사람들을 묘사한다. 그것은 모두 쇼에 불과하다. 여기서 위선자는 그리스도인이라고 주장하고 심지어 교회에서 활발히 활동하고 있지만 참으로 거듭나지 않은 사람을 뜻한다.

위선의 두 번째 정의는 "말과 행동이 다른 것" 또는 "자신이 주장하는 바와 실제 모습이 다른 것"이다. 그리스도를 영화롭게 하지 않는 행동을 하는 그리스도인이 그런 사람일 것이다. 우리도 정직하게 들여다보면 누구나 이 범주에 자주 속한다는 것을 인정하게 된다.

두 정의는 진정한 마음과 동기를 명백하고 고의적으로 다르게 표현한다는 점에서 서로 비슷하다. 세상이 예수님의 모범을 볼 수 있는 유일한 통로는 바로 그분의 교회 안에 있는 그분의 사람들이다. 우리는 주님이 우리에게 명하신 것을 참되고 정확하게 나타내려고 노력해야 한다. 그렇지 못할 때 우리는 사과하고 용서를 구하며 보상하고 죄짓는 것을 중단해야 한다.

우리는 위선자가 될 수 있는 모든 방법들을 살펴보지 않을 것이다. 우리는 교회 전체를 변화시킬 수 없다. 그러나 하나님이 당신을 변화시키시게 할 수 있고, 이 변화는 당신의 자녀들에게 영향을 미칠 수 있다. 따라서 우리는 성경에서 말하는 그리스도인의 모습이 어떠해야 하는지 살펴보고 그 기준으로 우리의 삶을 평가할 것이다. 그리고 나서 우리 자녀들이 똑같은 기준을 가지고 그들 자신의 삶을 평가하도록 도울 수 있다.

## '척'만 하는 위선자

1936년에 처음 출항한 퀸 메리호는 바다를 횡단하는 가장 큰 배였다. 30년 세월을 운항한 배는 1967년에 캘리포니아 롱비치에 정박되어 물 위에 떠 있는 호텔이자 박물관이 되었다.

1994년에 수리에 들어갔을 때 원양선의 높은 굴뚝들이 복원을 위해 제거되었다. 굴뚝을 구성하고 있는 강판은 이미 다 부식되었고 남아 있는 건 110겹의 페인트뿐이었다.[1]

마태복음 23장에서 예수님은 안과 밖이 서로 다른 그 당시의 종교 지도자들을 다루셨다. 그 지도자들은 단지 믿음이 있는 척만 하는 사람들이었다. 예수님은 일곱 번이나 그들에게 "화 있을진저"라고 말씀하셨다(그 말은 "저주 받은" 또는 "죄가 있는" 사람들이란 뜻이다). 예수님은 성전에서 많은 사람들을 앞에 두고 그들을 "외식하는 자들"이라고 부르셨다. 그날 예수님이 많은 사람들과 친구가 되셨을까 하는 의심이 든다!

종교 지도자들(서기관과 바리새인들)은 성전의 임무를 행하며 사람들을 위해 율법을 해석해 주었다. 그들은 권세가 있었고 높이 존경을 받았다. 하지만 예수님은 그들에 관한 진실을 알고 계셨다. 그것이 모두 보이기 위한 것이라는 사실이다. 그들은 자신들의 권한과 지위를 가지고 사람들을 이용했고 자기 자신을 더 좋게 보이게 했다. 그들의 종교적 리더십은 그들에게 하나의 의무이자 지위의 상징에 불과한 것이 되었다. 오래된 퀸 메리호의 굴뚝처럼 예수님 시대의 종교 지도자들에겐 실체가 없었다. 주님은 그들에게 진정한 하나님과의 관계가 결여되어 있음을 지적하셨다.

화 있을진저 외식하는 서기관들과 바리새인들이여 회칠한 무덤 같으니 겉으로는 아름답게 보이나 그 안에는 죽은 사람의 뼈와 모든 더러운 것이 가득하도다 이와 같이 너희도 겉으로는 사람에게 옳게 보이되 안으로는 외식과 불법이 가득하도다 (마 23:27-28).

유대인 지도자들은 겉으로는 의롭게 보였지만 그들의 마음은 더러웠다. 그들에겐 진정한 하나님과의 관계가 없었다.

주일마다 교회에 앉아 있는 사람들 중에 이런 사람들이 있다. 그들은 겉으로는 좋아 보이지만 사실은 하나님과의 관계가 없다. 안타깝고도 위험한 사실은 그들이 겉모습은 신앙적이지만 실제로 구원받지 못했다는 것이다. 그런 사람들은 주님을 사랑하기 때문에 교회에 오는 것이 아니라 의무감으로 오는 것이다. 그들은 '우리 가족은 내가 여기 오길 바란다'고 생각할 것이다. 또 어떤 이들은 공동체 안에서 지위를 얻기 위해, 또는 사업적인 접촉을 위해 교회 예배에 참석하기도 한다.

하지만 그들은 영화에 나오는 배우처럼 연기를 하고 있다. 보여 주기 위한 행동을 하고, 영적으로 보이려고 애를 쓰지만, 실은 자신과 다른 모습을 연기하는 위선자들이다.

## 곡식인가 가라지인가?

마태복음 13장 24-30절은 하늘나라를 밭으로 묘사한다. 밭에는 곡식만 있는 게 아니라 가라지가 함께 자란다. 가라지와 곡식이 어릴 때는 둘을 분간할 방법이 없다. 그러나 곡식이 좀 더 자라면 가라지와 구별되는 특성들이 나타난다.

마찬가지로 교회는 구원받은 죄인들로 가득하고 그들은 '성장하는 중'이다. 교회에는 또한 참된 제자가 아닌 위선자들도 있다. 겉에서 보면 그들의 행동은 같아 보이기도 한다.

나는 비록 불완전한 그리스도인의 행위라도 진짜 그리스도인의 행위와 위선자의 행위를 구분하는 세 가지 기준이 있다고 생각한다.

첫째, 참된 제자들은 실수를 하거나 무례한 행동을 하거나 그리스도를 닮지 않은 행동을 했을 때 사과를 할 것이다. 둘째, 시간이 지나면서 참된 신자들의 삶 속에 성령의 열매가 자라나는 것을 보게 될 것이다. 셋째, 의로운 제자들은 봉사뿐 아니라 격려와 사랑과 진정한 자기희생을 통해 은사를 개발하고 그리스도인 공동체를 위해 그 은사를 돌려줄 것이다.

스위스 바젤에서는 해마다 도시 사람들이 가면을 쓰고 축제를 했다. 사람들은 평소 같으면 생각도 안 했을 나쁜 행동을 하고, 갈 생각도 하지 않았을 도시의 어두운 곳들을 찾아다녔다. 신분을 감춰 주는 가면 덕에 과감하게 이런 일들을 할 수 있는 것이다. 어느 해에는 구세군에서 도덕적 기준을 버린 행동들이 걱정되어 온 도시에 "하나님은 가면 뒤를 보십니다"라고 쓴 표지판을 설치해 두었다. [2] "대저 사람의 길은 여호와의 눈 앞에 있나니"(잠 5:21).

슬프게도 어떤 사람들은 자기가 연기를 하고 있다는 것도 깨닫지 못한다. 그들은 그 모든 것이 보이기 위한 것이라는 것을 인정하지 않는다. 종교적 의무를 다하는 것만으로도 충분히 하나님께 의롭다는 인정을 받을 수 있다고 생각한다.

하나님과의 진정한 관계가 없기 때문에 그들은 삶 속에서 하나님 말씀의 교훈들을 적용할 이유를 찾지 못한다. 그래서 어떤 식으로든 자기들이 원하는 대로 산다. 불신자들은 그리스도인임을 주장할 뿐인 사람이 실제로 하나님과 아무 관계가 없다는 걸 알지 못한다. 스스로 그리스도인이라 주장하지만 전혀 그리스도인답지 않게 행동하는 사람을 볼 뿐이다. 그들이 보는 건 위선자의 모습이다.

그저 '척'만 하는 위선자들이 진심으로 죄에서 돌이켜 그리스도를 온전히 믿지 않으면 언젠가 자신의 위선에 대해 책임을 져야 할 것이다.

생각해 보라. 어떤 사람이 몇 년 동안 주의 일을 하면서, 그 일의 주인이신 하나님을 모른다. 이것은 너무나 가슴 아픈 사실이다.

아이들이 교회에서 사람들의 이중성을 보게 될 때 그것은 아이들의 신앙에 해가 될 수 있다.

### 간디의 변명

마하트마 간디는 성경을 연구하고, 인생을 살면서 많은 그리스도인 친구들을 사귀었지만 기독교를 거부하였다. 그 이유 중 하나가 물질주의적인 그리스도인들에게 감동을 받지 못했기 때문이다. 그는 "나는 당신의 그리스도가 좋다. 그런데 당신네 그리스도인들은 싫다. 그리스도인들은 당신들의 그리스도와 너무 다르다"고 말했다.³

그러나 그리스도인들의 나쁜 행위가 예수님을 구세주로 영접하지 않는 타당한 이유가 될까? 더 중요한 것은 이것이다. 당신의 자녀가 위선자들 때문에 기독교를 거부한다고 핑계댈 수 있을까? 나는 그렇지 않다고 생각한다. 그리스도인의 위선에 반대하는 사람은 보이지 않는 가면이 있다는 것을 알고 있다. 그것은 곧 죄이다. 세상에 죄인들이 존재한다는 사실은 오히려 그리스도와 그의 구원이 필요하다는 뜻이다.

당신의 자녀가 이 어려운 문제를 온유하면서도 단호하게 받아들이도록 도우라. 당신의 자녀는 궁극적으로 예수님과 구원에 대해 결정을 내릴 책임이 있다. 그러나 그 결정의 근거는 우리를 실망시키는 그리스도인들의 삶이 아니라 예수님의 삶과 그의 가르침에 두어야 한다.

## 내가 하는 대로 말고 내가 말하는 대로 하라는 위선자

두 번째 유형의 위선자는 그리스도인답게 행동하지 않는 그리스도인이다. 이런 위선자들은 구원을 받고, 그리스도와 중요한 관계를 맺고 있는 것처럼 주일날 교회에 간다. 그들은 '그저 척만 하는 위선자'와 어느 정도 겹치는 부분이 있을 것이다. 그들은 주중에는 하나님의 말씀에 위배되는 일들을 하며 살아간다. 좋은 말만 할뿐 좋은 행동은 하지 않는다.

하나님을 믿지 않는 사람들도 그리스도인들이 어떠해야 하고 어떻게 행동해야 하는지에 대한 자신들만의 생각이 있다. 그들의 생각이 정말 그리스도를 따르는 자의 성경적인 모습이든 아니든 이러한 인식들은 때로 사람들로 하여금 대부분의 그리스도인들을 위선자라고 믿게 만든다.

그리스도인들이 기억해야 할 중요한 사실은 우리가 참으로 거듭났다면 따라야 할 삶의 기준이 있다는 것이다. 비난하기 위해 이 말을 하는 것이 아니다. 모든 사람이 때때로 실수를 저지른다는 것은 누구나 아는 사실이다. 하지만 그리스도를 우리의 구주로 영접할 때 성령님이 우리의 삶 속에서 일하시며 우리를 그리스도 닮게 변화시키시도록 할 거라는 암묵적인 약속이 있다(롬 8:4; 갈 3:3).

대부분의 개신교회들은 근본적으로 신앙생활의 시작점이 다음과 같은 말씀에 있다는 데 동의한다. "네가 만일 네 입으로 예수를 주로 시인하며 또 하나님께서 그를 죽은 자 가운데서 살리신 것을 네 마음에 믿으면 구원을 받으리라"(롬 10:9).

대부분의 신학자들은 여기서 바울이 꼭 예수님의 신성이 아니라 우리에 대한 예수님의 권위와 관련하여 예수님의 주되심을 이야기하고 있다는 데 동의한다. 스트롱 성구사전(Strong's Concerdance)은 로마서 10장에서 "주"로 번역된 헬라어 "쿠리오스(kurios)"를 "최고의 권위자"로 정의한다.[4] 세이어 헬라어 어휘사전(Thayer's Greek Lexicon)은 "어떤 사람이나 사물이 속한 분, 그것에 대해 결정권을 갖고 계신 분, 주인, 주님"[5]이라고 덧붙인다.

그리스도를 우리의 '주인', 혹은 '최고 권위자'로 모실 때 우리의 삶에 그분의 인도하심과 감화하심이 나타나야 한다. 세상의 빛이신 주님이 우리 안에 계실 때 그 빛이 우리를 통해 다른 사람들에게 비추어야 한다. "이같이 너희 빛이 사람 앞에 비치게 하여 그들로 너희 착한 행실을 보고 하늘에 계신 너희 아버지께 영광을 돌리게 하라"(마 5:16)는 말씀처럼 말이다.

어떤 사람들은 "너는 구제할 때에 오른손이 하는 것을 왼손이 모르게 하여 네 구제함을 은밀하게 하라 은밀한 중에 보시는 너의 아버지께서 갚으시리라"(마 6:3-4)는 말씀과 비교하여 혼란을 준다고 말한다.

이 구절을 문맥 속에서 이해하는 것이 눈에 보이는 모순을 해결하는 데 도움이 될 것이다. 앞의 마태복음 5장 16절에서 예수님은 산상설교를 하시는 중이었다. 바로 제자들에게 그들의 마음가짐과 사명에 대해서 말씀하시는 중이었다. 그 사명은 "세상의 소금"(마 5:13)이 되라는 것이었다.

소금은 맛을 더하는 양념뿐 아니라 방부제로도 사용된다. 여기서 소금은 박테리아의 번식을 막는 것을 의미한다. 세상의 소금으로서 우리는 죄의 박테리아가 세상에 퍼지는 것을 막아야 한다. 우리의 말뿐만 아니라 행동으로도 정확한 구원 메시지를 전달하는 데 노력을 집중해야 한다.

그리스도인들이 복음 전도를 복음 전도자들에게만 맡기려 할 때가 너무나 많다. 하지만 복음 전도자들에게 사람들을 그리스도께 인도하는 데 가장 큰 방해가 되는 것이 뭐냐고 물으면, 그리스도의 몸된 이들이 세상에 좋은 본을 보이지 못하고 있는 것이라고 고백할 것이다.

그것을 바로잡을 수 있는 사람은 없다. 하지만 우리는 그리스도가 우리를 위해 십자가 위에서 행하신 일을 다른 사람들에게 보여 주기 위해 노력할 수 있다. 우리가 믿음 안에서 그리스도와 가까이 동행할 때 우리의 삶을 통해 삶을 변화시키는 그리스도의 능력을 세상에 나타내야 한다. 사도 바울이 "그러므로 우리가 그리스도를 대신하여 사신이 되어 하나님이 우리를 통하여 너희를 권면하시는 것 같이 그리스도를 대신하여 간청하노니 너희는 하나님과 화목하라"(고후 5:20)고 말한 것처럼 말이다.

대사는 다른 나라에 대한 한 나라의 공인된 대표자이다. 대사들은 대통령을 위해 말할 권한이 있고, 그들이 대표하는 사람의 뜻을 충실하게 전할 책임이 있다. 그리스도의 대사로서 우리도 그러한 권한과 책임이 있다.

사람들이 우리를 보고, 우리와 이야기를 나눌 때 우리 안에 계신 그리스도를 느낄 수 있어야 한다. 그분의 평안, 그분의 인내, 그분의 사랑, 그분의 은혜, 그분의 자비, 사람들이 구원받고 하나님과 올바른 관계를 맺기 원하는 그분의 갈망이 우리 마음에서 성령의 열매와 함께 흘러넘쳐야 한다. 이런 자질들이 넘쳐 나려면 우리가 먼저 충만해져야 하고, 우리가 충만해지려면 먼저 원천에 다가가야 한다. 원천은 예수님과 성령님이다. 하나님을 대변했던 예레미야 선지자는 이렇게 경고했다.

내 백성이 두 가지 악을 행하였나니 곧 그들이 생수의 근원되는 나를 버린 것과 스스로 웅덩이를 판 것인데 그것은 그 물을 가두지 못할 터진 웅덩이들이니라(렘 2:13).

"생수의 근원"이라 하시는 하나님을 버릴 때 우리의 믿음과 기도 생활이 메마르고 공허한 것을 발견한다. 웅덩이는 물을 담아 두기 위한 우물이나 용기를 말한다. 만일 우리가 하나님의 생수를 거부한다면, 즉 그분의 말씀과 우리 삶 속에서 그분의 임재를 거부한다면 자연히 우리 자신의 웅덩이, 곧 "물을 가두지 못할 터진 웅덩이들"을 팔 것이다. 웅덩이는 하나님 말씀의 철저한 조사를 받지 않고 "생수"를 담아 두지 않는 우리의 종교적 신념, 전통, 습관들을 나타낸다.

많은 경우에 우리는 사람들이 하는 말을 믿는다. 성경이 우리에게 진리를 말해 주는지 알아보기 위해 시간을 들여 성경을 살피지 않는다. 사도행전 17장 11절에 나오는 베뢰아 사람들이 한 일을 보라. 그들은 그렇지 않았다. 삶에 열매가 없고 그리스도를 위해 밝은 빛을 발하지 못하는 이유는 우리가 예수님의 관계가 아니라 우리의 종교성에 몰두해 있기 때문이다.

**말과 행동으로 보여 주라**

자녀들이 스스로 그리스도인이라고 주장하지만 실제 삶은 그와 다른 사람들을 보게 되는 것은 슬픈 일이다. "스스로 깨끗한 자로 여기면서도 자기의 더러운 것을 씻지 아니하는 무리가 있느니라"(잠 30:12). 이런 행동이 아이들에게 나쁜 본이 된다. 나는 어린 그리스도인들이 이런 부류로 자랄까 봐 걱정이 된다. 하지만 우리가 자녀들에게 더 좋은 본을 보이기 위해 할 수 있는 일들이 있다. 우리는 그리스도를 따르는 자들로서 의로운 삶을 추구할 책임이 있다. 우리는 믿음을 성장시켜야 한다.

여기서 믿음은 우리 주님에 대한 신뢰를 뜻한다. 우리의 믿음을 성장시키려면 하나님이 우리에게 무엇을 기대하시는지 알 수 있도록 성경을 공부하고 성령님이 우리를 변화시키실 수 있도록 우리의 믿음을 세워가야 한다. 로마서 말씀은 그것을 이렇게 표현한다. "그러므로 믿음은 들음에서 나며 들음은 그리스도의 말씀으로 말미암았느니라"(롬 10:17).

부모들이여, 자녀들이 위선에 빠지지 않게 하는 가장 좋은 방법은 당신 자신이 위선을 피하는 것이다. 하나님과의 깊고 의미 있는 관계를 추구한다는 관점에서 다음 말씀들을 살펴보라.

여호와께서 이와 같이 말씀하시니라
무릇 사람을 믿으며
육신으로 그의 힘을 삼고
마음이 여호와에게서 떠난 그 사람은 저주를 받을 것이라
… 그러나 무릇 여호와를 의지하며

여호와를 의뢰하는 그 사람은 복을 받을 것이라

그는 물가에 심어진 나무가

그 뿌리를 강변에 뻗치고

더위가 올지라도 두려워하지 아니하며

그 잎이 청청하며

가무는 해에도 걱정이 없고

결실이 그치지 아니함 같으리라(렘 17:5, 7-8).

우리가 "생수의 근원"(렘 2:13)이신 주님과의 살아 있는 관계를 추구할 때 우리와 주님과의 관계 속에서 열매를 맺을 것이며(렘 17:8) 우리 자녀들이 그것을 보게 될 것이다. 사회에서 무슨 일이 일어나든 간에, 우리의 발이 단단한 바위 위에 놓여 있으면 우리의 말과 행동으로 나타나는 특성들로 인해 우리의 삶이 다른 것을 자녀들이 알게 될 것이다.

마태복음 7장 18-20절은 이렇게 말한다. "좋은 나무가 나쁜 열매를 맺을 수 없고 못된 나무가 아름다운 열매를 맺을 수 없느니라 아름다운 열매를 맺지 아니하는 나무마다 찍혀 불에 던져지느니라 이러므로 그들의 열매로 그들을 알리라."

이러한 것들이 한 사람의 삶 속에 하나님이 임재하심으로 나타나는 실제적인 증거들이며, 성령의 열매의 달콤하고 풍부한 맛과 향기는 누구나 느낄 수 있다. 비록 그 열매의 근원을 인정하지 않더라도 말이다.

마찬가지로 어떤 사람의 삶 속에 성령의 열매가 없으면 주변 모든 사람들에게 명백히 드러난다. 가혹함, 이기심, 무례함, 빈정댐, 방종은 하나님과의 관계가 결여되어 있음을 나타내는 몇 가지 증거들이다.

성령의 열매는 갈라디아서에 나와 있다. "오직 성령의 열매는 사랑과 희락과 화평과 오래 참음과 자비와 양선과 충성과 온유와 절제니 이같은 것을 금지할 법이 없느니라"(갈 5:22-23). 참된 영적 열매는 당신의 자녀들이 보았을 때 오해의 여지가 절대 없다.

**Q 질문** : 왜 이렇게 그리스도인들은 위선자들이 많을까요? 신자들도 따르지 않는 신앙을 내가 어떻게 믿을 수 있어요?

1. 모든 그리스도인들이 위선자는 아니다.

2. 어떤 사람들은 교회에 나가고 그리스도를 따른다고 주장하지만, 참된 신자가 아니다. 예수님 시대의 바리새인들처럼 이 사람들은 종교가 자신들에게 무엇을 해줄 수 있는지를 본다. 이들은 회개하고 진심으로 그리스도를 따라야 한다.

3. 믿는 자들이 위선자처럼 보이는 이유는 우리의 영적 생활에서 아무도 완벽하지 않기 때문이다. 우리가 예수님을 영화롭게 하는 삶을 살려면 우리 자신을 살피고 성령을 더욱더 의지해야 한다.

4. 몇몇 성도들의 나쁜 행동만 보고 기독교를 평가해서는 안 된다. 예수님의 삶과 성경의 가르침을 보고 기독교를 판단해야 한다.

**A 희망을 담은 대답** : 교회에 다니고 신앙심이 있는 것처럼 보이지만 사실은 위선자인 사람들이 있지. 이들은 그리스도와 참된 관계를 맺고 있지 않아. 참된 신자들에게서도 위선적인 행동들을 볼 수 있는 이유는 아직 우리 안에 죄악된 본성이 남아 있기 때문이야. 우리는 성령의 열매가 삶 속에 나타날 수 있도록 서로 성령 안에서 행하도록 격려해야 한단다.

# 왜 그리스도인들은
# 다른 사람을 판단하는 거죠?

누군가를 도와줄 만큼 사랑하려면,
판단하는 마음에서 나오는 독선적인 불빛을 버려야 한다.
_ 론 홀, 『어떤 차이가 있는가? (What Difference Do It Make?)』

릭 드골은 루이지애나 뉴올리언스의 악명 높은 버번 스트리트에서 흥청대며 먹고 마시는 파티 참석자들에게 복음을 전하고 전도지를 나눠 주었다.

그는 사람 많은 술집, 스트립쇼를 하는 나이트클럽을 돌아다니며 과도하게 술을 마시는 대학생들에게 전도지를 나눠 주었다. 그는 전도지를 통해 그 중 몇 사람과 영적인 대화를 나눌 수 있게 해달라고 기도했다. 놀랍게도 많은 사람들이 그가 전하는 작은 복음 책자를 받았다. 어떤 이들은 그 자리에서 읽기 시작했고, 어떤 이들은 주머니에 넣었으며, 그냥 땅에 버리는 사람들도 있었다. 그것을 원치 않는 대부분의 사람들은 거절하며 자기 갈 길을 갔다.

릭이 스트립쇼를 하는 나이트클럽을 지나가는데 그가 아는 한 젊은 여자가 클럽에서 나왔다. 릭은 그녀에게 전도지를 주면서 이렇게 말했다. "셰리, 좋은 날 되길 바랄게!"

셰리는 그의 얼굴을 제대로 쳐다보지도 않고 화를 내며 쏘아붙였다. "성경은 그리스도인들이 다른 사람들을 판단해선 안 된다고 말하지 않아?"

릭은 깜짝 놀랐다. 그는 판단하는 말을 한 적이 없었다. 그런데 그녀는 그가 기독교 전단지를 나눠 준다는 이유만으로 그녀를 판단하고 있다고 생각하는 듯했다. 신자와 불신자 할 것 없이 가장 많이 알려진 말씀이 요한복음 3장 16절이었던 때가 있었다. 지금은 "비판을 받지 아니하려거든 비판하지 말라"(마 7:1)는 말씀이 가장 널리 알려져 있고 또 인용되는 듯하다.

2007년에 시행한 조사에 의하면 젊은 비그리스도인들 중에 87퍼센트는 그리스도인들이 비판을 잘한다고 인식하고 있었다.[1]

우리 문화 속에서 그리스도인들이 비판적이라는 사고방식은 우리 아이들에게 어떤 영향을 끼치고 있을까? 세상이 그런 기준을 가진 자들을 짜증나고 고지식한 사람들이라고 말할 때 어떻게 하면 자녀들이 그리스도인의 기준을 가지고 살도록 가르칠 수 있을까? 실제로 그리스도인들은 비판을 잘할까?

**그리스도인들은 남을 판단하는 자들인가?**

그리스도인들은 모든 사람을 판단할까? 그렇다. 하지만 그렇다고 해서 우리가 악의를 품어야 한다는 뜻은 아니다.

"판단"이라는 단어는 잘 알고 결정을 내리며 그 결정에 따라 행동하는 것을 뜻한다. 그리스도인이든 비그리스도인이든, 우리는 모두 매일 만나는 사람들에 대해 결정을 내리거나 판단을 한다. 그들이 우리와 비슷한지 아닌지, 그들과 친해질 것인지 멀리할 것인지, 그들이 신뢰할 만한 사람들인지 결정한다. 따라서 이런 점에서 그리스도인들은 다른 사람들을 판단하지만, 그들 역시 다른 사람들을 판단한다.

당신의 자녀들은 판단을 하는 것과 비판적인 사람이 되는 것의 차이를 알아야 한다. 비판적이라는 것은 비판 받는 사람보다 우월한 감정을 갖는 것이다. 비그리스도인들이 그리스도인들을 향해 비판적이라고 비난할 때 실제로 그들은 이렇게 말하는 것이다. "당신이 뭐라고 내가 할 수 있는 일과 할 수 없는 일을 이야기합니까? 왜 당신이 나보다 더 낫다고 생각합니까?"

오늘날의 사회는 도덕을 창문 밖으로 내다버렸다. "느낌대로 하라!"는 것이 누구도 어떻게 살아야 한다고 말하는 걸 원치 않는 세대들의 외침이 되었다. 최근 몇 년 동안 "관용"이라는 단어가 자주 들리기 시작했다. 본래 그 말은 '당신이 동의하지 않거나 좋아하지 않는 것을 참고 받아들이는 것'을 뜻했다. 하지만 이제는 관용의 정의가 바뀌어서 모든 믿음은 동등하게 여겨야 한다는 사상을 담고 있으며, 요즘 유행하는 믿음이라면 관용할 뿐만 아니라 더욱 촉진해야 한다고 말한다.

우리는 더 이상 우리의 믿음이 옳고 다른 사람의 믿음은 틀렸다고 말할 수 없다. 라비 재커라이어스는 새로운 관용을 이런 식으로 정의했다.

요즘은 옳고 그름의 경계가 불분명해졌을 뿐만 아니라, 오늘날 그리스도인들은 우리 문화에 의해 그 경계선을 지우고 울타리를 옮기라는 요구를 받고 있다. 또한 종교의 규제를 벗어던진 사람들이 우리에게 그건 나쁜 것이 아니며 함께 축하하며 소리치자고 요구하고 있다. 우리에게 받아들이라고 요청만 하는 것이 아니라, 이제는 그것을 즐기라고 요구하는 것이다.[2]

이제는 관용이라는 이름과 모든 사람이 잘 지내야 한다는 명목 하에 어떤 라이프 스타일이나 도덕적 선택도 인정해 주어야 한다. 이것을 나타내는 용어가 바로 '도덕적 상대주의'다. 그것은 당신에게 옳거나 그른 것이 나에게도 옳거나 그른 것이 아닐 수 있다는 뜻이다. 세상은 이것을 좋아하겠지만, 성경은 옳고 그른 것을 분명히 구분하고 판단한다. 이런 절대적 기준들은 오랜 세월에도 변함없이 건재하여 오늘날에도 유효하다. 예수님이 판단하는 것에 대해 실제로 뭐라고 말씀하셨는지 보자.

### 티와 들보

죄에 대해 반대하는 목소리를 높일 때 그리스도인들은 종종 다른 사람들을 판단한다는 비난을 받는다. 하지만 예수님이 우리에게 판단하지 말라고 말씀하실 때 그런 의미로 말씀하셨을까? 아니다. 문맥 속에서 그 구절을 잘 살펴보면 실제로 예수님이 의미하신 바를 더 잘 볼 수 있다.

비판을 받지 아니하려거든 비판하지 말라 너희가 비판하는 그 비판으로 너희가 비판을 받을 것이요 너희가 헤아리는 그 헤아림으로 너희가 헤아림을 받을 것이니라 어찌하여 형제의 눈 속에 있는 티는 보고 네 눈 속에 있는 들보는 깨닫지 못하느냐 보라 네 눈 속에 들보가 있는데 어찌하여 형제에게 말하기를 나로 네 눈 속에 있는 티를 빼게 하라 하겠느냐 외식하는 자여 먼저 네 눈 속에서 들보를 빼어라 그 후에야 밝히 보고 형제의 눈 속에서 티를 빼리라(마 7:1-5).

이 구절을 문맥 속에서 읽을 때 예수님이 위선적인 판단의 위험에 대해 경고하신 것을 분명히 알 수 있다. 즉, 우리도 똑같이 하거나 혹은 더 나쁜 죄를 범하면서 다른 사람의 죄를 판단하는 것을 말한다.

당신이 전날 전화로 아파서 결근한다고 말하고는 낚시하러 간 것을 동료가 알고 있는데, 동료가 악의 없는 거짓말을 좀 했다고 비난한다면, 그것이 위선적인 판단의 예가 될 것이다. 자녀를 양육할 때 당신도 비속한 단어를 사용하면서 자녀들이 비속어를 사용한다고 나무라면 자녀들이 그걸 보고 위선적이라고 생각할 것이다.

바울은 다음 글에서 그것을 잘 요약했다.

그러면 다른 사람을 가르치는 네가 네 자신은 가르치지 아니하느냐 도둑질하지 말라 선포하는 네가 도둑질하느냐 간음하지 말라 말하는 네가 간음하느냐 우상을 가증히 여기는 네가 신전 물건을 도둑질하느냐(롬 2:21-22).

그러므로 우리가 다른 사람들에게 죄에 대해 말할 때마다 먼저 우리도 죄인이라는 걸 인정하고 우리 자신의 마음을 살펴야 한다. 하나님은 우리가 다른 사람들을 판단할 때 사용하는 똑같은 잣대로 우리를 판단하실 것이다. 당신의 눈 속에 들보가 있으면 다른 사람의 눈에서 들보를 제거하려 하기 전에 먼저 당신 것부터 제거하라!

자녀들과 죄에 대해 이야기할 때는 하나님이 죄의 정도를 보지 않으신다는 것을 기억하도록 이야기해 주라(롬 3:23). 하나님 보시기에는 '작은' 죄들도 '큰' 죄들과 똑같이 취급된다. 죄에 대한 처방은 단 하나뿐이며, 그것은 십자가다. 용서를 구하는 자는 누구나 용서를 받는다.

존 뉴턴의 위대한 찬송가 첫 구절이 그것을 잘 말해 준다.

나 같은 죄인 살리신 주 은혜 놀라와

잃었던 생명 찾았고 광명을 얻었네.³

그러나 예수님이 우리에게 주의 깊게 적용하라고 가르치신 또 다른 유형의 판단이 있다. 바로 "공의로운 판단"(요 7:24)이다. 이것은 다른 사람들이 하나님과 올바른 관계를 회복하기를 바라는 마음으로 그들의 죄와 그 결과에 대해 경고하는 것이다. 이러한 판단은 사실상 성경적인 책임이다.

가령 내가 악인에게 말하기를 너는 꼭 죽으리라 할 때에 네가 깨우치지 아니하거나 말로 악인에게 일러서 그의 악한 길을 떠나 생명을 구원하게 하지 아니하면 그 악인은 그의 죄악 중에서 죽으려니와 내가 그의 피 값을 네 손에서 찾을 것이고 네가 악인을 깨우치되 그가 그의 악한 마음과 악한 행위에서 돌이키지 아니하면 그는 그의 죄악 중에서 죽으려니와 너는 네 생명을 보존하리라(겔 3:18-19).

어떤 면에서 죄는 쥐약처럼 다루어야 한다. 어린아이가 쥐약이 든 상자를 향해 손을 내미는 걸 본다면 나는 어떻게든 그 아이가 그것을 맛보기 전에, 아니 심지어 상자를 열기도 전에 그 행동을 막으려고 할 것이다. 정말로 "죄의 삯은 사망"(롬 6:23)이라고 믿는다면 진짜 긴급하게 죄의 해결책인 복음을 제시하지 않을 수 있을까?

### 당신의 자녀들이 부모가 자신을 판단하고 있다고 생각할 때

부모 노릇을 한다는 것은 기준을 정한다는 뜻인데, 종종 이 기준들이 자녀들에게 불가능할 정도로 높게 보인다. 그들 눈에는 다른 사람들이 더 편안하게 지내는 것처럼 보인다. 당신이 그들의 음악, 옷, 또는 친구들을 인정해 주지 않으면 심판자의 자리에서 그들을 내려다보고 있는 것처럼 느낄 수 있다.

확실히 현대사회에서 우리가 직면하는 모든 문제에 대해 지적할 수 있는 성경 구절은 없다. "16세가 될 때까지 휴대폰을 갖지 말라"는 성경 구절은 찾을 수가 없다. 안타깝지만 그 점에 대해 당신을 도와줄 수가 없다. 하지만 당신의 입장을 뒷받침하는 성경 구절을 찾을 수 없다고 해서 자녀들이 원하는 걸 다 하게 해줘야 한다는 뜻은 아니다.

수천 년 전에 쓰인 성경을 오늘날 당신의 가정에 얼마나 적용할 수 있는지 묻는 대신, 자녀들에게 (또한 우리 자신에게) 이 질문을 해보자. "이 상황에는 성경의 어떤 원칙이 적용될까?"

가령 당신의 아들이 밤 늦게까지 안 자고 비디오 게임을 하거나 텔레비전을 보기 원한다고 하자. 당신은 그 아이와 함께 이 성경 구절을 논의할 수 있다. "범사에 기한이 있고 천하 만사가 다 때가 있나니"(전 3:1).

이 본문은 계속해서 때가 있는 많은 활동들을 나열한다. 구체적으로 나와 있지 않더라도 우리는 이 구절에서 놀 때, 학교 갈 때, 먹을 때, 숙제할 때, 그리고 잘 때가 있다는 것을 추론해 낼 수 있다! 성경에서 그 원칙을 추론해 낼 수 있고, 또 쉴 시간을 정해 놓으면 하나님이 기뻐하시리라는 것을 쉽게 알 수 있다.

만약 당신의 딸이 너무 노출이 심한 최신 유행 패션을 선택하기 원한다면 바로 바울의 가르침을 보여 줄 수 있다. "또 이와 같이 여자들도 단정하게 옷을 입으며 소박함과 정절로써 자기를 단장하고 땋은 머리와 금이나 진주나 값진 옷으로 하지 말고 오직 선행으로 하기를 원하노라 이것이 하나님을 경외한다 하는 자들에게 마땅한 것이니라"(딤전 2:9-10).

배꼽티에 대해선 언급되어 있지 않지만, 단정함이라는 말이 있다. "이 옷차림은 단정한가? 예수님이 여기 계신다면 배를 10센티미터나 드러내는 것에 대해 뭐라고 말씀하실 것 같은가?" 이 말을 시작으로 단정함에 대해 논의하고 여학생들의 옷차림이 이성에게 끼치는 영향에 대해서 이야기해 볼 수 있을 것이다.

때로는 분명한 성경적 기준이 있는 도덕적 딜레마가 문제가 아니라, 단지 개인적인 취향과 현명한 판단의 문제인 경우도 있을 것이다. 하나님이 자녀들을 당신에게 맡기셨으니, 성경과 하나님의 성품에 대한 지식에 근거하여 지혜와 분별력을 발휘해야 한다.

당신이 성경 말씀과 성령님께 의존하는 것을 보고 자녀들은 당신의 판단을 신뢰하게 될 것이며, 당신의 본을 보고 배우고, 당신이 그들을 가혹하게 판단하려 하는 게 아니라는 걸 알게 될 것이다. 그들은 당신이 더 높은 권위자, 하나님을 기쁘게 해드리려고 하는 것을 알게 될 것이다!

### 정말로 판단하는 그리스도인들

버번 스트리트의 셰리를 기억하는가? 그녀가 쉽게 릭 드골이 자신을 판단하고 있다고 결론지은 것을 보면 언젠가 그녀의 삶의 선택들을 판단하며 정죄하는 그리스도인을 만난 것이 틀림없다.

오늘날 신문을 보면 자칭 그리스도인이라 주장하는 자들이 다음과 같은 메시지가 쓰인 표지판을 들고 있거나 광고판을 앞뒤로 매고 다니는 모습을 볼 수 있다.

"하나님은 죄인들을 미워하십니다" 혹은 "당신이 왜 지옥으로 가고 있는지 저에게 물어보세요." 더 나쁜 메시지도 있다. 충격과 공포의 메시지가 담긴 그들의 전략은 하나님과 복음 메시지에 대한 왜곡된 관점을 보여 준다. 거기에는 그리스도의 사랑과 긍휼이 완전히 빠져 있다. 불행히도 비그리스도인들이 그들을 볼 때 이들의 신학이 비성경적이라는 것을 알지 못한다. 그들은 모든 그리스도인들이 그와 같이 믿는다고 생각할 것이다. 물론 하나님은 죄를 미워하신다. 하지만 죄인들에게는 가까이 다가가신다!

안타깝게도 일부 그리스도인들은 비판적인 것이 사실이다. 그들은 동성애, 술 취함, 약물 남용, 문란한 성생활 등과 같은 죄악된 행위에 가담하는 자들을 경멸한다. 그런 문제들에 대해 반대하는 목소리를 높이며, 그것을 행하는 자들을 정죄하려고만 하고, 그들에게 그리스도의 소망을 전해 주지 않는다. 그들은 죄가 아니라 죄인을 정죄한다.

그러나 세상에 살았던 가장 위대한 인물, "그 안에는 신성의 모든 충만이 육체로 거하신"(골 2:9) 그분이 "예수께서 나오사 큰 무리를 보시고 그 목자 없는 양 같음으로 인하여 불쌍히 여기사 이에 여러 가지로 가르치시더라"(막 6:34)는 말씀에 기록된 분과 동일한 분이라는 것을 기억하라.

예수님은 죄인들을 사랑하셨고 그들을 불쌍히 여기셨다. 그분은 우리도 그와 같이 하기를 원하신다. 우리 자녀들은 우리가 잃어버린 자들에 대해 그리스도의 동정심을 품는 것을 보는가, 아니면 사람들을 적으로 바라보는 것을 보는가? 죄인들은 우리의 적이 아니다. 우리의 적은 사탄이다. 실제로 성경은 그들이 "마귀의 올무"(딤후 2:26)에 사로잡혀 있다고 말한다. 그들은 어두움과 빛 사이에 벌어지는 거대한 영적 전쟁의 포로들이다.

### 예수님처럼 판단하라

절망에 빠진 사람들과 삶에서 분명한 정신적 외상의 흔적이 나타나는 사람들을 만날 때 판단과 정죄가 아니라 사랑과 긍휼로 하나님 아버지의 심장과 함께 우리의 심장도 같이 뛰어야 한다. 이것은 우리가 반드시 노숙자들을 우리 집으로 데려오거나 돈을 주어야 한다는 뜻이 아니다. 하나님은 우리가 동정심을 갖되 또한 분별력을 갖기 원하신다. 중요한 것은 우리 자녀들이 우리의 마음 자세를 보고 그들의 삶 속에서 그 본을 따르게 하는 것이다.

종교적인 사두개인과 바리새인들은 예수님이 부정하거나 무가치하다고 여겨지는 사람들과 함께 시간을 보내는 것을 자주 비판했다. 누가복음에서 그런 장면을 묘사하고 있다.

그 동네에 죄를 지은 한 여자가 있어… 향유 담은 옥합을 가지고 와서 예수의 뒤로 그 발 곁에 서서 울며 눈물로 그 발을 적시고 자기 머리털로 닦고 그 발에 입 맞추고 향유를 부으니 예수를 청한 바리새인이 그것을 보고 마음에 이르되 이 사람이 만일 선지자라면 자기를 만지는 이 여자가 누구며 어떠한 자 곧 죄인인 줄 알았으리라 하거늘(눅 7:37-39).

우리가 예수님이 아닌 정죄하는 바리새인과 사두개인 편에 있는 것을 발견한다면 화가 있을 것이다. 마땅히 죄인들을 정죄할 수 있는 사람이 있다면, 그건 바로 죄를 지은 적이 없는 온전한 하나님의 아들뿐이었다. 그러나 그분은 죄인들을 정죄하지 않으셨다. 그분은 "잃어버린 자를 찾아 구원하러"(눅 19:10) 오셨다.

일부 그리스도인들이 가장 받아들이기 힘들어하는 것 중 하나는 잃어버린 자들의 행위이다. 어떻게 그들이 달리 행동할 것을 기대할 수 있겠는가? 그들의 삶 속에 성령님이 거하시는 은혜가 없으니, 그들은 계속해서 자신의 죄악된 본성에 따라 행할 것이며, 하나님이 그 문제에 대해 뭐라고 말씀하시는지는 생각도 하지 않을 것이다.

우리가 죄인들을 정죄하고 죄를 깨우쳐 주지 않으면 그들의 그릇된 행위를 용납하는 것처럼 보일 거라는 생각의 덫에 빠지기 쉽다. 우리의 일은 성령을 대신하는 것이 아니다. 사람들의 마음속에 죄를 깨닫게 하는 일에는 우리보다 성령님이 훨씬 더 적임자다. 예수님이 말씀하셨듯이 "그(성령)가 와서 죄에 대하여, 의에 대하여, 심판에 대하여 세상을 책망하시리라"(요 16:8).

믿지 않는 자들이 "넌 나를 판단하고 있어!"라고 불평하기 시작할 때 어쩌면 성령님이 그들의 죄를 깨우쳐 주고 계시는지도 모른다. 그들은 자신의 행동에 대한 책임을 지는 대신 그것을 그리스도인들 탓으로 돌리려 한다. 그런데 믿지 않는 사람이 판단한다고 당신을 비난한다면, 그 사람도 방금 당신의 행동을 판단한 것 아닌가?

삶의 방식을 판단하는 데 있어, 우리는 여전히 사랑하고, 친절하게 대하며, 동정심을 가지고 그 행위를 판단할 수 있다는 것을 명심하는 것이 중요하다. 우리가 죄에 맞서는 태도에 주의하지 않으면 교회는 옹졸하며 배타적인 곳으로 보일 것이다. 앞에서 말했듯이 기독교는 다른 사람들을 무시하고 회원들을 가려서 받는 노블레스 클럽이 아니다.

죄인들을 문 앞에서 들어오지 못하게 막는 것과 그들을 안으로 들이고 십자가의 능력으로 그들의 삶이 깨끗해지도록 도와주는 것 중 어느 것이 더 쉬운가? 사역이 엉망인 이유는 사람들이 엉망이기 때문이다.

## 다리 놓기 : 다리를 태워 버리지 말라

리버티 대학교(Liberty University)의 설립자 제리 폴웰 박사는 버지니아주 린치버그에에 있는 토머스로드 침례교회의 목사로 섬겼다. 래리 플린트는 『허슬러(Hustler)』지의 발행인이다. 둘 다 자신의 생각을 서슴없이 말하는 것으로 유명했다. 폴웰의 아들, 조나단은 자기 아버지와 플린트의 대화 후에 있었던 일을 회상하며 이렇게 말한다.

플린트 씨가 아버지에게 아버지의 전용 비행기로 자신을 버지니아 린치버그에 데려다줄 수 있는지 물었고 아버지는 그러겠다고 했다. 가는 동안 나는 아버지와 플린트 씨의 맞은편에 앉아 있었고, 그들은 스포츠, 음식, 정치, 그 외 일상적인 주제들에 대해 긴 대화를 나누었다. 그들이 마치 오랜 친구처럼 끊임없이 이야기를 나누는 모습에 나는 놀라기도 하고 어리둥절하기도 했다.
플린트 씨를 린치버그에 내려 드린 후 나는 아버지께 물었다. "비행기 안에서 어떻게 그렇게 평생 친구 사이인 것처럼 플린트 씨와 계속 이야기를 나눌 수 있었어요? 그는 아버지가 믿는 모든 것과 정반대인 사람이잖아요. 그는 아버지가 하지 말라고 설교하는 것을 다 하는 사람이에요. 그렇지만 아버지는 그 사람을 마치 아버지 교회의 교인처럼 대하셨어요. 왜 그러셨어요?"
그때 아버지의 대답은 사역에 관한 나의 모든 관점을 바꾸어 놓았다. "조나단, 언젠가 래리가 곤경과 외로움에 처하여 도움과 인도를 구할 때가 있을 거야. 그는 전화기를 들고 자기를 도와줄 수 있는 사람에게 전화를 걸겠지. 내가 그 전화를 받는 사람이 되고 싶단다."[4]

폴웰 박사는 래리 플린트를 대하는 데 있어 중요한 원칙을 사용했다. 즉, 우리가 복음으로 사람들에게 다가가려면 잃어버린 자들에게 나아가는 다리를 건설해야 하며 그 다리를 태워 버리면 안 된다는 것이다. 사람들을 하나님이 보시는 것처럼, 즉 하나님의 형상으로 지음받고 구원받을 가치가 있는 자들로 여기며 사랑으로 복음의 진리를 나눔으로써 다리의 강한 기초를 놓는 것이다. 그리고 하나님이 그 다리를 사용하여 그들을 그리스도 없는 영원한 세상에서 구원하실 수 있다.

어느 회심자가 자신을 가르친 사람에게 이렇게 말했다. "당신은 내 마음과 당신의 마음 사이에 사랑의 다리를 놓았고, 예수님이 그 위로 걸어오셨어요." 예수님은 완벽한 다리 건설자셨다. 예수님의 희생적인 죽음을 통해 우리와 하나님 사이를 갈라놓은 폐쇄되고 죄로 가득한 깊은 구렁을 인간이 건널 수 있게 해주셨다. 그분은 우리도 다리 놓는 사람들이 되라고 부르셨다. 만일 우리가 가혹하고 판단하는 태도로 비그리스도인들에게 맞선다면 다리에 불을 붙여 활활 타게 만들고 말 것이다.

디모데전서는 인간을 향한 하나님의 궁극적인 갈망을 이렇게 표현한다. "이것이 우리 구주 하나님 앞에 선하고 받으실 만한 것이니 하나님은 모든 사람이 구원을 받으며 진리를 아는 데에 이르기를 원하시느니라"(딤전 2:3-4). 하나님은 '모든' 사람이 구원을 받고 진리를 알게 되기를 원하신다. 우리가 하나님과 친밀하게 교제하며 행하고자 한다면 하나님의 목적을 받아들이고 그리스도의 몸의 지체로서 그의 사명 성취를 도울 방법을 찾으려고 노력해야 할 것이다.

모든 사람이 복음전도자로 부름받지는 않지만 우리는 "모든 민족을 제자"(마 28:19)로 삼기 위한 하나님의 계획에 동참하도록 부름받는다. 우리가 죄인들을 긍휼히 여기신 예수님의 본을 따라, 사람들을 정죄하기보다 이 세상의 빛과 소금이 되라는 사명을 이루기 위해 노력한다면, 우리 자녀들이 공격적이지 않고 자신의 믿음대로 사는 법을 깨닫도록 도와줄 것이다.

**Q** **질문** : 왜 그리스도인들은 남을 판단해요? 그리스도인들이 죄를 판단하는 것이 옳은가요? 우리는 판단하는 대신 사랑하도록 부르심을 받지 않았어요?

1. 그리스도인들뿐만 아니라 모든 사람이 판단을 한다. 판단하는 것이 꼭 나쁜 것은 아니다. 그보다는 우리의 판단에 근거하여 다른 사람들보다 우월하다는 태도를 갖는 것이 잘못이다.

2. 성경은 위선적인 판단을 하지 말라고 말한다. 즉, 우리도 똑같은 잘못을 하면서 다른 사람의 죄를 지적하지 말라는 것이다.

3. 우리는 다른 사람들의 삶 속에서 죄를 알아볼 수 있지만 항상 동정하는 마음으로 대해야 한다. 예수님은 사람들을 목자 없는 양같이 불쌍히 여기시고, 그들을 가르치기 시작하셨다. 우리도 예수님의 본을 따라야 한다.

**A** **희망을 담은 대답** : 모든 사람이 판단을 한단다. 하지만 그리스도인들은 다른 사람들을 불쌍히 여겨야 하고 믿지 않는 자들에 대해 우월한 태도를 갖거나 비판하지 말아야 해. 죄를 깨닫게 하는 것은 성령님의 일이고, 우리의 일은 복음을 전하는 것이란다.

# 교회는 너무 지루해요. 꼭 가야 해요?

당신의 자녀가 교회에 가기 싫어한다면 중요한 질문을 해야 한다.
그것은 당신의 자녀들이 '왜' 교회에 가고 싶어 하지 않느냐는 것이다.
_ 나타샤 그레인

열 살인 매튜는 방 안으로 들어가며 한숨을 내쉬었다. "너무 지루해."

그는 비디오 게임기, 채널이 300개가 넘는 텔레비전, 최신 장난감들이 가득한 자기 방, 여동생, 놀러온 이웃 친구 두 명을 그냥 지나쳤다.

다음 날 매튜는 교회에 앉아 잠시도 가만히 못 있고 꼼지락거렸다. 연필 한 자루를 꺼내 주보에 여동생에게 보내는 쪽지를 썼다. "너무 지루해." 그리고 "너무"에 두 번이나 밑줄을 그었다.

아이들이 교회에서 지루해하는 이유는 초점이 아이들에게 있지 않기 때문이다. 또 그래서도 안 된다! 교회의 중심은 예배자가 아니라, 하나님과 그의 아들 예수님께 있다. 아이들이 신자들의 몸인 교회에 효율적으로 참여하는 법을 배우면 교회에 가기 원할 것이다.

## 교회의 목적

하나님은 왜 교회를 세우셨는가?(여기서 교회란 개별적인 교회가 아니라 우주적인 그리스도의 몸을 뜻한다.) 하나님은 예배와 교제, 교육, 복음전도를 위해 교회를 세우셨다(행 2:42-47). 그 안에 오락이나 아이 돌보는 일은 없다. 그러나 그렇다고 해서 교회가 자녀들의 영적 생활에서 중요한 부분이 될 수 없다는 뜻은 아니다. 예배, 교제, 교육, 복음전도의 네 영역이 어떻게 자녀의 삶에 영향을 끼칠 수 있는지 살펴보자.

### 예배

나는 이것이 교회의 첫 번째 주요 임무라고 믿는다. 즉, 하나님과 그의 아들 예수님과 그들이 행하신 모든 일들을 찬양하는 것이다.

하나님이 기대하시는 예배의 본은 우리가 예배에 적극적으로 참여하는 것이다(시 29:2; 95:6; 요 4:32-24). 교회의 지도자들, 음악 사역자들, 목사들은 활력을 일으키는 자들로서 우리의 관심이 주인공이신 예수님께로 향하게 한다. 모든 초점은 그분께 있다.

당신의 교회가 찬송가를 부르든, 합창곡을 부르든, 로큰롤을 부르든 그건 중요하지 않다. 그런 것들은 메시지를 전하는 수단에 불과하기 때문이다. 시대에 따라 취향은 변하지만 메시지는 변하지 않는다. 그리스도가 마땅히 영광받고 높임을 받으신다면 그것이 예배인 것이다.

### 교제

교회의 교제 안에는 돌봄 사역이 있다. 서로의 필요를 채워 주고 아픈 사람, 가난한 사람, 외로운 사람, 집 없는 사람, 과부, 고아들을 도와주는 것이다(신 10:18; 15:11; 마 19:21; 요일 3:17-18). 교제를 나타내는 또 다른 단어는 "인리치"(inreach, 안으로 향함, "아웃리치 outreach"와 반대되는 것으로 둘 다 필요하다)이다. 그리스도의 몸의 지체로서 우리는 서로 보살피고, 서로 권면하며, 기도하면서 서로 세워주도록 부르심을 받았다. 대부분의 교회들이 이것을 매우 잘하고 있다.

### 교육

교회의 교육 사역은 모든 세대에게 하나님 말씀의 진리를 가르칠 책임을 가지고 있다. 이러한 진리들이 우리 젊은이들의 마음속에 깊이 새겨져서 그들이 '무엇을' 믿는지 알게 되어야 한다. 교회는 또한 우리가 믿는 '이유'를 가르쳐야 한다.

화폐 위조를 조사하는 조사관들은 훈련을 받는 동안에 절대로 위조지폐를 보지 않는다. 그들은 항상 원조 지폐를 살핀다. 그렇게 원조 지폐를 상세하게 파악하면 위조지폐를 보았을 때 곧바로 알아낼 수 있게 된다.

교회의 교리들을 반복해서 가르쳐야 우리 아이들이 견고한 영적 기반을 가질 수 있다. 그들이 그리스도에 대한 확고한 믿음을 가지고 하나님의 말씀을 제대로 이해한다면 위조품을 봤을 때 가려낼 수 있을 것이다. 이러한 기초가 없는 사람은 작은 시련이나 의심이 찾아오면 곧 무너질 모래 위에 믿음을 쌓을 것이다(마 7:24-27).

### 복음 전도

복음전도 활동은 교회가 재생산을 하는 수단이다. 복음전도는 본질적으로 예수님에 대한 좋은 소식을 전하여 사람들이 그를 믿고 구원받게 하는 것을 의미한다.

예수님은 우리에게 "가서 모든 민족을 제자로 삼으라"고 명령하셨다(마 28:19). 구원 받지 못한 자들에게 복음 메시지를 전하는 것은 목사나 선교사들만이 아니라 우리 모두를 위한 명령이다.

예수님이 제자들에게 하신 말씀은 제안이 아니라 명령이었다. 복음 전하는 자로 명확하게 부름을 받은 사람들도 있지만(엡 4:11), 모든 그리스도인들은 복음을 전할 준비가 되어 있어야 한다. 우리 모두 복음 전하는 법을 배워야 하며, 언제든 복음을 전할 각오가 되어 있어야 한다. 베드로전서 3장 15절은 모든 신자들에게 "너희 속에 있는 소망에 관한 이유를 묻는 자에게는 대답할 것을 항상 준비하라"고 말한다. 그 말씀에 순종하여, 특히 당신의 자녀들에게 그리스도를 전하라.

예배, 교제, 교육, 복음전도는 교회의 역할들이다. 당신과 자녀들이 이러한 원칙들을 적극적으로 실천하는 교회의 일원이 되는 것이 중요하다. 당신의 교회는 하나님과 그의 아들, 예수 그리스도를 높이는 예배를 드리고 있는가? 교회 지도자들이 하나님의 말씀을 믿고 가르치는가? 그들이 교인들에게 다가가고 세상에 나아가 복음을 전하는가? 당신의 교회가 기록된 하나님 말씀의 능력과 진실성을 믿지 않는다면 그것을 믿는 다른 교회를 찾아보아야 할 것이다. 하나님의 말씀이 정확하고 열정적으로 전파되고 가르쳐질 때 교회에 가는 일은 축복이요 기쁨이 되어야 한다! 그렇지 않다면 당신은 둘 중 하나를 선택할 수 있다. 교회를 변화시키거나 아니면 교회를 옮기는 것이다.

당신이 한동안 속해 있던 공동체를 떠나는 것은 스트레스가 많고 혼란스러운 과정이 될 수 있기 때문에 결코 가볍게 여기거나 경솔하게 행해서는 안 된다. 성경은 우리가 "평안의 매는 줄로 성령이 하나 되게 하신 것"(엡 4:3)을 굳게 지키기를 열망해야 한다고 말한다. 교회를 떠나는 것은 항상 마지막 수단이어야 한다. 교회 안에서 형성된 관계는 매우 중요하며 우리 삶의 필수적인 한 부분이 된다. 함께 나눈 경험들을 통해 자라난 깊은 유대감은 절대 버리면 안 된다. 하지만 당신의 자녀가 다른 곳에서 더 영적으로 건강해질 수 있다면 그것도 고려해 볼 것을 권한다.

그러나 궁극적으로 우리는 "사람보다 하나님께 순종"(행 5:29)해야 한다. 때로는 당신 가족의 필요를 더 잘 채워 주는 다른 교회를 찾는 것이 더 유익하다. 새로운 관계들을 형성할 수 있지만, 그렇다고 해서 이전 관계들을 완전히 끊어야 하는 건 아니다. 당신이 원망이나 불평 없이 은혜롭게 교회를 떠난다면 이전 교회 식구들도 하나의 지역교회보다 그리스도의 몸이 더 크다는 것을 기꺼이 인정해야 한다.

### 자녀들이 지루하다고 해도 교회에 가게 해야 할까?

자녀들이 때때로 지루해하고 싫어해도 교회에 가게 만들어야 할까? 당연히 그렇다! 여기에 대한 답은 "하라면 해!"라는 것이다.

히브리서 저자는 신자들에게 이렇게 조언한다. "모이기를 폐하는 어떤 사람들의 습관과 같이 하지 말고 오직 권하여 그 날이 가까움을 볼수록 더욱 그리하자"(히 10:25).

그저 해야 함을 알기 때문에 어떤 일들을 할 때가 있다. 직장에 일하러 가야 하고, 설거지를 해야 하고, 개를 산책시켜야 한다. 이런 일이 지루할 수도 있지만, 가정이 원활하게 돌아가려면 반드시 해야 하는 일이다. 아이들이 숙제나 방 정리나 채소 먹는 것을 싫어할지라도 여전히 이 일들을 해야 한다.

또 결국은 그런 활동들을 통해 유익을 얻을 거라는 걸 알기 때문에 어떤 일들을 할 때가 있다. 내가 운동을 하는 이유는 그것이 내 몸에 좋기 때문이다. 오늘 또는 이번 주에 당장 결과를 보지 못하더라도 운동을 계속하면 건강이 좋아질 거라는 믿음이 있다. 또 내가 매일 성경을 읽는 것은 그것이 내 영혼에 유익하기 때문이다. 성경을 읽고 싶지 않은 날들도 물론 있다. 하지만 그래도 내가 매일 성경을 읽는 것은 결국 나에게 유익이 될 거라는 믿음이 있기 때문이다. 그것은 훈련과 헌신의 문제이다.

교회에 가는 것과 자녀들도 교회에 가도록 이끄는 것 또한 믿음의 행위이다. 우리는 언젠가 그들이 기도와 예배, 섬김, 복음전도, 그 외의 것들에 대한 교훈을 배우게 될 거라고 믿는다. 무엇보다도 언젠가 그들이 그리스도를 자신의 구주로 모시고 그분과 친밀하고 진실한 관계를 형성해 가기를 기도한다.

잠언은 부모들에게 "마땅히 행할 길을 아이에게 가르치라 그리하면 늙어도 그것을 떠나지 아니하리라"(잠 22:6)고 충고한다. 부모들은 가정의 영적 리더들이며, 따라서 자녀들을 영적으로 교육할 권한과 책임이 있다. 부모는 "우린 주일마다 교회에 갈 거야"라고 말할 권리가 있다. 하지만 그것이 부정적으로 보일 수 있다. 주일 아침에 당신의 태도가 많은 것을 말해 줄 수 있다. "누가 제일 먼저 준비하고 차에 타는지 볼까?"라고 열의를 갖고 말할 수 있다. "제일 먼저 타는 사람이 점심시간 후에 과자를 고르게 해줄 거야"라고 말이다.

어떤 부모들은 자녀들에게 교회를 가도록 강요하면 율법주의 같은 자세를 갖게 될까 봐 두려워한다. 교회만 가면 할 일을 다한 것처럼 생각하지 않을까 하는 것이다. 여기서 중요한 것이 바로 부모의 태도이다. 당신은 왜 교회에 가는가? 당신이 열심히 교회에 가고 전심으로 예배를 드리고 교회의 다른 사역들에 적극적으로 참여하는 것을 자녀들이 보면 자신들도 좀 더 열심히 참여하려 할 것이다.

아이들은 아이들이다. 집에서든 학교에서든 교회에서든, 때때로 지루해하는 것은 당연한 일이다. 그렇다고 해서 우리가 그 아이들을 계속 즐겁게 해주기 위해 새로운 활동을 하게 해줄 의무는 없다. 또한 교회가 아이들의 기분을 다 맞춰 주기 위해 프로그램을 바꾸려고 애써야 할 필요도 없다.

하지만 우리가 교회를 도와 프로그램과 활동들을 살피고 좀 더 아이들의 관심을 끌 수 있게 만들 방법이 있는지 찾아볼 수 있다.

### 아이들이 예배에 집중할 수 있게 돕는 방법

아이가 "교회는 지루해요!"라고 말할 때는 대개 예배 의식이나 설교를 말하는 것이다. 생각해 보라. 30-40분 동안 가만히 앉아서 설교를 듣는 것이 때로는 어른들에게도 쉽지 않은데 아이들은 말할 것도 없다. 하지만 그렇다고 해서 아이들이 예배에 참석하는 것이 중요하지 않다는 말은 아니다.

다음은 다른 부모들이 예배 시간 동안 아이의 집중을 돕기 위해 사용해 온 검증된 방법들이다. 우리의 목표는 자녀들이 단지 조용히 있는 것이 아니라 예배에 집중하게 만드는 것임을 명심하라.

1. 예배 전에 미리 화장실에 다녀오고, 예배 중에는 자리를 뜨지 못하게 하라. 이것은 설교자와 함께 예배드리는 사람들을 존중하는 것이다.

2. 자녀들이 일어서서 찬송을 부르게 하라. 이것은 사소한 것 같지만, 아이들이 같이 찬송 부르지 않는 것을 허용하면 은연중에 다른 일에도 참여하지 않는 것을 허용하는 것이다. 교회에서 찬송가를 사용하면, 자녀들이 찬송가를 찾는 것을 도와주고 가사와 음을 따라가는 법을 가르쳐 준다. 교회에서 화면에 가사를 띄워 주면 자녀들도 화면을 보게 하라.

3. 자녀들이 어른들과 예배를 드릴 때는 주일마다 가방을 가지고 다닐 수 있게 준비해 준다. 그 안에 자기 성경책과 크레용, 연필, 종이를 넣어 주라. 이것은 그들이 어떤 활동에 몰두하여 조용히 있게 하려는 게 아니라, 설교 중에 사용할 도구이다.

아이들이 자신의 성경책으로 설교 본문을 찾도록 도와주고 목사님과 함께 본문을 읽게 한다. 처음엔 5분간 집중해서 설교를 듣는 것부터 시작하라. 아이들이 자랄수록 이 시간이 늘어날 것이다. 듣는 시간이 지나면, 종이에 그림을 그리거나 글을 써도 된다. 하지만 그런 활동들은 반드시 그들이 찬송이나 설교에서 들은 것과 관련이 있어야 한다. 이것은 설교를 메모하는 습관으로 발전할 것이며, 우리가 하나님의 진리를 내면화하려 할 때 도움이 된다.

4. 예배 전에 설교 제목이나 주제를 알 수 있으면, 한 단어를 선택하여 자녀들이 귀 기울여 듣게 한다. 그것을 아이들의 종이에 적어 놓게 한다. 그 단어가 무슨 뜻인지 설명해 주고, 설교 시간에 목사님이 그것에 대해 말씀하실 거라는 사실을 알려 준다. 그 단어를 유심히 듣고 목사님이 그것을 몇 번이나 말씀하시는지 세어 보게 하라.

### 당신의 자녀를 예배에 참여시키라

많은 교회에서 아이들을 예배 시간, 또는 설교 시간 동안 어린이 교회에 보내는 것에 대해 논의하고 있다. 나는 그 문제의 양면을 다 이해할 수 있다. 아이들을 어린이 교회에 보내어 좀 더 아이들 수준에 맞는 메시지를 듣고 활동을 하게 하는 것도 나름의 유익이 있다. 그러나 그것의 단점 중 하나는 가족이 함께 예배를 드리지 않는다는 것이다. 연령별로 가족들을 나눔으로써 함께 드리는 예배가 없어진다. 또한 아이들이 어릴 때부터 예배에 참석하지 않으면 어떻게 설교를 통해 배우겠는가?

사람들은 아이들이 설교를 들어도 이해하지 못할 거라고 생각한다. 하지만 아이들은 우리가 생각하는 것보다 훨씬 더 많은 것을 이해한다.

### 교육적 활동에 참여시키라

부모로서 당신은 자녀들의 영적 교육에 대한 주된 책임이 있다. 성경적인 방법은 곧바로 부모들에게 강조점을 둔다.

오늘 내가 네게 명하는 이 말씀을 너는 마음에 새기고 네 자녀에게 부지런히 가르치며 집에 앉았을 때에든지 길을 갈 때에든지 누워 있을 때에든지 일어날 때에든지 이 말씀을 강론할 것이며 너는 또 그것을 네 손목에 매어 기호를 삼으며 네 미간에 붙여 표로 삼고 또 네 집 문설주와 바깥 문에 기록할지니라(신 6:6-9).

이 말씀은 이스라엘을 위해 쓰였고 개개인에게 지침을 주기 위한 것이었다. 예배, 교제, 교육, 복음전도는 교회뿐 아니라 가정생활의 한 부분이 되어야 한다. 교회에서 가르치는 것은 자녀들이 가정에서 배우는 것을 보강하는 역할을 해야 한다.

지난주 자녀들이 주일학교에서 무엇을 배웠는지 알고 있는가? 그것은 성경적으로 옳은 것이었나? 아이가 더 관심을 갖고 더 많이 배우고 싶은 열의를 갖도록 가르쳤는가?

자녀들의 교회 교육을 보호하기 위해 당신이 성실히 행할 수 있는 일들을 몇 가지 제안해 본다.

1. 자녀들을 가르치는 교사들과 리더들을 위해 기도하라. 혹시 그들이 오랫동안 그 자리에서 섬겨 왔다면 사람들의 관심이 떠났거나 잊혀졌다는 느낌을 자주 받을 것이다. 그들을 격려해 주라.

2. 당신이 직접 관여하라! 자녀들의 교실을 찾아가라. 아이들을 가르치는 선생님이 누구인지 알아보라. 야유회나 어떤 활동을 할 때 자원하여 도와주라. 필요하다면 대체 교사를 맡겠다고 제안하라. 당신은 그 영역에서 직접 가르치도록 하나님이 부르시는 것을 느낄지도 모른다.

3. 교회가 교사들을 위한 훈련을 제공하거나 교사 수련회에 보내도록 권장하라. 참신한 아이디어만큼 교사에게 결정적인 도움을 주는 것도 없다!

4. 당신의 자녀 중 한 명이 과잉행동장애(ADHD)나 주의력 결핍증(ADD), 학습장애, 또는 행동장애같이 특수한 필요를 갖고 있다면 반드시 교사에게 그 사실을 알려야 한다. 좋은 교사는 그것에 대해 미리 알고 있으면 이런 문제들을 잘 다룰 수 있다. 그렇지 않으면 교사와 학생에게 좌절감만 안겨 줄 것이다.

5. 자녀들이 교실에서 교사들의 규칙과 요구를 잘 따라야 한다는 것을 확실히 이야기해 준다. 학교와 가정에서는 규칙을 잘 따르는데 교회에서는 괜찮다고

생각하는 아이들이 있다. 교회에서는 성적을 매기지 않고 엄마도 주변에 없기 때문이다.

6. 당신이 교사를 모집하는 일을 맡고 있다면 적절한 자리에 적절한 교사들을 배치하는 일에 힘쓰라. 어떤 교사들은 하나님께 부름을 받지 않았을 수도 있다. 교회 임원의 부름을 받고 열정도 없는 일에 의무감으로 자리를 채웠을 수도 있다. 최악의 일 중 하나는 "정 할 사람이 없으면 제가 할게요"라고 말하는 사람을 교사로 세우는 것이다. 이걸 매우 주의해야 한다. 이런 사람의 삶과 마음속에서 하나님이 하시는 일을 볼 수 없다. 이 부분에서는 다른 무엇보다 지혜와 사랑과 기도가 필요하다.

7. 걱정거리가 있으면 다른 부모들과 이야기하기 전에 먼저 하나님과 이야기를 나누고, 그 다음에 목사, 청소년 지도자, 또는 어린이사역 책임자와 상의하라. 뒤에서 험담은 하지 말라. 그것은 상한 감정과 불신을 가져올 뿐이다.

8. 커리큘럼을 정하는 위원회와 협력하여 지금 사용하고 있는 프로그램들을 검토하고 다른 커리큘럼과도 비교해 보라. 많은 교회들이 오래전에 만들어진 커리큘럼을 따르고 그때부터 다른 것은 쳐다보지도 않는다. 지금은 좋은 책들을 내는 출판사들이 많이 있다. 지금 사용하고 있는 교재와 커리큘럼을 다른 것들과 비교하여 철저히 조사하면 평가하는 데 도움이 될 것이다.

커리큘럼에 대해 한마디 하자면, 나는 요즘 성경의 메시지를 희석시키는 일부 교육 과정의 추세가 걱정스럽다. 성경 이야기들은 하나님의 능력과 위대함 대신 인물을 통한 교훈을 가르친다. 성경 인물들이 하나님을 의지한 것을 칭찬하는 것이 아니라 그들의 지혜를 칭찬한다.

예수님의 모습은 종종 만화 같은 표정으로 그려진다. 우리 아이들은 예수님을 강인한 분으로 볼 필요가 있다. 예수님은 성전에서 화를 내시며 환전상들의 상을 엎으셨다. 예수님은 손으로 일하는 목수였고 근육도 있었다. 예수님의 십자가 고난은 엄청난 육체적 인내와 체력을 요구했다. 예수님은 약골이 아니라 영웅이었다!

아이들의 관심을 끄는 것이 일반적인 교회 성장에 도움이 될 수 있다. 하지만 그 목적을 위해 일부 교회들은 예수님의 진리보다 좀 더 재미있고 쉬운 영적 패스트푸드를 제공한다. 단지 우리 아이들에게 행복하게 해주기만 하고 영양은 공급하지 않는 자극적인 경험이 아니라 진정한 영적 음식을 먹게 하는 것이 중요하다.

## 십대들

십대들과 교회 출석의 문제를 한마디로 요약한다면 바로 관계이다. 십대들에게는 모든 일에 관계가 중요하다. 교회에서 어떤 행사에 참석하라고 했을 때 "어떤 교리적 진리들을 가르쳐 주실 건가요?"라고 묻는 십대는 없을 것이다. 대신 그들이 알고 싶은 건 "누가 참석하느냐?"일 것이다.(그리고 무엇을 먹을 것인가?)

많은 십대들이 궁금해하는 것은 이런 것이다. '누구나 나와 같을까? 나는 그 애의 친구인가? 나는 거절을 당할까? 나는 매력이 있나? 나는 인기가 있나?'

그들이 교회에서 사랑받고 인정받고 있다고 느끼는 것보다 더 중요한 것은 없다. 만약 그들이 청소년 그룹 안에서 또래들에게 거부당한다고 느끼면 하나님께도 거부당하다고 느낄 것이다. 청소년 지도자들과 힘을 합하여 청소년 그룹 안에서 파벌을 최소화하도록 노력하라. 어느 정도는 늘 존재하겠지만, 청소년들로 하여금 어떻게 하면 그들의 행동이 그리스도의 사랑을 직접적으로 나타낼 수 있는지 알도록 도와주라.

교회는 선택사항이 아니다. 그것은 성경적인 필수요건이다. 교회가 하나님의 뜻대로 기능을 발휘한다면 부모들과 자녀들이 내부와 외부의 봉사, 우리와 세상을 위한 그리스도의 사랑과 희생을 강조하는 위대한 영적 진리에 집중할 수 있는 훌륭한 장소가 될 수 있다.

**Q 질문** : 교회에 꼭 가야 해요? 교회는 너무 지루해요!

1. 교회는 즐기기 위한 곳이 아니다. 하나님을 예배하고, 다른 그리스도인들과 교제하고, 영적인 교육을 받고, 복음을 전하기 위한 곳이다.

2. 부모들은 자녀들이 교회에 참여하도록 돕는 것에 우선순위를 두어야 한다. 자녀들의 성장과 이해를 위해 적절한 수준에서 참여하게 하라.

3. 자녀의 주일학교와 청소년 사역에 관여하라. 교사들을 만나고 그들을 위해 기도하거나 아니면 당신이 직접 교사가 되라. 당신 자녀의 특별한 필요를 교사에게 알림으로써 자녀가 잘 배울 수 있도록 도와주라.

**A 희망을 담은 대답** : 물론이야! 교회는 반드시 가야 한단다. 비록 '재미있지' 않더라도 교회에 가야 하는 이유가 있어. 교회 활동에 참여할 때 너의 삶 속에서 열매가 자랄 거란다.

# 왜 대부분의 교회는 공해와 지구 온난화 같은 문제에 관심이 없나요?

당신이 그리스도인이라면 성경 말씀을 듣는 데서 그치지 말아야 한다.
대부분의 사람들이 경건한 생각을 위해 성경의 몇 구절을 읽을 뿐,
실제로 그 책이 무엇을 말하고 있는지 알지 못한다.
_ J. I. 패커, "학자의 코너(Scholar's Corner)" 인터뷰, 1994년 11월

공해와 지구 온난화를 오늘날 가장 논란이 많은 주제로 생각하는 사람들이 있다. 이 주제에 뛰어들기 전에 "지구 온난화"라는 용어가 일반적으로 무엇을 의미하는가를 살펴보자. 지구 온난화는 명확하게 '인간이 초래한' 지구 온난화를 뜻하며, 우리의 환경 속에서 자연적으로 발생하는 눈에 보이는 현상이 아니다. 이 주제에 대해 교인들은 상대적으로 무관심하다. 그러나 당신의 자녀들은 아마 지구 온난화와 환경 문제를 중요하게 생각할 것이며, 교회가 그것에 대해 무언가를 하기를 기대할 것이다.

이 주제에 관한 주장들은 대개 이성보다 감정과 정치적 견해에 이끌리는 경우가

많다. '공해'와 '지구 온난화'라는 단어는 일반적으로 분노나 격분, 두려움이나 피로의 느낌이 떠오르게 한다.

많은 보수주의자들은 지구 온난화가 완벽한 조작이며 우리가 보는 기후 변화는 인간들이 일으킨 것이 아니라 자연적인 환경 주기의 일부분이라고 믿기 때문에 분노한다.

어떤 사람들은 정부가 이런 거짓 가설들을 이용하여 대개 헌법의 권한 밖에 있는 일들을 통제하려 한다고 믿는다. 보수주의자들은 정부가 시민들의 삶에 최소한 적게 관여해야 한다고 믿는다.

예를 들면, 정부는 이미 대부분의 공공장소에서 흡연을 금지했고 개인의 집안에서도 흡연을 금지하려고 시도했다는 걸 생각해 볼 수 있다. 미국 정부는 자유롭게 자유를 박탈하는 것 같다.

한편, 많은 진보주의자들과 자유주의자들은 소비와 관련하여 각 사람이 평생 동안 환경에 끼치는 영향만 본다(음식, 옷, 포장재, 배설물, 자동차의 이산화탄소 배출, 에너지 소비 등). 환경운동가들의 궁극적인 목적은 모든 사람이 소비를 줄이고, 썩지 않는 포장재를 없애고, 연료 효율이 좋은 자동차(가능하면 전기차)를 몰고, 인간이 자연에 미치는 부정적인 영향을 줄이거나 역전시키기를 바라며 가능한 모든 곳에 나무와 화초를 심고, 그 외 여러 가지 '친환경적인' 실천을 통해 그들의 탄소 발자국(이산화탄소 배출량)을 '상쇄하게' 하려는 것이다.[1] 많은 경우에 이런 활동가들은 새로운 규제를 만들거나 부과하도록 정부에 로비를 함으로써 자신들의 목적을 이룬다. 그렇게 해서 모든 사람이 규제에 따르게 만드는 것이다.

그 다음에 어떤 정치적 범주에도 해당되지 않고 주류 정당에서 받아 주지 않는 초극단주의자들이 있다. 이 사람들은 인간들이 지구를 망치는 병충해라고 믿는다. 세상에 속하지 않은 유전적 돌연변이라는 것이다. 그들은 인간이 지속적인 독소를 만들어 내는 유일한 종임을 지적한다. 그것은 많은 사람을 죽이는 핵폭탄, 플라스틱, 스티로폼, 대자연의 힘으로 분해할 수 없는 기타 물질들을 말한다. 그런 쪽으로 기운 사람들은 대부분 동물들(그리고 땅)을 숭배하고 의학적인 연구를 위해서라도 동물을 이용하는 것은 비인간적이라고 믿는다. 쥐 실험을 통해 암의 치료법을 개발해 낸다 하더라도, 시험과 실험의 고통을 쥐들에게 주지 말아야 한다고 주장한다.

또 다른 그룹은 산업체들이다. 산업혁명이 시작된 이후로 부도덕한 기업들은 환경에 미치는 영향은 고려하지 않고 상수도와 쓰레기 매립지에 독소들을 버려 왔다. 그런 행동으로 인해 사람이 목숨을 잃을 수도 있다는 것은 당연히 생각지도 않는다. 사람이 목숨을 잃더라도 그것을 처리하는 것보다 버리는 것이 돈이 더 적게 들기 때문이다. 탐욕과 냉담함에서 비롯된 무책임한 행위들은 많은 생명에 영향을 끼쳤고, 결과적으로 말기 암, 선천성 결함, 그밖에 심신을 쇠약하게 하는 질병들을 낳았다.

이런 극단적인 경우들의 묘사는 왜 많은 사람들이 공해와 지구 온난화 문제를 논의하기도 싫어하는지를 설명해 준다. 당신이 여전히 이 글을 읽고 있다면 복 받은 것이다. 용기를 내라. 도움의 손길이 오고 있다! 비록 이렇게 걷잡을 수 없을 정도로 서로 다른 견해들 사이에 위태롭게 끼어 있더라도, 이 문제에 대한 신앙적인 균형이 있다.

### 환경오염 점수

탄소배출권 거래제라는 말이 오르내리는 것을 들어는 보았는데 무슨 뜻인지 궁금했을 수 있다. 아주 간단하게 설명하면, 탄소배출권 거래제는 기본적으로 한 나라가 해마다 추가적인 오염물질을 발생시키지 않기로 합의하는 것을 뜻한다.

공해를 일으키는 모든 산업 – 사실상 정도의 차이가 있을 뿐 모든 산업이 공해를 일으킨다 – 은 얼마나 오염을 일으키느냐에 따라 평가를 받고, 충분히 깨끗하면 '배출권'을 받는다. 배출권은 팔거나 거래할 수 있는 자산이 된다. 어떤 사업체가 사업을 확장하거나 새로운 사업을 시작하려 하면 새로운 오염물질 방출을 피할 방법을 찾거나, 아니면 배출물이 줄었거나 폐업한 회사로부터 배출권을 사들여야 한다.

정부는 사업을 확장하거나 오염물질 수를 줄이기 위해 해마다 배출 총량을 높이거나 낮출 수 있다. 따라서 정부가 자유기업체제에 규제를 가하도록 은밀한 수단을 주는 것이다. 이것은 몇 년 동안 국회에서 오르내리던 매우 실제적인 제안이지만, 현재로선 아직 국법이 되지 않았다.(당신은 분명 자녀양육 책에서 이런 주제에 대해 이야기할 거라고 생각하지 않았을 것이다.)

### 지구 온난화와 교회

아이들은 학교와 미디어를 통해 "지구를 지키라"는 메시지를 너무 많이 듣는다. 심지어 만화에서도 접한다. 그들이 보는 광고를 믿는다면(아이들은 그것을 믿는다!) 지구는 다음 주 화요일에 멸망할 운명이므로 지금 당장 무언가를 해야 한다!

교회 빼고 어딜 가나 이 메시지가 들리니 그리스도인들이 관심이 없다고 생각하는 것도 당연하다. 부모들도 분명한 성경적 지침이 없는 것을 발견하고, 그들의 입장을 말하는 것이 편하든 불편하든 개인의 의견을 정해야 할 것처럼 느낀다.

많은 그리스도인들이 환경오염과 지구 온난화에 관심이 있다. 하지만 교회는 현저하게 이런 문제들에 대해 침묵해 왔다. 여기까지 읽었다면 아마 많은 목사들이 그 주제를 기피하는 이유를 알 수 있을 것이다. 정치적 내분에 대한 인식, 논란이 많은 연구와 결론, 강요된 순종, 극단주의적 관점들은 목사들이 그 주제에 대해 이야기하지 않기로 결정하는 이유 중 일부에 불과하다. 더 나아가, 목사들은 현대의 환경운동이 자주 진화론과 뉴에이지 범신론 같은 적그리스도의 가르침들과 연관이 있기 때문에 그것을 멀리하기도 한다. 불행히도 이것은 마땅히 창조주께 속한 중요한 문제를 우리의 원수인 사탄이 장악하도록 허용하는 것이다.

일반적으로 다수의 교회들은 '보수적'이며, 소수의 '진보적' 교회들이 있는 것으로 인식되고 있다. 실제로 성경은 성경일 뿐이며, 우리는 하나님 나라의 백성이 되는 영광을 다른 어떤 그룹이나 소속보다 더 중요시해야 한다. 어떤 정당이 당신의 가치관을 수용하면 당신의 지지를 받을 만한 가치가 있다. 그러나 우리와 다르거나 다른 정당을 지지하는 사람들을 미워하는 덫에 빠지면 안 된다.

### 모든 것은 하나님께 속한 것이다

성경에서 가르치는 주요 교리 중 하나는 청지기직이다. 그리스도인들이 "청지기직"이라는 단어를 들을 때 일반적으로 제일 먼저 생각하는 것은 돈을 적절히 관리하는 것이다. 그러나 성경적인 청지기직은 돈을 초월하는 것이다. 그것은 또한 우리의 시간, 재능을 포함하며 환경을 제대로 관리하는 것까지 포함한다.

청지기직에 대한 우리의 이해는 하나님이 우리 눈에 보이는 모든 것들을 만드시고 그의 능력으로 모든 것을 계속 유지하실 뿐 아니라 또한 모든 것을 소유하고 계신다는 사실에서 시작한다.

하늘과 모든 하늘의 하늘과 땅과 그 위의 만물은 본래 네 하나님 여호와께 속한 것이로되(신 10:14).

땅과 거기에 충만한 것과 세계와 그 가운데에 사는 자들은 다 여호와의 것이로다 (시 24:1).

이는 삼림의 짐승들과 뭇 산의 가축이 다 내 것이며(시 50:10).

만물의 소유자이시며 창조자이신 하나님께서 그분께 속한 것들을 우리에게 관리하게 맡기셨고, 그것을 우리와 다른 사람들의 유익을 위해 사용하게 하셨다. 우리가 가족의 기본적인 필요를 공급하기 위해 물질을 사용하기보다, 과도한 물질의 소유나 죄악된 삶을 위해 경제적 자원들을 낭비할 때 하나님은 결코 기뻐하실 수 없다. 그렇다면 하나님이 창조하신 땅을 우리가 파괴하지 않고 잘 관리하여 우리 자녀들과 후손들이 살 만한 땅을 갖게 해주기를 하나님이 기대하시는 것은 매우 타당해 보인다. 창세기는 하나님이 땅을 관리할 책임을 인간들에게 맡기셨다는 것을 상기시켜 준다.

하나님이 이르시되 우리의 형상을 따라 우리의 모양대로 우리가 사람을 만들고 그들로 바다의 물고기와 하늘의 새와 가축과 온 땅과 땅에 기는 모든 것을 다스리게 하자 하시고 하나님이 자기 형상 곧 하나님의 형상대로 사람을 창조하시되 남자와 여자를 창조하시고 하나님이 그들에게 복을 주시며 하나님이 그들에게 이르시되 생육하고 번성하여 땅에 충만하라, 땅을 정복하라, 바다의 물고기와 하늘의 새와 땅에 움직이는 모든 생물을 다스리라 하시니라(창 1:26-28).

"다스리고" 땅을 "정복하라"는 것은 우리가 하나님의 세계를 망가뜨릴 권리가 있다는 뜻이 아니다. 그보다 기독교적 가르침의 더 넓은 문맥 속에서 보면, 내가 강조한 대로 우리의 책임은 하나님의 선한 청지기로서 피조물을 보살피는 것이다.

우주의 주관자이신 하나님은 인간을 피조물의 왕으로 만드셨다. 인간이 하나님의 형상으로 창조되었기 때문에 우리는 이성적으로 생각하고, 도덕적인 선택을 하고, 우리의 행위의 결과들을 이해할 수 있는 능력이 있다. 다른 피조물은 하나님의 형상으로 지음받지 않았다. 따라서 하나님이 우리를 다스리시는 것처럼 인간들은 특별히 피조물을 다스릴 자격이 있다. 그래서 하나님이 아담에게 땅과 땅의 피조물을 다스리라고 하신 것이다. 아담의 일은 하나님이 창조하신 모든 것을 통제하고, 다스리고, 책임지는 것이었다. "여호와 하나님이 그 사람을 이끌어 에덴동산에 두어 그것을 경작하며 지키게 하시고"(창 2:15).

하나님이 아담에게 맡기신 첫 번째 임무는 에덴동산을 돌보는 일이었다. 그 임무는 아담과 하와가 불순종하여 동산에서 쫓겨난 후에도 끝나지 않았다. 그때 하나님은 아담에게 "땅은 너로 말미암아 저주를 받고 너는 네 평생에 수고하여야 그 소산을 먹으리라"(창 3:17)고 하셨다. 피조물을 관리해야 할 아담의 책임은 분명 에덴 이후에도 계속되어야 했다.

또한 창세기 4장 2절을 보면 아담의 첫째 아들 가인은 "농사하는 자"였고 둘째 아들 아벨은 "양치는 자"였다. 두 직업 모두 하나님이 창조하신 자원들을 무분별하게 남용하지 말고 제대로 관리해야만 하는 일이었다.

아담은 에덴동산을 관리하고 지켜야 했다. 타락하기 전에 인류는 완벽했다. 따라서 세상을 관리하는 아담의 청지기직도 틀림없이 완벽했을 것이다. 죄가 세상에 들어와 인간의 판단력을 부패하게 만든 후로 아담과 그의 후손들이 하나님께서 맡기신 자원들을 남용하고 오용하고 고갈시킬 가능성이 커졌다. 그때 이후로 어떤 사람들은 '다스림'의 개념을 극단적으로 받아들여서 그들이 원하는 것은 뭐든지 다 가질 수 있다고 믿었다. 19세기 동안 일어났던 고래의 남획에서부터 현대의 다우림 파괴에 이르기까지 역사 속에는 이러한 예들이 가득하다.

진화론자들은 종종 오늘날 우리가 직면한 환경 문제에 대한 책임이 오로지 그리스도인들과 그들의 지배 교리에 대한 믿음에 있다고 주장한다. 그러나 이런 비난은 거짓이다. 진화론자들은 지배를 잘못 이해하고 있기 때문이다.

그들의 지배 개념은 인간이 땅이나 동료 인간들은 고려하지 않는 무모한 소비자라는 것이다. 그러나 성경적인 지배의 개념은 우리를 환경에 대한 더 큰 책임감과 청지기직으로 인도한다.

한편, 진화론자의 입장에서 보면 도덕적으로 옳고 그른 행위에 대한 실제적 근거가 전혀 없다. 따라서 환경 파괴에 대한 책임이 그리스도인들에게 있다고 비난하는 것은 진화론자들의 세계관에 부합하지 않는다.

만약 우리가 환경 문제의 책임을 떠넘길 사람을 찾고 있다면 내가 좀 더 확실하고 그럴 듯한 범인을 지목하겠다. 그것은 바로 타락한 인류이다.

### 청지기직과 율법

하나님의 창조 세계를 제대로 관리해야 할 우리의 의무는 더 나아가 레위기에서 하나님이 이스라엘에게 주신 율법 속에서 찾아볼 수 있다.

여호와께서 시내 산에서 모세에게 말씀하여 이르시되 이스라엘 자손에게 말하여 이르라 너희는 내가 너희에게 주는 땅에 들어간 후에 그 땅으로 여호와 앞에 안식하게 하라 너는 육 년 동안 그 밭에 파종하며 육 년 동안 그 포도원을 가꾸어 그 소출을 거둘 것이나 일곱째 해에는 그 땅이 쉬어 안식하게 할지니 여호와께 대한 안식이라 너는 그 밭에 파종하거나 포도원을 가꾸지 말며(레 25:1-4).

환경 보호 활동가들과 농부들은 토지를 묵히는 것, 즉 단기간 동안 아무것도 심지 않고 놔두는 것의 가치를 오랫동안 알고 있었다. 땅을 위한 휴식 기간 동안 땅은 영양분을 보충하고, 메마른 지역에 수분을 회복하며, 비료를 주지 않아도 다시 비옥해진다. 이 휴식 기간 동안 자라는 식물들은 침식을 방지함으로써 땅을 유지하는 데 도움이 된다. 많은 사람들은 이것이 하나님께서 이스라엘에게 7년마다 땅을 위한 안식년을 지키도록 명령하신 이유라고 믿는다.

농지의 적절한 관리에 관한 지침을 주심과 더불어, 하나님은 또한 동물들의 적절한 관리에 관한 율법 속에서 많은 지침을 주셨다. 하나님은 이스라엘 백성들이 땅을 돌보기 위해 사용했던 가축들 또한 안식일에 쉬게 해주어야 한다고 명령하셨다. 신명기 25장 4절에서 하나님은 그의 백성들에게 "곡식 떠는" 소에게 망을 씌우지 말라고 지시하셨다. 그것은 동물들이 일하는 동안 먹게 해주어야 한다는 뜻이다. 다음은 하나님이 창조하신 피조물들을 제대로 보살펴야 할 필요성을 지적하는 두 성경 구절이다.

의인은 자기의 가축의 생명을 돌보나 악인의 긍휼은 잔인이니라(잠 12:10).

네 양 떼의 형편을 부지런히 살피며 네 소 떼에게 마음을 두라(잠 27:23).

구약성경 전반에 걸쳐 하나님은 음식, 인간의 배설물, 피, 시체, 다른 위생 문제들에 대해 여러 가지 지침을 주셨다.

창세기부터 요한계시록까지 반복해서 나타나는 성경의 주제는 정결함과 부정함의 문제이다. 하나님은 게으름이나 나태함을 책망하시기 위해 정돈되지 않은 포도원과 무성해진 농장에 관한 비유를 사용하기도 하셨다(막 12:1-9과 요 15:1-15이 대표적인 두 예다). 비유는 주로 영적인 영역에 적용되지만, 먼저 육적인 영역에 적용되는 사실이 아니면 이해가 되지 않을 것이다. 사실 씻음, 중생, 회복, 성화 같은 용어들은 모두 물리적 환경에 뿌리를 두고 있는데, 그것이 번역되면서 영적인 영역으로 승격된 것이다.

논리적인 사람이라면 누구나 성경이 청결, 질서, 땅에 대한 존중을 촉구한다는 것에 자연스럽게 동의할 것이다. 성경이 쓰일 당시에는 큰 도로와 샛길들을 어지럽히는, 인간이 만든 유해물질들이 없었다. 사실상 사람들이 사용하던 모든 것은 생분해되는 것들이었고, 그렇지 않은 것들, 즉 금속 같은 것들은 귀중한 것으로 간주되었다. 그런 것들은 재활용하거나 녹여서 다른 용도로 사용했다. 쓰레기는 보통 공공장소에서 태워졌고, 건축자재들도 가연성이거나 재생 가능한 것들이었다.

오늘날 우리가 인구 증가에 대해 알고 있는 지식, 인간이 만든 물질들이 부패하고 자연 분해되는 데 필요한 시간, 그리고 우리 도시에 남아 있는 매우 실제적인 스모그를 고려할 때, 성경의 명령이 아니더라도 환경을 보살피는 것은 상식적으로 해야 할 일이다.

모든 생명은 선물이다. 우리가 부주의하거나 근시안적으로 생각하고 하나님이 주신 자원들을 제대로 관리하지 않는다면 하나님께 감사하지 않는 것이다.

그러므로 그리스도인으로서 우리는 하나님이 우리를 청지기로 삼으셔서 그의 모든 피조물을 관리하게 하셨다는 것을 빨리 인정해야 한다. 땅을 다스리는 특권을 가졌다는 것은 곧 매우 주의해서 땅의 사용을 통제하고, 너무 혹사하거나 방치하거나 남용하지 말아야 한다는 뜻이다. 또한 사탄이 마음대로 자연적 진화론에 대한 거짓 가르침과 뉴에이지의 미사여구를 통해 이 문제를 끌어들이지 못하게 해야 한다.

    교회의 몸 안에서 상식적이고 실제적인 대안을 찾기 위해 협력해야 주님 오실 때까지 우리의 자녀들과 손주들, 모든 후손들에게 가장 깨끗하고 푸른 지구를 물려줄 수 있다.

**Q 질문** : 왜 교회는 공해나 지구 온난화 같은 문제에 대해 아무것도 하지 않죠? 그리스도인들은 지구에 관심이 없나요?

1. 많은 목사들이 이런 주제들에 대한 논의를 기피하는 이유는 그것이 매우 정치적이고 논란이 많은 주제이기 때문이다. 목사들은 종종 정치적 싸움으로 인식되는 일에 연루되는 걸 원치 않는다.

2. 그리스도인으로서 우리는 지구의 청지기들이다. 지구의 모든 것이 하나님께 속한 것이며, 하나님이 우리에게 맡기신 것이다. 우리는 최선을 다해 지구를 보살펴야 하며 다음 세대를 위해 깨끗하게 지켜야 한다. 그러나 균형 있는 접근이 필요하다.

**A 희망을 담은 대답** : 환경보호는 정치적으로 관심이 많은 주제지. 그 문제에 관한 각자의 정치적 견해와 상관없이, 그리스도인들은 하나님이 우리에게 주신 자원들을 최선을 다해 보살피려고 노력해야 한단다.

에필로그

# 자녀에게 남길
# 영적 유산은 무엇이 될 것인가?

**죽음을 너무 두려워하지 말라.
그보다 못난 인생을 두려워하라.**
_ 베르톨트 브레히트, 「어머니 (The Mother)」

    존 플레밍이라는 사람은 작은 도시에서 조용하고 겸손하게 살았다. 그는 중등교육 정도밖에 받지 못했지만, 농부로서 열심히 일했고 검소하게 살았다. 존은 온화하고 동정심이 많았으며 항상 손주들과 가족들과 그와 만나는 모든 사람에게 친절하게 말했다. 지역 교회에 참여하는 것도 잘 드러나지 않았지만 보이지 않는 곳에서 많은 일을 했고, 절대로 칭찬받기 위해 봉사하지 않았다.

    존이 죽었을 때 500명도 넘는 사람들이 찾아와서 이 평범한 농부에게 경의를 표하자 가족들은 깜짝 놀랐고 약간 당황하기까지 했다. 그의 장례식을 시작하기 전에 많은 사람들이 그의 딸을 위로하기 위해 다가와, 존이 몇 년 동안 그들을 사려 깊게 도와주었던 이야기를 해주었다.

    한 여자는 이렇게 말했다. "한때 우리 가족은 집에 난방도 안 되고 장작을 살 돈도 없었어요. 그런데 주일 오후에 존이 장작을 한 무더기 베어 와서 공짜로 우리에게 줬어요." 또 다른 사람은 이렇게 말했다. "2년 전에 눈보라가 몰아치는 동안 존이 자신의 4륜구동 트럭으로 우리 딸을 병원에 데려다줬어요. 그가 딸의 생명을 살린 건지도 몰라요!"

존의 딸은 넓은 마음을 가진 조용한 농부였던 아버지에 대한 이야기들을 계속해서 들었다. 그가 곤경에 처한 사람들을 그렇게 많이 도와주었는지 그녀는 몰랐다. 그녀가 장례식에서 앉아 있을 때 그 이야기들은 그녀의 슬픈 마음을 기쁨으로 가득 채워 주었다.

장례 예배가 시작되자, 목사님이 딱 봐도 많이 사용한 것 같은 낡은 성경책을 들고 나왔다. 접착테이프들이 덕지덕지 붙어 있는 성경책이었다. "사랑하는 형제 존은 예수 그리스도를 믿는 사람이었습니다. 그는 이 책을 읽고 믿었을 뿐만 아니라, 매일 삶 속에서 그 말씀을 실천했습니다. 성경이 존 플레밍의 삶에 끼친 영향은 오늘 이 자리에 오신 여러분들이 보여 주고 있습니다."

## 모든 사람이 유산을 남긴다

당신이 이 세상을 떠날 때 가족에게 물려줄 유산에 대해 생각해 보았는가? 우울한 얘기를 하려는 게 아니라 죽음은 우리 모두 직면해야 할 현실이다. 성경에는 "너희는 잠깐 보이다가 없어지는 안개니라"(약 4:14)라고 쓰여 있다.

당신은 매일 새로운 페이지에 유산을 써 내려가고 있다. 당신이 기록하는 단어들은 당신이 얼마나 성공했는지, 자녀들에게 얼마나 많은 돈을 물려줄 것인지에 근거한 것이 아니다. 당신이 입은 옷의 브랜드, 집의 크기, 소유한 주식의 가치는 언급되지도 않는다. 그러나 당신의 말과 행동을 통해 가족과 주변 사람들에게 미친 영향은 당신이 작성하는 모든 페이지에 기록될 것이다.

결국 당신의 유산은 좋든 나쁘든, 다음 세대에 전해질 것이다. 당신은 자녀들에게 물려줄 유산 때문에 괴로운가, 아니면 그 생각을 하면 평안한가?

사회는 롤모델을 절실히 필요로 한다. 당신의 자녀들에게 절실히 필요한 것은 바로 당신이 성경 말씀을 따라 사는 진실한 사람이 되는 것이다. 솔로몬 왕의 권고를 잘 생각해 보라.

> 내 아들아 나의 법을 잊어버리지 말고
> 네 마음으로 나의 명령을 지키라
> 그리하면 그것이 네가 장수하여 많은 해를 누리게 하며
> 평강을 더하게 하리라
> 인자와 진리가 네게서 떠나지 말게 하고
> 그것을 네 목에 매며 네 마음판에 새기라
> 그리하면 네가 하나님과 사람 앞에서
> 은총과 귀중히 여김을 받으리라(잠 3:1-4).

이 말씀은 "인자와 진리가 네게서 떠나지 말게 하라"고 말한다. 그것은 진정한 그리스도인의 삶을 온전히 살아간다는 뜻이다. 명성의 가치나 결여에 대해 이야기하는 잠언 말씀은 그 외에도 더 있다. "의인을 기념할 때에는 칭찬하거니와 악인의 이름은 썩게 되느니라"(잠 10:7). "많은 재물보다 명예를 택할 것이요 은이나 금보다 은총을 더욱 택할 것이니라"(잠 22:1).

당신의 가족은 진실하고 참된 그리스도인 가족이라는 영예로운 평판을 받고 있는가? "친절하다", "다정하다", "관대하다", "건전하다"라는 말들이 당신의 평판과 관련이 있는가?

하나님의 관점에서 볼 때 "명예는 많은 재물보다 더 가치가 있다." 당신에게도 그러한가?

### 변화를 위해 너무 늦은 때는 없다

"그리스도가 나의 삶 속에 들어오지 않으셨다면, 우리의 결혼생활과 가정은 완전히 무너졌을 거예요."

한 교회 수련회에서 말씀을 전하러 갔을 때 제이를 만났다. 제이는 이 말과 함께 하나님의 능력으로 온 가족이 변화된 이야기를 간증하기 시작했다.

"제 아내는 교회를 다니는 가정에서 자랐어요. 결혼 후 주일마다 아내는 교회에 같이 가자고 했지만 언제나 제 대답은 '고맙지만 난 됐어'였죠."

제이의 우선순위는 중장비 사업을 키우는 것이었다. 그는 그 일에 온 힘을 쏟았고 성공을 이루었다. 그러나 대가가 따랐다. "전 과하게 술을 마셨고, 아내를 배신했어요. 이때 우리에겐 딸이 한 명 있었죠."

12년 동안 아내 주디는 남편의 곁을 지키며 인내하며 그리스도인의 삶을 살았다. 제이는 이렇게 회상했다. "제 아내는 단 한 번도 저한테 목소리를 높인 적이 없어요. 충분히 저를 떠날 수 있었는데 그렇게 하지 않았죠. 때로는 '이 여자가 무슨 문제가 있나?'라는 생각까지 들었어요."

제이는 이야기를 나눌 때 감정이 복받쳐 눈이 촉촉이 젖었다. 이 긴 세월 동안 제이의 아내는 그를 위해 기도해 왔다. 그리고 중학생인 그들의 딸 제니퍼 역시 그를 위해 기도했다.

이 시간 동안 아내 주디는 하나님의 말씀의 능력에 의지하여 힘든 결혼 생활을 견뎌냈다. 그녀는 베드로전서 말씀을 붙들었다. "혹 말씀을 순종하지 않는 자라도 말로 말미암지 않고 그 아내의 행실로 말미암아 구원을 받게 하려 함이니"(벧전 3:1).

주디가 매일 제이에게 베푼 무조건적인 사랑이 영향을 끼치기 시작했다. "저의 어린 딸이 하나님과 동행하면서 점점 더 강해지는 것을 볼 수 있었어요.

주디가 자기 전에 제니퍼와 성경 이야기를 나눌 때 기도하는 걸 들었어요. 그들이 갖고 있는 것처럼 보이는 그것을 저도 갖고 싶어지기 시작했어요. 제 아내와 딸은 기쁨을 키워 왔는데, 성공과 부정한 관계를 좇던 저에게는 아무것도 남지 않았어요."

어느 날 제이는 가족과 함께 교회에 가기로 결심했다. "제가 교회에 가는 이유는 사업적인 관계를 맺기 위해서라고 제 자신에게 말했죠. 사실은 저에게 하나님이 필요하다는 것, 제가 하나님을 찾고 있다는 걸 인정하고 싶지 않았던 거죠." 첫 번째 주일에 그는 강한 인상을 받았지만, 예수님과의 개인적인 관계에 마음을 여는 것은 금방 이루어지지 않았다. 그러나 제이는 평생 처음으로 영적인 문제들에 대해 생각했다. 그는 2주 후 빌리 그레이엄 목사님이 TV에 출연해 말씀을 전하는 것을 보았다.

"그 모든 것이 하나로 합쳐지는 듯했어요." 제이는 회상하며 말했다. "예수님이 저의 죄를 위해 돌아가셨다는 것, 제가 그분을 믿음으로써 용서받을 수 있다는 것을 분명히 이해했거든요."

그 즉시 가정에서 모든 것이 달라지기 시작했다. 밤이면 가족이 모여 자기 전에 성경을 읽고 기도를 했다. 또 공동체의 많은 사람들이 깜짝 놀랄 만큼 제이는 모범적인 남편, 아버지, 종이 되었다. "저를 알고 지냈고 오랜 친구였던 사람들은 제가 변했다는 걸 알 수 있었을 거예요. 장모님과 장인어른은 제가 그분들의 딸을 얼마나 심하게 대했는지 아셨는데, 뭔가 달라졌다는 걸 아셨어요!"

25년도 더 지난 지금, 제니퍼는 전임 사역으로 섬기고 있다. 오래전부터 그녀와 어머니가 충실하게 출석했던 교회에서 어린이 프로그램을 인도하고 있다. "우리 가족의 목표는 사람들이 우리의 삶을 통해 예수 그리스도를 보는 거예

> 요"라고 제이는 말한다. "젊은 부부에게 가장 해주고 싶은 말이요? 함께 주님을 따르고, 함께 기도하고, 함께 예배드리라는 거예요. 자녀들 앞에서 경건하고 한결같은 삶의 모범을 보여 주세요. 그리고 배우자에게 솔직하세요."

## 새로운 시작

과거에 후회되는 일들이 좀 있더라도 괜찮다. 이혼이나 중독, 자녀 양육에 실패한 경험이 있더라도 당신은 건강한 유산을 남길 수 있다. 지금은 당신의 유산에서 새로운 페이지를 쓰기 시작할 때다. 성경에는 하나님과 동행하면서 궤도 수정을 했던 사람들의 수많은 예가 나온다. 대부분은 주목할 만한 믿음의 영웅이 되었다.

자기 백성을 구원하고자 했던 모세는 히브리인 노예를 때린 애굽인을 죽였을 때 잘못된 길로 들어섰다. 모세가 광야에서 40년을 보낸 후, 하나님은 그를 다시 애굽으로 보내셨고 갇혀 있던 하나님의 백성들을 이끌어 내는 데 사용하셨다.

다윗왕은 밧세바와 간음죄를 범했다. 그녀는 다윗의 충직한 부하 우리아의 아내였다. 밧세바가 임신한 사실을 알게 된 후 다윗은 우리아를 치열한 전투 중에 죽게 만들어 자신의 무분별한 행동을 덮으려 했다. 그러고 나서 다윗은 밧세바를 아내로 맞았다. 그의 유산에 이런 어두운 오점이 있음에도 불구하고, 다윗은 여전히 "하나님의 마음에 맞는 사람"(삼상 13:14)으로 알려져 있다.

예수님의 제자인 베드로는 주님이 배신당하고 십자가에 못 박혀 돌아가실 거라고 말씀하시자 죽기까지 싸우겠다고 맹세했다. 그러나 예수님이 죽음에 앞서 오랜 시간 동안 고난을 당하시고 압박감이 밀려오자 예수님을 알지 못한다고 부인했다.

하지만 부활하신 예수님은 베드로를 회복시켜 주셨고, 베드로는 예루살렘 교회의 핵심 지도자가 되었다.

바울은 초대 교회 신자들을 박해하는 일에 적극 가담했다. 신자들을 죽이는 일에 동의했을 뿐 아니라, 감옥에 가두기 위해 집집마다 찾아다니며 체포했다. 그랬던 그가 다메섹으로 가는 길에 주님을 만난 후 회심하고 복음을 전하기 시작했다. 그리고 이후에는 신약성경의 많은 부분을 저술했다.

주님을 위해, 우리 자녀들을 위해, 그리고 세상을 위해, 우리는 진실한 사람이 될 수 있도록 우리의 마음을 살펴야 하고, 예수님께 우리의 약한 부분을 강하게 해달라고 기도해야 한다.

그러나 스스로 완벽한 사람이라고 자부하지 않는 것이 중요하다. 우리가 완벽하지 않다는 사실이 사람들에게 명백히 드러날 것이기 때문이다. 확실히 당신의 자녀들은 대개 15세 전에 당신의 성격상 결함을 발견할 것이다.

만약 당신에게 큰 잘못이나 말 못할 비밀이 있다면, 자녀들이 당신이 내린 결정과 문제들을 이해할 만큼 성숙했을 때 말해 주도록 하라. 흥미진진한 죄의 자세한 이야기를 다 할 필요는 없다. 당신의 이야기에서 강조점은 언제나 하나님의 용서, 당신의 회개, 그런 선택의 결과로 배운 교훈들에 있어야 한다. 자녀들에게 솔직하게 우리의 실패와 단점에 대해 이야기할 뿐 아니라 성령님이 매일 우리를 어떻게 변화시키고 계신지를 강조해야 한다.

당신이 전심으로 하나님께 돌아간다면 하나님께서 당신의 깨진 유산을 회복시켜 주실 수 있다. 하나님은 당신에게 "화관을 주어 그 재를 대신하며 기쁨의 기름으로 그 슬픔을 대신하며 찬송의 옷으로 그 근심을 대신"(사 61:3)하실 수 있다.

### 새로운 가족 유산을 만들라

나단의 아버지는 좋은 사람이 아니었다. 그는 그리스도인이 아니었고, 정신병과 알코올 중독의 전력이 있었다. 술에 취해 화가 나면 부인과 아이들을 육체적, 정서적으로 학대했다.

나단이 어른이 되었을 때 삶에 어려움이 닥치자 아버지가 했던 것과 똑같은 행동들을 하기 시작했다. 나단의 아내가 마침내 자기와 같이 교회에 가자고 그를 설득했다. 아내의 신앙과 교회 사람들의 간증으로, 나단은 그리스도께 자신의 마음을 드렸다. 나단은 술을 끊었으나 여전히 아버지의 학대에서 비롯된 분노와 불신의 문제가 사라지지 않았다.

나단에게 자녀가 생기자, 하나님께서 그의 마음을 변화시켜 주시지 않으면 그 견고한 진이 그의 자녀들에게 영향을 미치고 그대로 전해질 거라는 사실을 깨달았다. 어두운 가족사가 계속될 것이다.

나단처럼 우리의 성품과 습관들은 부모들이나 조부모들에게 깊이 영향을 받는다. 나쁜 습관들은 이런 말들과 함께 다음 세대로 전해진다. "나는 그렇게 배웠어", "그럴 수밖에 없어. 내가 자라온 환경을 봐." 우리는 너무나 자주 이런 자세로 우리의 죄를 변명한다.

우리는 모두 조상들로부터 물려받은 특성들이 있다. 하지만 그 유산을 우리 자녀들에게 물려줄지 말지는 우리의 선택이다. 당신의 부모, 조부모, 친척들의 유산을 정직하게 살펴보라. 악한 가족 유산이 당신에게 전해졌는가? 당신은 그것을 자녀들에게 물려주기 원하는가?

악한 습관들이 어디서 왔는지 알아보고, 그 뒤에 감춰진 동기를 파악하려고 노력하라. 당신의 삶을 분석하여, 가족의 유산이 어떻게 당신 안에 나타나고 있는지 보

라. 그런 다음 그 영역에서 하나님의 용서와 치유를 구하라. 당신이 언제 자녀들에게 악한 태도와 행동 패턴을 나타내는지 하나님께 보여 달라고 기도하라.

아무도 당신에게 남은 평생을 과거의 그늘 아래 살아야 한다고 말하지 않는다. 당신의 자녀들을 위해 새로운 신앙의 유산을 선택하라.

### 당신의 영적 유산

당신이 남길 영적 유산은 어떠한가? 그리스도를 따르는 자는 단순히 큰 잘못을 저지르지 않고 얌전히 지내는 것만으로는 부족하다. 하나님은 당신이 세상에 영향을 미치고 주의 이름을 영화롭게 하기를 원하신다. 그리스도인으로서 삶의 본을 보이고 자녀들의 영적 성장에 적극적으로 관여하는 것이 당신이 세상에 영향을 끼칠 수 있는 가장 좋은 방법이다.

기독교 역사상 훌륭한 영적 리더들 중 많은 이들이 경건한 아버지나 어머니로부터 유산을 물려받았다. 역사상 가장 많은 찬송가를 작사한 찰스 웨슬리는 평생 동안 6,500여 개의 찬송가를 썼다. 감리교회의 창시자로 여겨지는 그의 형 존 웨슬리는 순회 설교자로 4천 편이 넘는 설교를 했다. 둘 다 그들의 부모인 사무엘과 수산나 웨슬리에게 많은 것을 물려받았다. 그들의 아버지는 영국 성공회의 목사였고, 어머니는 그들이 아주 어릴 때부터 적극적으로 성경을 가르쳤다. 그들 부모의 영향력은 결코 과장이 아니다. 3세기 이상 지난 지금도 여전히 그 영향력이 느껴지기 때문이다.[1]

빌리 그레이엄 목사는 기독교 역사상 누구보다 많은 사람들에게 복음을 전했다. 그는 노스캐롤라이나 샬럿 출신의 낙농가, 윌리엄과 모로우 그레이엄의 네 자녀

중 한 명이었다.² 그레이엄은 자서전 『내 모습 이대로(Just As I Am)』에서 부모님에 대해 이렇게 말했다.

부모님이 가족 성경을 읽는 건 단순히 신앙적인 의식이 아니었다. 결혼한 첫날 가족 제단을 세우고 매일 성경 읽기를 시작하셨다고 어머니는 말씀해 주셨다. 부모님은 그 책을 하나님의 말씀으로 받아들였고, 가족의 화합을 위해 하나님의 도우심을 구했다.³

빌리 그레이엄의 부모님은 그의 성장기 동안 큰 영향을 끼쳤을 뿐 아니라, 빌리와 그의 아내, 그들의 자녀들과 손주들에게 영향을 끼쳐 복음주의의 유산을 계속 이어가게 했다. 그의 아들 프랭클린은 지금 빌리 그레이엄 전도협회(Billy Graham Evangelistic Association)와 세계적인 구호단체인 사마리아인의 지갑(Samaritan's Purse) 회장으로 섬기고 있다. 그의 딸 앤 그레이엄 로츠는 앤젤 미니스트리(AnGel Ministries)를 이끌며 전 세계 수많은 여성들에게 말씀을 전하고 있다. 그레이엄 목사의 손주들 중 몇 명도 전임사역자로 활발하게 일하고 있다.

당신이 제2의 찰스나 존 웨슬리, 혹은 빌리 그레이엄을 키우고 있는지 누가 아는가? 한 가지는 확실하다. 경건한 부모들은 하나님이 세상을 변화시키는 데 사용하실 수 있는 확고한 기반을 세운다. 알버트 몰러 박사는 이렇게 말한다.

부모 노릇은 취미로 하는 것이 아니라 이 세상에서 성자들을 길러낼 가장 중요한 기회다. 이것은 우리가 아들을 남편과 아버지로, 딸들을 아내와 어머니로 자라게 할 책임이 있음을 상기시킨다. 하나님이 영광이 여기서 드러나는데 가정은 하나님의 영광이 드러나거나 억제되는 중요한 장소이기 때문이다.⁴

사도 바울은 영적인 아들 디모데에게 편지를 쓸 때 디모데의 어머니와 할머니가 그에게 끼친 영향력을 상기시켜 주었다. "이 믿음은 먼저 네 외조모 로이스와 네 어머니 유니게 속에 있더니 네 속에도 있는 줄을 확신하노라"(딤후 1:5).

지금까지 자녀들에게 영적 유산을 물려주는 일을 등한히 했더라도 후회하고 괴로워할 것 없다. 지금부터 시작하면 된다! 아이들을 가르쳐라. 당신 안에 있는 그리스도의 빛을 보게 하라. 그리고 반드시 자녀들을 위해 기도하라. 첫째, 자녀가 예수님을 알게 되기를 기도하고 둘째, 평생 동안 신실하게 예수님을 따르도록 기도하라.

나는 '가족'이라는 제목의 아름다운 청교도 기도문을 우연히 발견했다. 이 기도문은 가족을 위해 어떻게 기도해야 하는지를 요약해서 보여 주고 있다.

하나님, 저와 부드러운 줄로 연결된 사람들이 주님께 소중한 자들이 되고
주님의 영광을 위해 헌신하는 자들이 되게 하소서.
저희 가정의 신앙과 교육, 훈육, 모범을 거룩하게 해주시고
번성하게 해주시옵소서.
그래서 우리 집이 천국을 위한 모판이 되고,
우리 교회가 하나님의 정원이 되어,
주님의 영광을 위해, 주님이 심으신 의의 나무들로 풍성해지게 하소서.[5]

## 가장 중요한 계명

이 책을 읽기 시작할 때 어쩌면 당신은 성경이 신뢰할 만한지에 대해 회의적이었

을지 모른다. 단순히 자녀들이 기독교 신앙에 대해 부모들에게 묻는 질문들에 관하여 도움을 받고자 하는 마음이었을지도 모른다. 어떠했든지 간에 당신이 나와 함께 이 여정을 시작한 것을 매우 기쁘게 생각하며, 이 책이 우리 주 예수 그리스도께서 '가장 중요한' 계명이라고 하신 것을 성취하는 데 도움이 되기를 기도한다. 성령이 당신을 통해 일하시게 함으로써 이 계명을 따르라. 그러면 당신의 유산이 확실히 보장될 것이다.

> 예수께서 대답하시되 첫째는 이것이니 이스라엘아 들으라 주 곧 우리 하나님은 유일한 주시라 네 마음을 다하고 목숨을 다하고 뜻을 다하고 힘을 다하여 주 너의 하나님을 사랑하라 하신 것이요 둘째는 이것이니 네 이웃을 네 자신과 같이 사랑하라 하신 것이라 이보다 더 큰 계명이 없느니라(막 12:29-31).

**부록**

# 부모들이 묻는 질문

우리 시대의 가장 중요한 문제는 공산주의 대 개인주의, 유럽 대 미국, 서양 대 동양이 아니다.
그것은 인간이 하나님 없이 살 수 있느냐는 것이다.
_ 윌 듀런트, 「삶의 의미에 관하여 (On the Meaning of Life)」

"어떻게 쓰인 지 1900년도 더 지난 책이 요즘 아이들의 질문에 답을 해줄 수 있겠어요? 모세 시대에는 아이패드나 휴대폰도 없었잖아요?"

부모들은 내게 이런 질문을 자주 한다. 나는 성경이 비록 오래 전에 쓰였더라도 오늘날 우리의 삶과 연관성이 있다는 것을 분명히 말해 두고 싶다. 자녀 양육에 관해서는 특히 그렇다. 성경은 정말로 중요한 문제들을 다루기 때문이다.

변기에 빠진 휴대폰을 고치는 법에 대한 설명들이 성경에 나와 있지는 않다. 하지만 성경은 어떻게 은혜와 인내심으로 그 상황에 대처할 수 있는지를 가르쳐 준다. 성경에서 극심한 교통체증을 해결하는 법에 관한 운전자 지침을 찾을 수 있을까? 역시 아니다. 하지만 인내와 시간 관리에 관한 성경 말씀은 찾을 수 있다.

성경이 쓰인 시대와 상황이 달라졌다. 하지만 사람들은 달라지지 않았다. 하나님도 그렇다. 부모의 역할은 하나님의 성품과, 성령이 주시는 힘으로 삶에서 하나님의 성품을 나타내며 사는 법을 자녀들에게 가르치는 것이다. 그러면 도전이나 유혹에 직면한 순간 자녀들은 무엇을 해야 할지 고민할 필요가 없게 된다. 성경과 성령님이 그들의 안내자가 되시기 때문에 자연스레 무엇을 할지 알게 된다. "너희가 오른쪽으로 치우치든지 왼쪽으로 치우치든지 네 뒤에서 말소리가 네 귀에 들려 이르기를 이것이 바른 길이니 너희는 이리로 가라 할 것이며"(사 30:21).

### 이런 문제가 성경에 나올까?

성경이 정말 21세기에 부모들이 매일같이 직면하는 문제들을 다루고 있는지 한 번 살펴보자.

**부모에게 반항하는 자녀?** 멀리 갈 필요도 없이 창세기에 보면 최초의 두 사람, 아담과 하와가 그들의 아버지 하나님께 반항한 이야기가 나온다!

**형제자매의 대립?** 같은 책의 한 장 뒤로 가면, 가인이 아벨을 죽인다!

**가족 분쟁?** 구약성경에서 조금 더 뒤로 가면, 야곱의 아들들이 형제 요셉을 노예로 팔아넘긴다!

**결혼생활?** 당연히 있다. 성경에는 결혼생활을 올바로 한 부부들과 매우 잘못한 부부들의 생생한 사례연구들이 나와 있다.

**술 취함? 성매매? 동성애? 분노 조절?** 물론 있다. **삶의 스트레스와 불안을 다루기?** 반복해서 나오는 주제다. **지혜로운 재정 관리?** 성경에서 가장 많이 이야기하는 주제 중 하나이다. **사랑? 미움? 두려움? 진실함?** 있다. 성경에서 모두 다루고 있다.

#### 성적 문란함에 관하여

출애굽기 20장 14절과 고린도전서 6장 12-20절은 직접적으로 이 주제를 다룬다. 성경이 금하는 간음죄에는 부부 관계 외의 성적 행위뿐 아니라 이성을 유혹하기 위한 감각적인 이미지와 행위들도 포함된다. 음란물, 이북에 자주 베스트셀러가 되는 성인용 로맨스 소설, 외설적인 농담, 야한 옷차림도 성적인 유혹으로 이어질 수 있으니 피해야 한다. 자녀들에게 성적 순결을 가르치고 기대하라. 절제는 가능한 것이며, 그리스도인 가정을 위한 규범으로 받아들여져야 한다.

### 동성애에 대해 무엇을 가르칠 수 있을까?

우리 문화는 동성애를 옹호한다. 당신의 자녀들은 동성애가 정상이고 바른 것이며 동성 결혼도 남녀간의 결합과 똑같은 것이라는 메시지를 끊임없이 듣고 있다.

그러나 창세기 19장을 보면 성경은 명확하게 동성애가 죄라고 말한다. 또 다른 명백한 구절은 로마서 1장 24-28절과 고린도전서 6장 9절이다. 동성애 또한 결혼 생활 외의 성관계이므로, 혼전 성관계나 간음으로 간주된다. 하나님은 결혼으로 남편과 아내가 한 몸이 되는 가정을 위한 자연 질서를 세우셨다.[1]

### 낙태는 잘못된 것인가?

낙태 문제의 중심에는 '언제 생명이 시작되는가?'라는 질문이 있다. 수정이 이루어질 때인가, 임신 20주 때부터인가, 아니면 태어날 때부터인가? 하나님 말씀에 의하면, 하나님은 우리가 어머니의 자궁 안에서 형성될 때부터 우리를 알고 계신다(시 139:13-16; 렘 1:5). 우리가 태어나기 전부터 하나님이 우리를 알고 계신다면, 틀림없이 우리는 어머니의 태내에서부터 살아 있었던 것이다.

잉태의 순간, 즉 난자와 정자가 만나는 순간에 생명이 시작된다. 그때부터 생명은 존중받고 보호받아야 한다. 하나님 말씀에 따르면 태어나지 않은 아이의 생명이라도 생명을 없애는 것은 살인이다(출 20:13).

오늘날 우리 문화는 생명을 소중히 여기지 않는다. 텔레비전과 비디오 게임에 등장하는 살인과 폭력은 스포츠에 불과하다. 왜 여기 있지도 않은 생명을 누군가가 존중해 주기를 기대해야 하는가? 여성 인권 단체들은 "그것은 여성의 몸이다! 낙태는 그녀의 선택이다"라고 주장한다. 그러나 성경은 "너희는 너희 자신의 것이 아니라 값으로 산 것이 되었으니 그런즉 너희 몸으로 하나님께 영광을 돌리라"(고전 6:19-20)고 말한다. 선택은 두 사람이 성관계를 갖기로 할 때 하는 것이다.

그러나 많은 그리스도인 여성들이 임신중절 수술을 받고 그 결과 극심한 감정적, 영적 고통을 경험한다는 것을 알아야 한다. 낙태를 하고 슬픔에 잠겨 상담이 필요한 사람이 있다면 상담자나 목사에게 가능한 한 빨리 연락을 하라.

### 기준! 예수님의 말씀에 귀 기울이라

피아노가 백 대 있는 방이 있다고 상상해 보자. 그 피아노들은 음이 서로 맞지 않는다. 그래서 피아노 조율사를 불러 첫 번째 피아노를 완벽한 음정에 맞게 조율한다. 그 다음에는 첫 번째 피아노를 기준으로 두 번째 피아노를 조율한다. 세 번째 피아노는 두 번째 피아노에 맞춰서, 네 번째 피아노는 세 번째 피아노에 맞춰서 조율하는 식으로 계속하다 보니 마침내 모든 피아노가 전 피아노에 맞춰 조율되었다. 이제 백 명의 피아니스트들이 들어온다. 들을 준비가 되었는가? 과연 어떤 소리가 날 것인가? 백 명의 피아니스트들이 모두 같은 곡을 연주하더라도 피아노들이 서로 음이 맞지 않으면 끔찍한 소리가 날 것이다.

피아노 조율사가 아무리 훌륭하더라도, 모든 피아노에 같은 기준을 적용하지 않으면 조율사가 피아노를 옮길 때마다 음이 살짝 달라진다. 그래서 조율을 할 때는 한 가지 기준 음을 사용해야 한다. 만약 조율사가 각 피아노에 하나의 소리굽쇠를 기준으로 사용했다면 모든 피아노가 같은 음으로 맞춰져서 함께 연주할 때 아름다운 소리를 낼 것이다.

하나님은 우리의 삶을 그의 거룩한 말씀에 맞추기 위한 기준을 정해 주셨다. 그것은 바로 그의 아들, 예수님이다. 멜로디는 절대 달라지지 않는다. 우리가 그 기준에 따라 사는 법을 알도록 돕기 위해 주님은 그의 계명과 율법을 주셨다. 이것들은 단지 제안이 아니라 하나님이 우리의 유익을 위해 정하신 규칙이다. 또한 우리가 성령의 능력으로 그것들을 따를 때 "생명을 얻게 하고 더 풍성히 얻게 하리라"고 약속하셨다(요 10:10).

### 돈, 물질주의, 탐욕에 대해 자녀들에게 뭐라고 말할까?

하나님이 염려하시는 것은 물질 자체가 아니라 그것을 대하는 우리의 태도이다. 돈을 사랑하는 것과 관리하는 것은 실제로 예수님이 여러 번 말씀하신 주제이다(마 6:19-21, 24; 23:25; 눅 12:13-21). 돈이 문제가 아니다. 돈을 사랑하는 것이 더 큰 문제다. "돈을 사랑함이 일만 악의 뿌리가 되나니 이것을 탐내는 자들은 미혹을 받아 믿음에서 떠나 많은 근심으로써 자기를 찔렀도다"(딤전 6:10).

성경은 "돈을 사랑하지 말고 있는 바를 족한 줄로 알라 그가 친히 말씀하시기를 내가 결코 너희를 버리지 아니하고 너희를 떠나지 아니하리라"(히 13:5)고 말한다.

### 마약, 흡연, 음주에 대해 이야기하는 구절이 있을까?

그리스도인으로서 우리는 하나님이 우리 위에 두신 권위들에 복종해야 한다(롬

13:1-7). 이것은 땅의 법에 순종하는 것을 포함한다. 어떤 일이 불법이면 하지 말아야 한다. 그것이 우리가 그리스도를 증거하는 데 해가 되기 때문이다. 우리는 이미 우리 몸으로 하나님께 영광을 돌려야 한다는 것을 보았다(고전 6:20). 마약과 흡연이 몸에 큰 해가 된다는 증거는 명백하다. 많은 성경 구절들이 깨어 있어 올바로 분별하라고 이야기한다.(고전 15:34, 살전 5:4-8, 딤후 4:5, 벧전 1:13, 4:7, 5:8이 대표적인 예다.)

또한 약물 사용은 마술과도 밀접한 연관이 있다. "마술"을 나타내는 헬라어 "팔마케이아(pharmakeia)"는 문자적으로 "약물의 사용 또는 투여"라는 뜻이다.[2] 그것이 영어 pharmacy(약국)와 pharmaceutical(약, 제약)의 어원이다. 마법은 종종 주문을 외우면서 약초나 독약을 사용한다. 갈라디아서 5장 19-21절, 요한계시록 9장 20-21절, 21장 8절, 22장 15절은 모두 이런 활동에 참여하는 것에 대해 엄격하게 경고한다. 어떤 사람들은 창세기 2장 9절을 이용하여 대마초 같은 식물성 마약의 사용을 정당화하려 한다. 그러나 이 구절은 식물을 마음과 양심을 바꾸는 데 사용할 것이 아니라 음식으로 사용해야 한다고 명백히 말하고 있다.

많은 사람들이 예수님이 물을 포도주로 변하게 하시고 실제로 포도주를 드셨다는 사실을 가지고 음주를 정당화한다. 성경은 술 마시는 것을 금하지 않으나, 과도하게 마시지 말라고 말한다(잠 23:29-35; 엡 5:18). 사도 바울은 또한 신자들에게 그들의 몸이 어떤 것의 노예가 되지 않게 하라고 경고했다(고전 6:12).

### 자살하는 사람들은 어떻게 될까?

성경은 자살한 여섯 명에 대해 말한다. 아비멜렉(삿 9:54), 사울(삼상 31:4), 사울의 무기 든 자(삼상 31:5), 아히도벨(삼하 17:23), 시므리(왕상 16:18), 그리고 가룟 유다(마 27:5)가 있다. 하나님은 살인을 금지하시기 때문에 논리적으로 생각하면 자살도 용납하지 않으실 것이다(출 20:13). 우리의 죽음의 때를 선택할 권한은 오직 하나님께 있다.

많은 종교들이 자살은 용서받지 못할 죄라고 가르친다. 자살한 사람은 죽은 후에 그 행위에 대해 용서를 구할 수 없기 때문이다. 그런데 이것은 성경이 가르치는 바가 아니다. 용서받지 못할 죄는 예수 그리스도를 구주로 인정하지 않는 것뿐이다. 왜냐하면 예수님이 하나님과 화해에 이르는 유일한 길이기 때문이다.

그리스도인이 자살을 한다 해도 영생을 얻지 못하는 건 아니다(요 10:27-29; 롬 8:38-39; 엡 1:13-14). 그러나 하나님은 분명 그의 자녀가 이런 선택을 한 것을 기뻐하지 않으실 것이다. 우리가 삶 속에서 하나님을 신뢰하지 않을 때 하나님이 슬퍼하신다면, 우리의 죽음의 때와 방법을 하나님께 맡기지 않기로 선택할 때 하나님이 얼마나 더 슬퍼하시겠는가? 고린도전서 3장 15절은 구원받았지만 자살하는 사람에게 적용할 수 있다. "자신은 구원을 받되 불 가운데서 받은 것 같으리라."

불행히도 당신의 자녀들에게는 자살하는 친구들이 있을 수 있다. 이때 부모로서 당신의 역할은 자녀들이 자살의 징후를 제때 보지 못하고 자살을 막지 못한 것에 대한 죄책감을 이겨 내도록 도와주는 것이다. 그 친구가 그리스도를 알았다면 천국에 있을 거라는 희망을 주어야 한다. 자녀의 친구가 그토록 절박하게 생각했던 주제에 대해 솔직한 대화를 나누는 것이 자녀가 슬픔을 이겨내고 또한 절망에 빠지지 않게 하는 데 도움이 될 수 있다(요 10:27-29; 살전 4:13-14).

### 자녀들에게 마술과 주술에 대해 경고해야 할까?

사람들은 마술, 주술에 매료되곤 한다. 이 주제는 구약성경의 몇몇 곳에서 다루고 있다(레 19:26, 20:6). 영매, 점쟁이들은 하나님께 버림받고 돌에 맞아 죽을 거라고 했다(레 20:27). 마술, 접신, 심령술 같은 행위들은 이교도 신앙에서 온 것으로, 하나님의 백성 안에는 있을 곳이 없다. 갈라디아서 5장 19-20절은 주술을 "육체의 일" 중 하나로 나열한다. 이 목록은 성령의 열매 바로 앞에 나와서 그와 대조를 이룬다.

#### 입을 조심하라!

어떤 말을 내뱉자마자 바로 주워 담고 싶었던 적이 있는가? 그럴 수만 있다면 얼마나 좋을까. 성경에는 말조심에 관한 얘기가 자주 나온다. 특히 시편과 잠언에 많다. 에베소서 4장 29절, 5장 4절, 골로새서 3장 8절 역시 대표적인 구절이다. 혀는 작지만 많은 문제를 일으킨다(약 3:2-10). 우리는 말을 사용해 우리의 마음과 뜻을 표현하고 다른 사람들과 상호작용을 한다. 그리고 말로 하나님을 경배하고 찬양한다.

예전에는 밤 늦은 시각이 아니면 텔레비전에서 욕을 들을 수 없었다. 그런데 이제는 기준을 완화해서, 광고와 심지어 어린이 만화에도 상스러운 말들이 나온다. 변화하는 사회 속에서 예전에는 모욕으로 인식되던 말들이 더 이상 그렇게 여겨지지 않는다. 아이들은 우리가 하는 말을 다 따라할 것이다. 그것도 하필 가장 안 좋은 순간에 말이다! 그들은 말을 쉽게 익히고, 그 말들이 부적절한지도 모르고 들은 대로 똑같이 사용한다. 그러므로 당신의 입을 조심하라! 시편기자처럼 매일 하나님께 이렇게 구하라. "여호와여 내 입에 파수꾼을 세우시고 내 입술의 문을 지키소서"(시 141:3).

이것들은 당신의 자녀들이 당신에게 질문할 가능성이 있는 몇 가지 주제들이다. 당신이 이 장에서 성경이 매우 적절하며, 현대의 자녀 양육 문제에 대해 말해 준다는 것을 알았기를 바란다. 하나님의 말씀은 절대 변하지 않는다! 풀은 마르고 꽃은 떨어져도 "주의 말씀은 세세토록 있도다"(벧전 1:25).

이제 자녀들과 어려운 주제들에 대해 이야기할 때 성경 말씀을 포함시키는 법을 더 잘 이해했으면, 당신의 자녀들이 흥미를 갖는 다른 주제들을 다루는 데 도움이 될 만한 성경 말씀들을 더 찾아볼 수 있을 것이다.

# 주

**01**

1. *The New England Primer*에 나오는 유명한 문구. 이 책에선 성경의 이미지들을 사용하여 아이들에게 알파벳과 읽기를 가르친다. 본래 1687년에 출판되었는데, 더 잘 알려진 1777년판이 2003년에 WallBuilders Press(Aledo, Texas)에 의해 다시 출판되었다.

**02**

1. Alex McFarland and Elmer Towns, *10 Questions Every Christian Must Answer* (Nashville: Broadman and Holman Academic, 2011), 33.
2. Rudolf Clausius, "The Second Law of Thermodynamics," in *The World of Physics: A Small Library of the Literature of Physics from Antiquity to the Present* (New York: Simon and Schuster, 1987), 1:734.
3. *Encyclopedia Britannica*, s.v. "entropy," accessed February 21, 2013, http://www.britannica.com/EBchecked/topic/189035/entropy.
4. "Science: The Benefits of Hurricanes," *Time*, September 24, 1973, www.time.com/time/magazine/article/0,9171,90 7967,00.html 참조. 또한 *A God of Suffering?*이라는 제목의 유익한 DVD를 추천한다 (Petersburg, KY: Answers in Genesis, 2005). www.answersingenesis.org에서 이용할 수 있다.

**04**

1. Charles Wesley, "And Can It Be?" public domain, in Robert K. Brown and Mark R. Norton, eds., *The One Year Book of Hymns* (Wheaton, IL: Tyndale, 1995), 29.

**05**

1. C. S. Lewis, *Mere Christianity* (New York: HarperCollins, 2001), 137.
2. *Strong's Concordance*, s.v. "Greek 5281, *hypomonē*," accessed February 8, 2013, http://biblesuite.com/greek/5281.htm.
3. *Strong's Concordance*, s.v. "Greek 1382, *dokimē*," accessed February 8, 2013, http://biblesuite.com/greek/1382.htm.
4. *Thayer's Greek Lexicon*, s.v. "Greek 1680, *elpis*," accessed February 8, 2013, http://biblesuite.com/greek/1680.htm.

**06**

1. Ellen Tumposky, "Rare 'Double Eagle' Gold Coins Ruled Property of U.S. Not Collector's Family," *ABC News*, July 21, 2011, http://abcnews.go.com/US/ten-rare-gold-coins-property-us-treasury-jury/story?id=14124595; and Susan Headly, "The 1933 Saint Gaudens Gold Double Eagle-World's Most Valuable Coin," About.com, http://coins.about.com/od/famousrarecoinprofiles/p/1933_Gold_Eagle.htm.

## 07

1. Linda Falter, "A Beautiful Anger," *Christianity Today*, April 27, 2011, 36-37, http://www.christianitytoday.com/ct/2011/april /beautifulanger.html?start=2.

## 08

1. Focus on the Famly의 웹사이트 Clubhouse.jr.com, ClubhouseMagazine.com, 그리고 ThrivingFamily.com을 보면 기독교 가정들을 위한 영적인 절기 자료들이 많이 준비되어 있다.

## 09

1. *An Enquiry into the Obligations of Christians to Use Means for the Conversion of the Heathens*의 온라인 버전은 William Carey University website: http://www.wmcarey.edu/carey /enquiry/enquiry.html에서 찾을 수 있다. 윌리엄 캐리의 이야기와 현대 선교의 발전에 대한 탁월한 보도는 Ruth A. Tucker의 *From Jerusalem to Irian Jaya: A Biographical History of Christian Missions*(Grand Rapids: Zondervan, 2004), 121ff에서 찾을 수 있다.
2. 기독교 선교사들이 명백한 예수님의 복음을 가지고 들어가기 전에 많은 미전도종족들이 하나님에 대해 안다고 고백한 것들을 보고 싶다면, Don Richardson의 책 *Eternity in Their Hearts* (Ventura, CA: Regal, 2005)를 강력 추천한다.
3. C. S. Lewis, *Mere Christianity*, rev. ed. (New York: HarperCollins, 1980), 136-37.

## 10

1. Sylvester Bliss, *Memoirs of William Miller* (Boston: Joshua V. Himes, 1853), xiv, http://books.google.com/books?id=hfU_dOu9p6YC&p rintsec=frontcover&source=gbs_ge_summary_r&cad=0#v=onepage&q&f=false.
2. "Preacher Harold Camping Gets Doomsday Prediction Wrong Again," FoxNews.com, May 21, 2011, http://www.foxnews.com /us/2011/05/21/preacher-harold-camping-gets-doomsday-prediction-wrong/.
3. Lester R. Brown, "The New Geopolitics of Food," *Foreign Policy*, November 7, 2012, http://www.foreignpolicy.com/articles/2011 /04/25/the_new_geopolitics_of_food; and Mindy Belz, "Feed My People," *World Magazine*, May 3, 2008, http://www.worldmag.com /2008/05/feed_my_people.
4. *Today in the Word*, Moody Bible Institute, vol. II (April 1989), no. 4:27.

## 11

1. 성 어거스틴 일화, Stephen Seamands, *Ministry in the Image of God* (Downers Grove, IL: InterVarsity, 2005), 101에서 각색함.
2. Jeremy Begbie, "Can We See God? Jeremy Begbie Explores the Question at the Veritas Forum," YouTube,

uploaded June 24, 2010, http://www.youtube.com/watch?v=t2u20RxqPvo.
3. 그리스도 양태론, 아리우스주의, 삼신론, 그 외의 이단들에 대한 정보를 보려면, Christian Apologetics and Research Ministry website, http://carm.org/heresies를 참고하라.
4. Matt Slick, "Modalism," Christian Apologetics and Research Ministry, accessed February 13, 2013, http://carm.org/modalism.
5. Ryan Turner, "Arianism and Its Influence Today," accessed February 13, 2013, http://carm.org/arianism-and-its-influence-today.

## 13

1. Dr. Barry Leventhal, discussion with the author, January 2013.
2. *Strong's Concordance*, s.v. "Hebrew 2459, *cheleb*," http://biblesuite.com/hebrew/2459.htm.

## 14

1. Francis J. Beckwith and Gregory Koukl, *Relativism: Feet Firmly Planted in Mid-air* (Grand Rapids, MI: Baker, 1998), 20, *The Presbyterian Layman*, July-August 1996, 8에서 인용.
2. Michael Vitcavitch, *Deciduous Belief: Letting Go of the Old You So the New You Can Embrace a Healthy and Meaningful Relationship with God and Others* (Bloomington, IN: Cross Books, 2011), 162.
3. Marcia. Manna, "A Historical Heavyweight: The San Diego Natural History Museum Hosts the Biggest Exhibition of the Dead Sea Scrolls Ever Assembled," *San Diego Magazine*, June 2007, http://www.sandiegomagazine.com/San-Diego-Magazine/June-2007/A-Historical-Heavyweight/.
4. Bruce M. Metzger, *Chapters in the History of New Testament Textual Criticism* (Grand Rapids, MI: Eerdman's, 1963), 144. 더 많은 증거를 보려면 Lee Strobel, *The Case for Christ* (Grand Rapids, MI: Zondervan, 1998), 70을 참고하라. 프린스턴 신학교 교수이자 Metzger의 동료인 Benjamin Warfield의 말을 인용한다: "신약성경은 실제로 전달되고 계속 사용되어 온 본문의 순수성 면에서 고대 문헌들 중에 비할 데가 없다." Metzger는 좀 더 최근에 이루어진 본문에 대한 발견과 학문을 돌아보며, 성경 사본의 정확한 보존을 지지하는 최신 자료를 출판했다. Published by Oxford University Press in 2005, *The Text of the New Testament: It's Transmission, Corruption, and Restoration*-이것은 학문적으로 신약성경의 내용이 보존되어 왔음을 기록한 것으로, 회의론자이자 학자인 Bart Ehrmann과 공동작업으로 쓰였다.
5. *The NAS New Testament Greek Lexicon*, s.v. "*dokimazo*," accessed February 4, 2013, http://www.biblestudytools.com/lexicons/greek/nas/dokimazo.html.
6. David M. McCasland, "A Clear View," *Our Daily Bread*, March 12, 2011, http://odb.org/2011/03/12/a-clear-view/.21 Questions.indd 276 6/10/13 6:06 PM Notes 277
7. *The NAS New Testament Greek Lexicon*, s.v. "*energeo*," accessed February 14, 2013, http://www.biblestudytools.com/lexicons/greek/nas/energeo.html.

### 15

1. C. S. Lewis, *Miracles* (New York: Macmillan, 1960), 106.
2. 성경의 기적에 관한 주장들의 역사적 타당성에 대해 더 많은 정보를 보고 싶으면, 일반적인 수준에서 나의 책 *Ten Answers for Skeptics*(Ventura, CA: Regal, 2011), 193-96을 참고하라. 그보다 더 깊이 있게 다루길 원한다면 Michael R. Licona의 *The Resurrection of Jesus: A New Historiographical Approach* (Downers Grove, IL: InterVarsity, 2010), chapter 2; and William L. Craig, *Reasonable Faith: Christian Truth and Apologetics*, 3rd ed. (Wheaton, IL: Crossway, 2008), chapter 6을 참고하라.
3. 부활에 대한 좀 더 철저한 변론을 보고 싶으면, Gary R. Habermas와 Michael R. Licona의 *The Case for the Resurrection of Jesus* (Grand Rapids: Kregel, 2004)를 추천한다.

### 16

1. *The Foster Letter, Religious Market Update* (Van Wert, OH: Gary D. Foster Consulting, 2011), 4.에서 인용.
2. *The KJV New Testament Greek Lexicon*, s.v. "*spoudazo*," accessed February 15, 2013, http://www.biblestudytools.com/lexicons/greek/kjv/spoudazo.html.
3. *The NAS New Testament Greek Lexicon*, s.v. "*zao*," accessed February 15, 2013, http://www.biblestudytools.com/lexicons/greek/nas/zao.html; *The NAS New Testament Greek Lexicon*, s.v. "*energeo*," accessed February 14, 2013, http://www.biblestudytools.com/lexicons/greek/nas/energeo.html.
4. 성경의 문화에 관한 두 가지 탁월한 자료는 John Walton, Victor H. Matthews, Mark W. Chavalas의 *The IVP Bible Background Commentary: Old Testament*(Downers Grove, IL: InterVarsity, 2000); 그리고 Craig S. Keener, *The IVP Bible Background Commentary: New Testament* (Downers Grove, IL: InterVarsity, 2000)이다.
5. 무료로 이용할 수 있는 유용한 온라인 자료는 BibleGateway.com, http://www.biblegateway.com/와 BibleStudyTools.com (www.Bible StudyTools.com)이다. 둘 다 다양한 버전의 온라인 성경, 주해, 어휘사전, 기타 성경공부 도구들을 제공한다.

### 17

1. 초기 기독교 지도자들의 확신에 찬 변증론과 기본적인 질문과 반론들이 얼마나 달라졌는지 흥미롭게 살펴보기 원한다면, L. Russ Bush, ed., *Classical Readings in Christian Apologetics ad 100–1800* (Grand Rapids, IL: Zondervan, 1983)을 추천한다.
2. *Random House Dictionary*, s.v. "exegesis" (New York: Random House, 2013) http://dictionary.reference.com/browse/exegesis?s=t.
3. *Random House Dictionary*, s.v. "eisegesis" (New York: Random House, 2013), http://dictionary.reference.com/browse/eisegesis?s=t.

4. 이 주제의 분석을 위한 출발점으로 다음 책들을 추천한다. Jonathan Wells, *Icons of Evolution*(Washington, DC: Regnery Publishers, 2002); Jonathan Sarfati, *The Greatest Hoax On Earth?*(Powder Springs, GA: Creation Book Publishers, 2010); Gary Parker, *The Fossil Book* (Green Forest, AZ: Master Books, 2005). 또한 한 진화론자가 직접 만질 수 있는 화석 증거들보다 진화론적 전제들이 과학자들의 결론에 영향을 끼쳤다는 것을 다음과 같이 시인한 것을 주목하라. "점진주의는 라이엘(Lyell)과 다윈(Darwin)에 의해 '암석으로부터 입증된' 것이 아니었다. 그보다 자연에 대한 편견으로서 부과된 것이었다. 이것은 꽉 막힌 가설들과 점진주의 신조에 대한 타당한 실증적 대안들을 향해 전문가들의 마음을 닫음으로써 매우 부정적인 영향을 미치게 되었다. 라이엘은 데이터로 입증할 수 없는 주장을 그럴듯한 말들로 관철시켰다." 출처: S. J. Gould, "Toward the vindication of punctuational change," in W. A. Berggren and J. A. Van Couvering, eds., *Catastrophes and Earth History: The New Uniformitarianism* (Princeton, NJ: University Press, 1984), 14-16.
5. 바울이 종종 이방인들을 "헬라인"으로 언급했고, 이 단어는 여러 버전의 성경에서 이방인을 대신하여 사용되었음을 주목하라. 그러나 본래 의도한 뜻은 분명 비유대인 공동체이며, 의미상 이방인인 것이다.

## 18

1. Carol Bidwell, "Long Beach's Opulent Queen," *Daily News* (Los Angeles), May 31, 1996, L.A. Life section.
2. Adapted from sermon illustration by Dr. Kenneth Gangel, Scofield Memorial Church, May 22, 1983, in "The Salvation Army," Bible .org, http://bible.org/node/11398.
3. Mahatma Gandhi quoted in *Famous Quotes from 100 Great People* (Mobile Reference, Google eBook, 2011).
4. *Strong's Concordance*, s.v. "Greek 2962, *kurios*," accessed February 16, 2013, http://www.bibletools.org/index.cfm/fuseaction/Lexicon .show/ID/G2962/kurios.htm.
5. Thayer's Greek Lexicon, s.v. "*kurios*," accessed February 16, 2013,http://www.bibletools.org/index.cfm/fuseaction/Lexicon.show/ID /G2962/kurios.htm.

## 19

1. Barna Group, "A New Generation Expresses Its Skepticism and Frustration with Christianity," Barna.org, September 24, 2007, http://www.barna.org/barna-update/article/16-teensnext-gen/94-a-new-generation-expresses-its-skepticism-and-frustration-with -christianity.
2. Ravi Zacharias as quoted on Goodreads, "Ravi Zacharias Quotes," http://www.goodreads.com/author/quotes/3577. Ravi_Zacharias.
3. John Newton, "Amazing Grace," public domain.
4. Reverend Jonathan Falwell, quoted in Macel Falwell, *Falwell: His Life and Legacy* (New York: Howard and Simon and Schuster, 2008), 178.

**21**

1. Sarah Dowdy, "How Carbon Offsets Work," HowStuffWorks.com, accessed February 16, 2013, http://science.howstuffworks.com /environmental/green-science/carbon-offset.htm.

**에필로그**

1. 웨슬리는 굉장히 많은 찬송가를 작곡했고 400곡 넘는 곡들이 지금까지도 불리고 있지만, 정확한 숫자에 대한 일치된 의견이 없다. 몇 가지 중요한 문제들 때문에 저작권을 부여하는 것이 복잡하기 때문이다. "찰스의 찬송가 숫자는 최고 9000곡에서 최저 3000곡에 이른다-서정시들을 제외하더라도." 출처 : John R. Tyson, ed., *Charles Wesley: A Reader* (Oxford: Oxford University Press, 1989), 20-21.
2. "Billy Graham Biography," Bio.com, accessed February 19, 2013, http://www.biography.com/people/billy-graham-9317669?page=1.
3. Billy Graham, *Just As I Am: The Autobiography of Billy Graham* (New York: HarperCollins, 1997), 19.
4. Albert Mohler, "Deliberate Childlessness: Moral Rebellion with a New Face," AlbertMohler.com, June 7, 2005, http://www.albert mohler.com/2005/06/07/deliberate-childlessness-moral-rebellion-with-a-new-face-2/.
5. "The Family," quoted in Arthur G. Bennett, The Valley of Vision: A Collection of Puritan Prayers and Devotions (Edinburgh: Banner of Truth Trust, 1975), 113.

**부록**

1. 동성애에 대해 너무 가혹하거나 비판적인 말로 들리지 않으면서 성경의 권위를 옹호하는 법에 대해 정보를 얻고 싶으면 국제 엑소더스 협회(Exodus International)의 웹사이트에 들어가서 동성애 때문에 고민하는 청소년들에게 다가가는 법에 대한 통찰력 있는 기사들을 읽어 보라.(exodusinternational.org; Exodus Student Ministries 항목을 찾아 보라.)
2. *The NAS New Testament Greek Lexicon*, s.v. "pharmakeia," accessed February 18, 2013, http://www.biblestudytools.com/lexicons/greek /nas/pharmakeia.html

## 사명선언문

너희가 흠이 없고 순전하여……세상에서 그들 가운데 빛들로
나타내며 생명의 말씀을 밝혀 _ 빌 2:15-16

**1. 생명을 담겠습니다**
만드는 책에 주님 주신 생명을 담겠습니다.
그 책으로 복음을 선포하겠습니다.

**2. 말씀을 밝히겠습니다**
생명의 근본은 말씀입니다.
말씀을 밝혀 성도와 교회의 성장을 돕겠습니다.

**3. 빛이 되겠습니다**
시대와 영혼의 어두움을 밝혀 주님 앞으로 이끄는
빛이 되는 책을 만들겠습니다.

**4. 순전히 행하겠습니다**
책을 만들고 전하는 일과 경영하는 일에 부끄러움이 없는
정직함으로 행하겠습니다.

**5. 끝까지 전파하겠습니다**
모든 사람에게, 땅 끝까지, 주님 오시는 그날까지
복음을 전하는 사명을 다하겠습니다.

## 서점 안내

| | |
|---|---|
| **광화문점** | 서울시 종로구 새문안로 69 구세군회관 1층<br>02)737-2288(T)  02)737-4623(F) |
| **강남점** | 서울시 서초구 신반포로 177 반포쇼핑타운 3동 2층<br>02)595-1211(T)  02)595-3549(F) |
| **구로점** | 서울시 구로구 시흥대로 577 3층<br>02)858-8744(T)  02)838-0653(F) |
| **노원점** | 서울시 노원구 동일로 1366 삼봉빌딩 지하 1층<br>02)938-7979(T)  02)3391-6169(F) |
| **분당점** | 경기도 성남시 분당구 황새울로 315 대현빌딩 3층<br>031)707-5566(T)  031)707-4999(F) |
| **신촌점** | 서울시 마포구 서강로 144 동인빌딩 8층<br>02)702-1411(T)  02)702-1131(F) |
| **일산점** | 경기도 고양시 일산서구 중앙로 1391 레이크타운 지하 1층<br>031)916-8787(T)  031)916-8788(F) |
| **의정부점** | 경기도 의정부시 청사로47번길 12 성산타워 3층<br>031)845-0600(T)  031) 852-6930(F) |
| **인터넷서점** | www.lifebook.co.kr |